缆索支承桥梁换索技术

周昌栋 主编

人民交通出版社
北京

内 容 提 要

本书共六章,详细总结了宜昌夷陵长江大桥等大型桥梁索体更换工程中的部分技术成果。主要内容包含检验检测、更换设计、施工工艺、施工监控和科研等相关内容,是一部非常有参考价值的技术专著。

本书内容丰富,资料翔实,可供广大桥梁建设者和相关专业高等院校师生借鉴和使用。

图书在版编目(CIP)数据

缆索支承桥梁换索技术/周昌栋主编. —北京:人民交通出版社股份有限公司,2025.4. —ISBN 978-7-114-20339-8

Ⅰ. U448.255.7

中国国家版本馆 CIP 数据核字第 20253RB902 号

书　　名：	缆索支承桥梁换索技术
著 作 者：	周昌栋
责任编辑：	郭晓旭
责任校对：	龙　雪
责任印制：	张　凯
出版发行：	人民交通出版社
地　　址：	(100011)北京市朝阳区安定门外外馆斜街 3 号
网　　址：	http://www.ccpcl.com.cn
销售电话：	(010)85285857
总 经 销：	人民交通出版社发行部
经　　销：	各地新华书店
印　　刷：	北京建宏印刷有限公司
开　　本：	787×1092　1/16
印　　张：	15.75
字　　数：	470 千
版　　次：	2025 年 4 月　第 1 版
印　　次：	2025 年 4 月　第 1 次印刷
书　　号：	ISBN 978-7-114-20339-8
定　　价：	88.00 元

(有印刷、装订质量问题的图书,由本社负责调换)

《缆索支承桥梁换索技术》

编写委员会

主 任 委 员：殷　俊

副主任委员：周昌栋　　王碧波　　吴运宏

委　　　员：邱　峰　　陈志敏　　何东升　　孙英杰

　　　　　　　李　浪　　董　宇　　付一小

主　　　编：周昌栋

参 编 人 员：代明净　　李　奇　　朱骄健　　王永鹏

　　　　　　　苗润池　　汪　峰

参 编 单 位：宜昌市交通运输局

　　　　　　　中铁大桥勘测设计院集团有限公司

　　　　　　　中铁大桥局集团有限公司

　　　　　　　宜昌长江大桥建设营运集团有限公司

序

FOREWORD

  大跨径缆索体系桥梁中,缆索是重要的承重和传力构件。它承受着桥梁的重量和运营过程中的各种荷载,是保证桥梁运营安全的关键部件。斜拉索和吊索(吊杆),不但受到风、雨、雪、日晒等自然环境的影响,还易受到车辆碰撞等意外事故的影响,从而出现断裂、变形、腐蚀等各种病害。当影响桥梁的运营安全时,需要对斜拉索和吊索(吊杆)等构件进行更换。

  我国自20世纪90年代开始了大跨径斜拉桥、悬索桥的修建,至今已建成了百余座大跨径缆索体系桥梁。这些桥梁已运营使用了二十多年,很多桥梁已经出现了严重的病害,特别是缆索构件。当前,部分桥梁已经完成了缆索构件更换,部分桥梁正在筹划缆索构件更换工作。

  汕头海湾大桥于1995年建成通车,为主跨452m的预应力钢筋混凝土加劲梁悬索桥,是我国第一座大跨径悬索桥,自2015年开始对全桥484根吊索进行全部更换。宜昌夷陵长江大桥于2001年建成通车,为双主跨348m三塔混凝土斜拉桥,是当时已建最大跨径三塔斜拉桥,自2023年开始对全桥236根钢绞线斜拉索进行全部更换。这些工程实施过程中开展了多项课题研究,完成了多项关键技术创新,为我国大跨径缆索体系桥梁换索工程技术发展提供了重要的借鉴和参考。

  目前,缆索体系桥梁换索工程在检验检测、更换设计、施工工艺、规范规程等方面均处于探索实践之中。基于此,本书详细总结了汕头海湾大桥吊索更换工程、宜昌夷陵长江大桥斜拉索更换工程等的技术成果。

  这些工程建设过程中积累的许多有价值的设计、施工、监控和科研的宝贵经验,是大跨径缆索体系桥梁换索工程领域中非常有价值的技术文献,创造了多项缆索体系桥梁换索工程领域创新技术,值得广大桥梁建设者阅读借鉴。全书内容丰富,资料翔实,是一部有价值的专著。相信本书的问世,定会为我国大跨径缆索体系桥梁换索工程建设作出新的贡献。

中国工程院院士、全国工程勘察设计大师:

2024年12月

目录 CONTENTS

1 绪论

1.1 缆索支承桥梁概述 …………………………………… 1
1.2 可更换缆索结构体系 …………………………………… 2
1.3 国内缆索桥梁换索工程概况 …………………………… 6
本章参考文献 …………………………………………… 8

2 换索桥梁检测与评价

2.1 检测与评价概述 ………………………………………… 9
2.2 换索桥梁检测技术 ……………………………………… 11
2.3 缆索桥梁状态参数测量 ………………………………… 16
2.4 换索桥梁的技术状况评定 ……………………………… 18
2.5 检测与评价工程实例 …………………………………… 23
本章参考文献 …………………………………………… 42

3 换索工程设计

3.1 换索前结构状态分析计算 ……………………………… 43
3.2 缆索更换设计 …………………………………………… 53
3.3 缆索更换设计的主要工作内容 ………………………… 72
3.4 缆索更换结构计算模型 ………………………………… 86
3.5 缆索更换施工监控要求 ………………………………… 93
3.6 桥梁相关构件的加固和病害修复 ……………………… 94
本章参考文献 …………………………………………… 101

4 换索工程施工

- 4.1 换索施工概述 …………………………………… 103
- 4.2 换索施工准备 …………………………………… 103
- 4.3 施工组织设计文件编制 ………………………… 108
- 4.4 临时设施设计 …………………………………… 111
- 4.5 旧索拆除 ………………………………………… 127
- 4.6 新索安装 ………………………………………… 143
- 本章参考文献 ……………………………………… 156

5 施工监控与质量管理

- 5.1 施工监控概述 …………………………………… 157
- 5.2 施工监控主要工作内容 ………………………… 162
- 5.3 施工监控工作方法和目标 ……………………… 169
- 5.4 质量控制 ………………………………………… 187
- 5.5 承载能力试验与评定 …………………………… 190
- 本章参考文献 ……………………………………… 194

6 工程实例

- 6.1 宜昌夷陵长江大桥斜拉索更换工程 …………… 195
- 6.2 某悬索桥吊索更换 ……………………………… 201
- 6.3 某拱桥吊杆更换 ………………………………… 223

1 绪　　论

1.1 缆索支承桥梁概述

缆索支承桥梁大致可分为斜拉桥和悬索桥两大类,近些年建成的斜拉和悬索协作体系桥梁也属于此类缆索支承桥梁,具体实例如图 1-1～图 1-3 所示。

图 1-1　宜昌伍家岗长江大桥

图 1-2　宜昌夷陵长江大桥

图 1-3　铜陵长江三桥

拉索是斜拉桥中连接塔、梁并将荷载传递到索塔的受拉构件,是斜拉桥中的主要受力构件,一般由平行钢丝、钢绞线组成。吊索是悬索桥中连接主缆和梁体并将荷载传递到主缆的受拉构件,是悬索桥中的主要受力构件之一,一般由平行钢丝、钢丝绳、钢绞线组成。

由于缆索支承体系桥梁跨越能力大、适用范围广、受力明确、施工控制相对容易,实际工程中被大量采用。我国自 20 世纪 90 年代以来建成了较多的缆索支承体系桥梁。

斜拉索和吊索作为斜拉桥和悬索桥重要的受力构件,其自身的安全性和耐久性对桥梁整体承载能力和使用时间有很大影响。早期建成的斜拉桥和悬索桥由于当时施工技术不完备、索体材料性能较低、钢丝/钢绞线锈蚀、养护维修不够等致使索体使用性能下降,因此,对斜拉索、吊索进行维修或更换才能确保其使用性能并延长使用寿命。

1.2　可更换缆索结构体系

根据缆索使用和更换条件,在役的斜拉桥拉索、悬索桥吊索、拱式体系桥梁的吊杆和系杆等都是可更换的缆索结构。

1.2.1　斜拉桥缆索结构体系

斜拉桥是一种自锚式结构体系,它不需要像悬索桥那样在索的两端设置大型锚碇结构。斜拉索应力基本上是沿索长不变的,因此能充分利用拉索材料的特性,但材料的腐蚀程度是影响结构耐久性的关键因素。

绝大部分现代斜拉索采用高强度钢丝和钢绞线制成。钢丝斜拉索由若干根高强度钢丝平行排列组合而成,它一般在工厂制作,钢丝直径大都为 7mm 并镀锌防腐,近年来钢丝防腐采用了效果更好的锌铝合金镀层。钢绞线斜拉索由多根相同直径防护钢绞线平行排列而成,通过两端锚具组合件固定于塔、梁内,是承受结构荷载的受拉构件。

斜拉索包括拉索和锚具两大部分。拉索是将桥塔结构的恒载和活载传递到塔墩的受拉构件,而锚具是用来锚固拉索传递索力的重要构件。拉索一端锚固在梁体上,如图1-4所示;另一端锚固在索塔上,如图1-5所示。

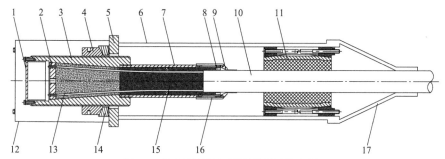

图1-4 拉索梁端锚具及附属构件结构示意图

1-盖板;2-分丝板;3-锚杯;4-球面锚圈;5-锚垫板;6-索导管;7-连接筒;8-定位圈;9-透盖;10-索体;11-内置式减振器;12-锚具保护罩;13-冷铸填料;14-球面垫板;15-密封填料;16-热缩套;17-梁端防雨罩

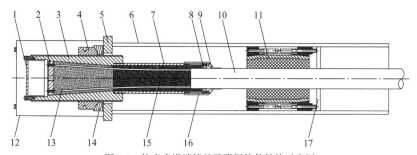

图1-5 拉索索塔端锚具及附属构件结构示意图

1-盖板;2-分丝板;3-锚杯;4-球面锚圈;5-锚垫板;6-索导管;7-连接筒;8-定位圈;9-透盖;10-索体;11-内置式减振器;12-锚具保护罩;13-冷铸填料;14-球面垫板;15-密封填料;16-热缩套;17-减振器挡圈

斜拉索锚具系统一般有以下几种类型,可根据斜拉索构造选择相适应的锚具。

1)钢绞线拉索锚具

(1)夹片式群锚结构。

斜拉索索体采用钢绞线时,多数采用夹片式群锚锚具。张拉端锚具如图1-6所示,固定端锚具如图1-7所示。

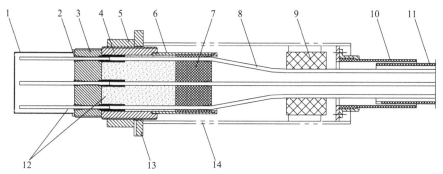

图1-6 张拉端锚具结构示意图

1-保护罩;2-夹片;3-张拉端锚板;4-支承筒;5-螺母;6-密封筒;7-密封装置;8-高密度聚乙烯(HDPE)防护钢绞线;9-内置式减振器;10-外护套管伸缩补偿装置;11-外护套管;12-防腐材料;13-锚垫板;14-索导管

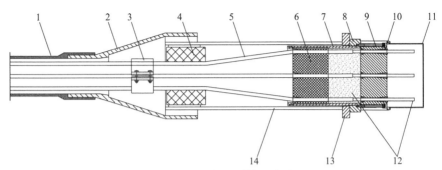

图1-7 固定端锚具结构示意图

1-外护套管;2-防水罩;3-索箍;4-内置式减振器;5-HDPE防护钢绞线;6-密封装置;7-密封筒;8-垫板;9-固定端锚板;10-夹片;11-保护罩;12-防腐材料;13-锚垫板;14-索导管

（2）整束挤压式锚具。

整束挤压式锚具由挤压锚固套、密封筒、防腐材料、密封筒等组成，如图1-8所示。其制作原理是将成品索中的各根钢绞线穿入锚固套后，采用施力挤压方式，使锚固套与钢绞线之间产生挤压变形而紧紧握裹住各根钢绞线。同时，用特殊方法使钢绞线端部膨胀形成椎体，以加强其锚固性能。

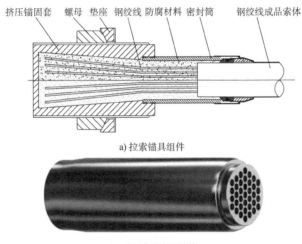

a) 拉索锚具组件

b) 锚固套蜂窝形结构

图1-8 钢绞线整束挤压式锚具示意图

2）平行钢丝拉索锚具

按照设计要求，拉索索体采用镀锌或锌铝合金镀层钢丝并按正六边形排列紧密的拉索称为平行钢丝拉索，如图1-9所示。平行钢丝拉索作为斜拉索结构的一种主要形式，在大跨径斜拉桥中得到广泛使用。平行钢丝拉索有以下几种锚具。

（1）冷铸镦头锚。

冷铸镦头锚具由锚板、螺母、延长筒、密封筒等组成，如图1-10所示。具体制作原理为：索体钢丝穿过锚板并置于镦头器的夹持装置中，锚杯安装到位后在锚杯内灌注冷铸填料，然后通过专用固化设备高温固化形成锚固体，再安装密封装置。锚具可分为张拉端锚具和固定端锚具两类。

绪论 **1**

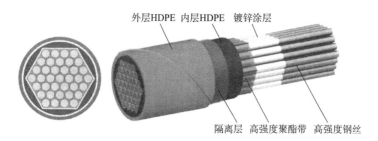

图 1-9 平行钢丝拉索示意图

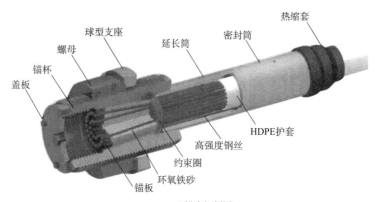

a) 锚头解剖图

b) 钢丝镦头

图 1-10 冷铸镦头锚示意图

（2）热铸镦头锚。

热铸镦头锚的材料为锌铜合金，采用较高温度固化形成固化体，除固化材料和温度不同于冷铸镦头锚外，锚具构造与之基本相同。

1.2.2 悬索桥缆索结构体系

悬索桥也称吊桥，是指利用主缆和吊索作为梁体的悬挂体系，将荷载作用传递到桥塔、锚碇的桥梁。其主要构造为主缆、索塔、锚碇、吊索、梁体等。近代悬索桥的主缆采用高强度钢丝作为主要承拉结构,具有跨越能力大、受力合理、能最大限度发挥材料强度的特点。吊索通过索夹把梁体悬挂于主缆之上,主缆通过索夹、吊索与梁体结构重力、桥面铺装及其相关重力传递给主缆。吊索一般采用强度高、变形小、耐腐蚀、耐疲劳、柔性好的索体材料。目前采用较多的是镀锌钢丝绳或镀锌高强度平行钢丝,少数小跨径悬索桥也有采用刚性吊杆的,如图1-11、图1-12所示。无论悬索桥吊索采用何种索体都是可以更换的。

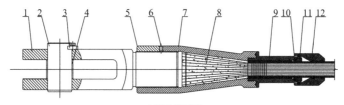

a) 端头带叉耳

1-叉耳;2-销轴;3-挡板;4-自润滑轴承;5-防水;6-压环;7-锚杯;8-填料;9-连接筒;10-密封胶圈;11-密封压环;12-密封罩(仅在下端设置)

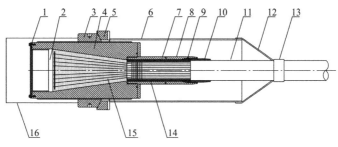

b) 端头带螺母

图 1-11 平行钢丝束吊索锚具结构示意图

1-盖板;2-分丝板;3-螺母;4-锚杯;5-锚垫板;6-预埋管;7-连接筒a;8-连接筒b;9-密封胶圈;10-密封压环;11-索体;12-吊索防护罩;13-吊索密封罩;14-密封填料;15-冷铸锚固填料;16-锚具保护罩

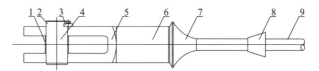

图 1-12 钢丝绳吊索锚具结构示意图

1-自润滑轴承;2-螺栓;3-端盖;4-销轴;5-叉耳接头;6-浇铸接头;7-缓冲器;8-锥形铸块;9-钢丝绳索体

悬索桥吊索由索体和锚具两大部分组成,锚具可根据使用要求采用冷铸料锚固的吊索锚具和采用热铸料锚固的吊索锚具。

1.3 国内缆索桥梁换索工程概况

1975年我国四川省云阳县(现为重庆市管辖)建造了云阳桥,跨径为76m,开始了我国建造斜拉桥的历史。我国悬索桥起源较早,至今已有3000多年历史,但现代大跨径悬索桥起步较晚。20世纪90年代初,以汕头海湾大桥为代表的大跨径悬索桥拉开了建设序幕并得到迅速发展,使我国悬索桥技术跻身于世界先进行列。由系(吊)杆传力的大跨径拱式体系桥梁近些年也有了长足发展。

过去几十年,我国修建了几百座缆索体系桥梁。早期由于缆索体系设计、制成材料、防腐蚀办法使用和维护等还存在一定的缺陷和不足,悬索桥的吊索、斜拉桥的拉索、拱式桥梁的系(吊)杆件等受腐蚀等影响,导致桥梁承载能力下降,使用寿命降低。因此,对缆索体系进行更换是确保其使用性能并延长其使用寿命的最重要途径。

长江上部分更换索结构的斜拉桥、悬索桥和拱桥见表1-1～表1-3。

长江上换索斜拉桥统计表 表1-1

序号	桥名	主跨(m)	塔数	建成年份	斜拉索更换年份	更换规模	斜拉索类型	主梁类型	换索特点
1	长寿长江大桥	460	双塔	2009	2023	更换35根	平行钢丝索(旧、新)	预应力混凝土	—
2	李家沱长江大桥	444	双塔	1997	2017	全桥换索	平行钢丝索(旧、新)	预应力混凝土	由长到短对称更换
3	铜陵长江三桥	432	双塔	1995	2023	2016年更换4根,2023年全桥换索招标	平行钢丝索换成钢绞线索	预应力混凝土	—
4	夷陵长江大桥	348	三塔	2001	2023	全桥换索	钢绞线(旧、新)	预应力混凝土	中塔从长到短,边塔从短到长
5	涪陵长江大桥	330	双塔	1997	2012	全桥换索	平行钢丝索(旧、新)	预应力混凝土	由短到长对称更换
6	芜湖长江大桥	312	双塔	2000	2023	2023年更换3根试验索	平行钢丝索(旧、新)	钢桁梁	由短到长更换

长江上换吊索悬索桥统计表 表1-2

序号	桥名	主跨(m)	塔数	建成年份	吊索更换年份	更换规模	吊索类型	加劲梁类型	换索特点
1	润扬长江大桥	1490	2	2004	2019	16号长吊索单点更换	平行钢丝	双绞式钢箱梁	不中断交通,70m超长吊索单点更换,属国内首次
2	江阴长江公路大桥	1385	2	1999	2009/2018	52根短吊索/东幅19号长吊索	长度大于10m长吊索采用镀锌高强度钢丝;长度小于10m短吊索采用80IWRC钢丝绳	钢箱梁	短吊索更换形成了成熟安全的"单吊点"施工工艺。长吊索更换采用了"五吊点"受力方式进行更换

续上表

序号	桥名	主跨(m)	塔数	建成年份	吊索更换年份	更换规模	吊索类型	加劲梁类型	换索特点
3	西陵长江大桥	900	2	1996	2022	全桥更换	高强度钢丝绳	双绞式钢箱梁	全国跨径最大的钢箱梁悬索桥全桥吊索更换
4	忠县长江大桥	560	2	2001	2024	全桥134根更换（进行中）	高强度钢丝绳	加劲钢箱梁	"半幅封闭、单道双通"，目前已更换上游方向68根

长江上换吊杆拱桥统计表　　　　　　　　表1-3

桥名	主跨(m)	建成年份	吊杆更换年份	更换规模	主拱类型	主梁类型	吊杆类型	更换特点
巫山长江大桥	460	2004	2024	全桥更换	中承式钢管混凝土拱桥	预应力混凝土π形连续梁	环氧喷涂钢绞线	增设钢纵梁，人行道、桥梁护栏升级改造，主拱圈涂装，更换吊杆、锚头罩，吊杆横梁加固，更换支座，主梁和下部结构混凝土裂缝、破损、麻面整治，提升建设桥梁结构健康监测系统等

本章参考文献

[1] 王文涛.斜拉桥换索工程[M].北京:人民交通出版社,1997.
[2] 高宗余.多塔缆索承重桥梁[M].北京:中国铁道出版社,2016.

2 换索桥梁检测与评价

2.1 检测与评价概述

随着时间的推移和运营环境的变迁,桥梁缆索可能会因腐蚀、老化、松弛等多种因素而性能下降或损坏,这时就需要进行换索工程。而换索桥梁的检测与评价,则是桥梁维护管理中不可或缺的一环。在换索前,我们通过外观检查、无损检测、索力测试等全面手段,对桥梁拉索的当前状况进行评估,不仅了解拉索的表观状况,还深入探查其内部可能存在的缺陷,为换索决策提供科学依据。

换索工程完成后,同样不能忽视对桥梁的检测与评价。换索施工虽然能够显著提升桥梁的安全性能和使用寿命,但也可能对桥梁整体结构产生一定影响。因此,我们需要结合检测数据和理论计算,对桥梁的结构安全性和使用寿命进行综合评估。通过结构分析预测桥梁的极限承载能力和未来可能的变形情况,通过荷载评估确认桥梁的设计工况与实际荷载是否相符,以及通过使用寿命预测为桥梁的后续维修、改造等工作提供指导。这些评价方法的运用,使得我们对桥梁状态的了解更加全面、科学、准确。

实际上,众多桥梁换索工程的成功案例也充分证明了换索后检测与评价的重要性。比如江阴长江大桥、重庆李家沱长江大桥、润扬长江大桥、芜湖长江大桥以及夷陵长江大桥等,都在换索后进行了全面的检测与评价,确保了桥梁的安全稳定运行。这些实践经验不仅展示了换索工程在提升桥梁安全性、延长使用寿命方面的显著成效,也为未来的桥梁养护工作提供了宝贵的经验和有力的支持。因此,我们必须高度重视换索后的检测与评价工作,确保桥梁始终保持良好的技术状态,为交通运输提供安全、可靠的保障。

2.1.1 资料搜集

检测与评价需搜集的资料主要有:①原设计图纸、计算书及其设计变更记录,以确保对桥梁的初始设计有全面了解;②原施工记录、材料试验报告、监控报告以及竣工图,这些资料有助于了解桥梁的实际建造过程和最终状态;③竣工验收资料,用于确认桥梁是否符合设计要求和质量标准;④历次检测及其评定报告,以掌握桥梁在不同时间点的性能和状态;⑤养护维修与加固资料,以及交通荷载(特别是超限车辆)的情况,这些资料能反映桥梁在使用过程中的维护历史和承受的实际荷载;⑥自然灾害及意外造成的损伤详情,这些信息对于评估桥梁的耐久性和安全性至关重要。

2.1.2　检测与评价目的

首先是为了确保施工安全,通过对桥梁当前状态的全面检测与评估,可以为换索施工提供精确的基础数据支持,从而在施工全过程中有效保障桥梁结构的稳定性与安全性。其次,检测结果是制定施工方案的重要依据。依据检测所得的数据,可以科学地规划换索施工的步骤,包括确定换索的先后顺序、设计临时支撑措施以及制定索力调整策略等,以确保施工方案的合理性和有效性。最后,检测还用于评估换索效果。在换索工作完成后,通过复检可以验证换索的实际效果,确保桥梁的线形、索力以及应力分布等关键指标均达到设计要求,从而保障桥梁的整体性能和安全性。

2.1.3　检测与评估体系

为确保桥梁的长期稳定运行,必须在整个使用期限内,依托具备深厚桥梁检测与维修加固专业知识与技能的人才团队,以及充足的资金支持,实施定期而全面的检测与养护管理策略。这一策略的核心目标是维持每座桥梁的良好技术状态,确保其服务水平稳定,并最大限度地延长使用年限。

换索桥梁养护工作是一个系统工程,通常涵盖以下四个至关重要的方面:

(1)技术状况的全面检查与评估:技术状况检查旨在深入、系统地了解桥梁的实际技术状况,及时发现并精准定位病害与缺损,为后续采取针对性的养护措施提供科学依据。

(2)构建与完善桥梁技术档案体系:基于桥梁的检查结果,客观、准确地评定其技术状况等级,并据此建立健全的技术档案。这一档案体系将为桥梁的养护维修与安全评估提供翔实的数据支持。技术档案系统应全面覆盖设计施工、桥梁结构检测及桥梁养护等三大核心领域,确保信息的全面性与准确性。

(3)桥梁构造物的常态化养护:遵循先进的技术法规与标准,采取科学、合理的技术措施,对桥梁及其附属设施进行持续、有效的养护。首要任务是确保桥梁的载重等级符合设计要求,保障车辆的安全通行。若通过维修加固仍无法满足原设计载重等级要求,则应制定详细的技术改造计划,并有序实施。

(4)桥梁构造物的安全防护与应急响应:针对桥梁构造物可能出现的缺损情况,应建立快速响应机制,及时进行修理、更换与恢复。特别是在流冰期、洪水期等非常时期,应提前制定并执行相应的防护措施,确保桥梁的安全稳定。同时,还应加强日常巡查与监测,及时发现并处理潜在的安全隐患。

目前在我国桥梁养护的规范体系中,《公路桥涵养护规范》(JTG 5120—2021)与《城市桥梁养护技术标准》(CJJ 99—2017)均将桥梁检查工作细致划分为经常检查、定期检查及特殊检查三大类别,其中特殊检查进一步细分为专门检查和应急检查。通过对以往规范和手册中的检查分类及频率进行深入剖析,我们可以将大跨径斜拉桥、悬索桥、吊杆拱桥的检查体系优化为四大类:初始检查、经常检查、定期检查和特殊检查。

初始检查是针对大跨径悬索桥、吊杆拱桥和斜拉桥的一种特定检查类型,是在这些桥梁建成、改造或归属权变更后进行的首次全面检测。其目标在于:一是收集这些桥梁的基础状态数据,为后续的检查提供基准;二是通过初始检查明确桥梁各构件的初始状况,识别潜在问题构件的病害及其位置,并对未来养护中需特别关注的状况进行说明。

经常检查的频率通常要求每月至少进行一次,主要任务是对桥面行车道范围内的各种病害、障碍物和保护区域进行巡视,及时发现并处理不安全因素。除了对桥面系进行常规检查外,还需密切关注结构的异常变化,以便及早发现并处理结构的安全隐患。已有的桥梁事故案例表明,在事故发生前,结构通常会出现异常征兆。因此,在索体系桥梁的巡视过程中,特别注意检查结构是否出现明显异常,如缆索的剧烈振动等,是确保桥梁持续处于安全状态的关键措施。

定期检查与美国的常规检查、日本的基本检查相对应,是对桥梁结构和桥面系的详细检查。进行检查时,需要能够接近检查位置,并以目视检查为主,辅以仪器测试。鉴于许多大跨径悬索桥和斜拉桥都配备了健康监测系统,可实时监控结构的变形、受力和荷载信息,因此如何建立健康监测系统与定期检查之间的有效联系,成为桥梁养护领域关注的焦点。实际上,健康监测系统与定期检查是相互补充、相辅相成的,不应将两者割裂开来。

特殊检查进一步细分为专门检查和应急检查。在以下四种特定条件下,需要进行专门检查:一是每五年至少进行一次的深入检查;二是桥梁技术状况被评为四类、五类,或者重要构件的安全状况被评为四级、五级;三是计划通过加固手段提高桥梁的荷载等级;四是定期检查中难以确定损坏原因及程度的桥梁。当桥梁因洪水、流冰、滑坡、地震、火灾、漂浮物或船舶撞击、交通事故、超重车通过、有害化学物污染、暴风雨、雷击、飞行物撞击、爆炸或人为破坏等原因受损时,应立即组织进行应急检查。

2.2 换索桥梁检测技术

2.2.1 传统检测方法

1)目视检查

目视检查主要为外观检查,包含以下内容:

(1)桥面铺装:检查桥面铺装是否完整,有无裂缝、局部坑槽、积水、沉陷、波浪、碎边等现象。特别注意沥青混凝土桥面病害和水泥混凝土桥面病害特征的区别。

(2)伸缩缝:检查伸缩缝是否平整、顺直、伸缩自如,是否有异常变形、响动、松动、破损、脱落、漏水等现象。同时,注意伸缩缝是否嵌入杂物,槽口铺装层是否啃边,是否造成明显的跳车。

(3)人行道、栏杆、防撞护栏:检查人行道是否完整,有无严重的裂缝、碎烂、残缺、塌陷等现象。栏杆、防撞墙、防撞墩是否完整、牢固,有无撞坏、断裂、错位、松动、缺件、锈蚀、剥落等。

(4)排水设施:检查桥面、桥头引道排水是否顺畅,泄水口、收水口或收水井、泄水管是否完好,是否破坏、损伤、脱落、堵塞。

(5)桥梁结构:观察桥梁结构有无异常变形,如异常的竖向振动、横向摆动等情况。检查各部件的技术状况,了解异常原因。特别注意梁端头、底面的损坏情况,以及箱形梁内是否有积水、白蚁等。

(6)支座与索具:检查支座是否有明显缺陷,活动支座是否灵活,位移量是否正常。对于换索桥梁,还需特别检查索具的完好性,包括索具的锈蚀、磨损、断裂等情况。

(7)桥位区段河床:检查桥位区段河床冲淤变化情况,包括河床冲刷破坏、河床堵塞等现象。这有助于了解桥梁基础的稳定性。

(8)其他附属设施:检查桥梁绿化设施、防护网、隔音屏、隔离带等防护设施是否完整,是否锈蚀、破损、断裂、松动、缺失、剥落。同时,检查桥上交通信号、标志、标线、照明设施是否损坏、老化、失效。

2)敲击检测

敲击检测是一种通过敲击桥梁结构并听取其回声来判断内部损伤情况的非破坏性检测方法,其基本原理是利用物体受到敲击时产生的振动和声音来判断其内部结构和材料的状态。当敲击桥梁结构时,如果结构内部存在损伤或缺陷,振动和声音的传递会受到影响,从而产生不同的回声。通过分析和比较这些回声的差异,可以推断出结构内部的损伤情况。敲击检测适用于换索桥梁的多个部位,包括桥面、桥墩、桥跨等。特别是对于那些难以通过目视检查发现内部损伤的部位,敲击检测可以提供有效的补充手段。通过敲击检测,可以及时发现桥梁结构内部的损伤和缺陷,为维修和保护提供科学依据;及时发现并修复潜在的安全隐患,可以提高桥梁的安全性和耐久性。

3)磁粉检测

磁粉检测是一种重要的无损检测方法,专门用于检测铁磁性材料(如桥梁中的缆索等)的表面和近表面缺陷。其基本原理是铁磁性材料工件被磁化后,由于不连续性的存在(如裂纹、夹杂物等),使工件表面和近表面的磁力线发生局部畸变而产生漏磁场。这些漏磁场会吸附施加在工件表面的磁粉,形成目视可见的磁痕,从而显示出不连续性的位置、大小、形状和严重程度。磁粉检测具有高灵敏度、高准确性和非破坏性的特点,但该方法仅适用于铁磁性材料,受表面状况影响较大。磁粉检测已被广泛应用于换索桥梁的缆索、锚固件等部件的检测中。例如,美国的一些州部门和桥梁管理机构就经常使用磁粉检测来检测桥梁钢结构中的裂纹和焊缝质量。

4）超声波检测

超声波检测是一种非常重要的无损检测技术，它利用超声波在材料中的传播特性来检测桥梁结构中的缺陷。其基本原理是当超声波遇到材料的缺陷时，会发生反射、折射和散射等现象，这些现象会导致超声波的传播路径、传播时间和波形等参数发生变化。超声检测具有高灵敏度、高分辨率、适用范围广等优点，但是也受材料厚度和形状的限制，对操作人员技能要求高，而且耗时且成本较高。

超声波检测已被广泛应用于换索桥梁的缆索、结构件等部位的检测中。例如，在桥梁缆索的检测中，超声波检测可以准确地检测出缆索内部的裂纹、锈蚀和断丝等缺陷。同时，在桥梁结构件的检测中，超声波检测也可以有效地检测出结构件内部的空洞、夹渣和裂纹等缺陷，为桥梁的安全评估和维护提供了重要的信息。

5）射线检测

射线检测是一种重要的无损检测技术，它利用 X 射线或 γ 射线等具有强穿透性的射线来检测桥梁结构中的缺陷。其基本原理是当射线穿过被检测物体时，会与物体内部的原子发生相互作用，导致射线的能量和方向发生变化，如果物体内部存在缺陷（如裂纹、夹渣、气泡等），这些缺陷会对射线的传播产生干扰，使得射线在穿透物体后的强度、方向或分布发生变化。通过测量射线变化，可以推断出物体内部病害信息。该方法具有高灵敏度、高准确性、适用范围广以及可记录性等特点，但是对人体有害，成本相对较高，也受桥梁构件厚度和形状限制。射线检测已被广泛应用于换索桥梁的缆索、焊缝等部位的检测中。同时，在桥梁结构件的焊缝检测中，射线检测也可以有效地检测出焊缝内部的夹渣、未熔合等缺陷，确保焊缝的质量和安全。

6）红外热成像检测

红外热成像技术利用红外热像仪捕捉桥梁结构表面的红外辐射，并将其转换为可见的热图像，从而实现对桥梁结构温度分布的实时监测和分析。在桥梁结构中，如果存在缺陷或异常（如裂纹、腐蚀、松动等），这些区域往往会因为热传导不良或热应力集中而产生温度异常。红外热成像检测正是通过捕捉这些温度异常来识别和定位桥梁结构中的潜在问题。

红外热成像技术可以实时监测缆索的温度分布，及时发现缆索因磨损、锈蚀或断裂而产生的温度异常。通过对比不同时间或不同负载下的热图像，进一步评估缆索的疲劳程度和剩余寿命。还可以检测桥梁结构件（如桥墩、桥台、梁体等）表面的温度异常，从而识别出潜在的裂纹、腐蚀或松动等问题。在桥梁施工或维修过程中，红外热成像检测可用于监测焊接质量、混凝土固化过程以及结构件的安装精度等。通过定期对桥梁进行红外热成像检测，可以建立桥梁的温度分布数据库，为桥梁的健康监测和状态评估提供重要依据。在极端天气条件下（如高温、低温、大风等），红外热成像检测可用于监测桥梁结构热应力和变形情况。

红外热图像以直观的方式展示了桥梁结构的温度分布，便于操作人员理解和分析。但该方法检测结果可能受到天气条件（如温度、湿度、风速等）的影响，需要在合适的天气条件下进行检测。桥梁表面的污垢、灰尘或水分等污染物会干扰红外热成像检测的结果，需要在检测前进行清洁处理。

7) 光纤传感检测

光纤传感检测是一种高精度、高灵敏度的无损检测技术,它利用光纤传感器实时监测桥梁结构的各种物理参数,如应变、温度、位移和振动等,从而实现对桥梁结构状态的全面评估。光纤传感器通过监测光信号在光纤中的传播特性(如光强、相位、偏振等)的变化,来间接测量桥梁结构的物理参数。当桥梁结构受到外力作用或存在缺陷时,会引起光纤中光信号的变化,从而实现对桥梁结构状态的实时监测。

光纤传感器可以布置在桥梁缆索上,实时监测缆索的应变和温度变化,及时发现缆索的磨损、锈蚀或断裂等问题。通过光纤传感技术,可以实现对缆索的动态监测,评估缆索的疲劳程度和剩余寿命。它也可以安装在桥梁结构件(如桥墩、桥台、梁体等)的关键位置,监测结构的应变、位移和振动等参数,实现对桥梁结构件的高精度监测,及时发现结构的裂纹、腐蚀或松动等问题。在桥梁整体健康监测时,通过在桥梁结构中布置多个光纤传感器,实现对桥梁整体健康状态的实时监测,提供连续、实时的监测数据,为桥梁的维护和管理提供重要依据。

光纤传感技术具有极高的精度和灵敏度,能够捕捉到微小的物理参数变化。该方法不受电磁场的干扰,适用于各种复杂环境,具有良好的耐腐蚀性和耐久性,适用于长期监测。但其安装和维护需要一定的技术和经验,成本相对较高。另外,光纤传感技术提供的数据量较大,需要专业的数据处理和分析技术来解读和评估。

2.2.2 现代检测技术

1) 磁通量法

磁通量检测方法是一种基于电磁原理的非破坏性检测技术,它利用放置在索中的小型电磁传感器来测定磁通量的变化,进而推算出索力与温度。它是基于法拉第电磁感应定律,通过测量磁感应强度的变化来求解斜拉索力。当斜拉索受到外力作用时,其内部的应力状态会发生变化,进而影响到磁通量的变化。

磁通量检测方法不会对斜拉索造成任何损伤,适用于长期监测。该方法具有较高的精度和稳定性,能够准确反映斜拉索的应力状态,也可以实现实时监测和远程监测,方便对斜拉索的远程监控和管理。磁通量检测方法主要适用于铁磁性材料制成的斜拉索,对于其他材料的斜拉索可能无法适用。该方法的电磁传感器成本相对较高,且需要专业的技术和设备进行标定和维护。在国外,磁通量法已经被广泛应用于斜拉桥、吊桥等桥梁结构的索力监测中。例如,美国芝加哥的伊利诺斯桥斜拉桥就采用了电磁式(E-M)传感器进行斜拉索索力监测。在国内,虽然磁通量法在斜拉桥索力监测中的应用相对较少,但随着技术的不断发展和进步,其应用前景将越来越广阔。

2) 磁致伸缩法

磁致伸缩法是一种先进的无损检测技术,它基于磁致伸缩效应及其逆效应,通过测量磁致伸缩波在桥梁缆索中的传播特性来评估缆索的完整性和健康状况。在桥梁缆索上施加一个瞬态或连续的磁场,磁致伸缩效应导致缆索内部产生应力波或导波,这些波在缆索中传播,遇到缺陷(如裂纹、腐蚀或断丝)时会被反射或散射,通过测量反射波或散射波的特性(如振幅、相位和频率),可以推断出缆索内部缺陷的位置和性质。磁致伸缩导波适用于长距离快速检测,能够覆盖整个缆索长度,能够检测到微小的缺陷和损伤,检测精度较高。同时,可以实现实时监测和远程监控,方便对桥梁缆索的健康状况进行持续跟踪。但是磁致伸缩法主要适用于铁磁性材料制成的缆索,对于非铁磁性材料可能无法适用。强磁场或电磁干扰可能会影响磁致伸缩波的传播和测量准确性。磁致伸缩法已经在多个桥梁缆索检测项目中得到了应用。例如,在一些大型斜拉桥和悬索桥中,磁致伸缩法被用于检测缆索的锈蚀、断丝和疲劳损伤等问题。

3)微波雷达检测

微波雷达检测是一种先进的非接触式检测技术,它利用微波雷达设备发射和接收微波信号,通过测量微波信号在桥梁缆索上的反射和散射特性来评估缆索的健康状况。

微波雷达检测无须与被检测物体直接接触,避免了检测过程中的损伤风险。该方法具有较高的测量精度,能够准确反映缆索的位移和振动情况。微波雷达设备可以同时测量多条缆索的位移和振动情况,提高了检测效率。另外,该方法可以在各种恶劣天气条件下正常工作,不受天气影响。但微波雷达设备的研发和生产成本相对较高,其检测数据处理和分析相对复杂,需要专业的技术人员进行操作和分析。在某些特殊环境下(如强电磁干扰区域),微波雷达设备的测量准确性可能会受到影响。

微波雷达检测技术已经在多个桥梁缆索检测项目中得到了应用。例如,在一些大型斜拉桥和悬索桥中,微波雷达被用于检测缆索的索力、振动情况以及是否存在异常或损伤。

4)爬索机器人检测

爬索机器人检测是一种应用于桥梁缆索检测的创新技术。爬索机器人通过特定的攀爬机构和驱动系统,能够沿着桥梁缆索进行爬行,并在爬行过程中利用搭载的传感器或检测仪器对缆索进行实时检测。这些传感器或仪器可以捕捉缆索表面的缺陷、锈蚀、裂纹等问题,并将数据实时传输给地面控制站或数据中心进行分析和处理。爬索机器人检测主要应用于斜拉桥、悬索桥等大型桥梁的缆索检测。

爬索机器人已经成功应用于多个桥梁缆索检测项目中。例如,在某斜拉桥的检测中,爬索机器人沿着缆索缓慢爬行,并利用高清摄像头和漏磁检测仪对缆索表面和内部进行了全面检测。检测结果显示,缆索表面存在轻微锈蚀和裂纹,但内部钢丝并未发现断裂或锈蚀现象。这为桥梁的维护和管理提供了重要的数据支持,使得相关部门能够及时采取措施进行修复和维护。

5)无人飞行器检测

无人飞行器(通常指无人机)检测方法是一种现代化的桥梁检测技术,它利用无人机搭载的高分辨率摄像机、传感器等设备,对桥梁缆索进行远距离、非接触式的检测。无人机检测系统主要由无人机平台、数据传输系统、任务荷载系统、地面站系统以及其他辅助设备组成。其中,无人机平台负责搭载检测设备和执行飞行任务;数据传输系统用于实时传输无人机拍摄的画面和数据;任务荷载系统包括高分辨率摄像机、传感器等检测设备;地面站系统则用于接收、处理和分析无人机传输回来的数据。

无人机检测适用于大型桥梁,尤其是斜拉桥、悬索桥等具有复杂缆索结构的桥梁。这些桥梁的缆索通常较长且难以人工检测,而无人机则能够轻松应对这些挑战,实现高效、准确地检测。尽管无人机检测具有诸多优势,但也存在一些局限性。例如,受天气、风向等自然环境因素的影响,无人机的飞行稳定性和拍摄质量可能会受到影响。目前,对于某些特殊结构的桥梁缆索,无人机可能难以达到理想的检测效果。

2.3 缆索桥梁状态参数测量

缆索桥梁状态参数的测量是确保其结构健康与安全的重要环节。常用的测量方法包括直接法和间接法。直接法,如电阻应变片测定法、缆索伸长测定法、压力传感器测定法以及张拉千斤顶测定法等,能够直接获取缆索的受力状态。而间接法,如磁通量法、激振法和振动频率法等,特别是振动频率法,通过测量缆索的振动频率来推算索力,具有快速、方便、实用且可重复测试的特点。

2.3.1 几何形态与材质状况测量

换索桥梁的几何形态与材质状况测量应结合桥梁实地调查情况以及现场检测实施的可行性综合确定,并应满足换索设计要求。检测内容应包括下列项目:换索桥梁检测、几何参数与变位、结构重力识别、结构的材质、构件缺陷与损伤、索的专项检测。

(1)换索桥梁的检测。
①测试时间宜选择在温度稳定的时段进行。
②变位监测时应同步监测主要构件的温度,必要时还应监测风力与风向、水位与流速。
③索力测试应与主要构件的线形测量同时进行。
(2)换索桥梁几何参数和变位的测量。
①桥面上索的锚固位置和墩(塔)顶均应作为高程测点。
②墩(台)或塔顶应设置变位测点。
③拱轴线的测点布设在拱背和拱腹,间距不得大于跨径的1/8。
④主缆线形测点布设在主缆顶面,间距不得大于跨径的1/8。
⑤测量精度应根据桥梁的类型、结构等因素综合确定,且不得低于二等水准要求。
(3)结构重力状况调查。
①桥梁总体尺寸参数测量。
②桥梁构件尺寸参数测量。
③桥面铺装层结构及厚度。
(4)对桥梁主要构件强度的检测宜采用无损检测方法;当无损检测难以实施或存在异议

时,也可采用有限破损的检测方法。

(5)混凝土强度检测可采用回弹法、超声回弹综合法或取芯法。

(6)钢材强度可依据原设计、施工有关资料确定。

(7)对混凝土结构主要受力构件应检测其蜂窝、麻面、剥落、掉角、孔洞、裂缝等缺损状况,并应测试钢筋保护层厚度、混凝土碳化深度、氯离子含量、混凝土电阻率、钢筋锈蚀、混凝土裂缝宽度等。

(8)对钢结构的主要受力构件应检测防护涂层劣化状况、锈蚀状况、焊缝开裂状况、螺栓缺失状况和疲劳状况等。

(9)索力测试可采用压力表法、频率法、压力传感器法或磁通量法等。索力测试时应同时记录环境温度,并应与原相同测试方法的取用参数和测试结果进行核对。

(10)索体外观检测可根据检测条件采用目测或摄像检测,并应符合下列要求:

①当采用目测方法检测时,防护层破损应采用记号笔标识,并应按孔洞、纵向开裂、横向开裂三类描述破损形态。对于露丝的破损,应记录钢丝露出程度和锈蚀状况。

②当采用摄像检测时,图像清晰度应满足后期分析处理的要求。

(11)索体外观检测中发现钢丝锈蚀时,应局部解剖护套并检查索体内部钢丝锈蚀情况。

(12)索的锚固系统检测内容应包括锚具或叉耳、索导管状况,以及锚固区的损坏状况等。

(13)对于安装有减振装置的索,应检查减振装置的工作状况。

2.3.2 缆索桥梁索体测量

索体测量通常包括采用千斤顶压力表测定法、压力传感器测定法、磁通量测定法、声发射技术和振动法等方法,来准确测定桥梁拉索的索力,确保拉索的工作状态正常。

(1)斜拉桥索体系。

斜拉桥斜拉索的测量范畴广泛,具体包括:①拉索的锈蚀程度与断丝现象;②滑移变位情况;③涂层损坏状况;④护套内材料的老化与变质问题;⑤锚固区的损坏程度;⑥拉索线形的异常情况;⑦索力的测量与评估。

斜拉索护套的测量重点包括:①漆膜的损坏情况;②护套的裂缝问题;③护套的锈蚀程度;④防护层的破损状况;⑤护套上端浆液的离析现象;⑥渗水问题的检测。

锚具的测量主要关注:①锚杯内的积水情况;②锚具内部的潮湿程度;③防锈油是否结块;④锚具的锈蚀状况。

减振装置的测量内容包括:①油漆的脱落、裂缝与粉化情况;②结构的裂缝问题;③螺栓的变形或损坏状况;④漏油问题的检测;⑤连接部件的松动情况等。

(2)悬索桥索体系。

悬索桥的主缆测量涉及多个方面,具体包括:①主缆防护的损坏情况;②主缆的线形;③扶手绳及栏杆绳的状况;④主缆的腐蚀或索股损坏情况(如脱皮、锈蚀、伤痕);⑤涂膜的劣化程度。

索夹的测量主要关注：①错位现象；②滑移情况；③面漆的起皮问题；④索夹密封填料的损坏状况；⑤裂纹和锈蚀的检测。

锚杆的测量重点包括：①掉皮现象；②锈蚀程度；③裂纹。

悬索桥吊索的检测内容更为详细，具体包括：①锈蚀与腐蚀情况（涉及钢丝、锚头、螺栓、钢管护套等）；②钢丝的断丝现象；③渗水问题的检测（包括吊索两端的锚固部位、冷铸锚头、横梁锚固构造、吊索套管、减振器等）；④锚头的损坏情况（如松动、裂缝或破损）；⑤橡胶的老化与变质情况（涉及吊索端部及减振器）；⑥掉漆与起皮问题；⑦防护套的破损状况；⑧吊索防护层的破坏情况（如裂纹、破损、老化和积水）；⑨索力的测量与评估。

(3)拱桥索体系。

拱桥吊杆的测量内容主要包括：①锈蚀情况（涉及锚头、螺栓、钢管护套等）；②断丝现象；③渗水问题的检测（包括吊杆两端的锚固部位、锚头、横梁锚固构造、吊杆套管、减振器等）；④锚头的损坏情况；⑤橡胶的老化与变质情况（涉及吊杆端部及减振器）；⑥防护套的损坏状况（特别是吊杆端部出口处钢管护套以及钢管与聚乙烯（PE）护套连接处）；⑦吊杆防护层的破坏情况；⑧索力的测量与评估。

拱桥系杆及防护板的测量主要关注：①锈蚀情况（涉及锚头、防护罩、钢箱）；②系杆外部涂层的脱落情况；③系杆连接的松动问题；④锚头与防护套的损坏状况；⑤断丝现象；⑥混凝土裂缝问题（涉及混凝土防护板、系杆锚固区等）。

2.4 换索桥梁的技术状况评定

桥梁技术状况评定是一个复杂的综合评价过程，涉及目视检测、设计规范验算、专家系统评估、可靠度评定等多种方法，依据《城市桥梁养护技术标准》（CJJ 99—2017）、《公路桥涵养护规范》（JTG 5120—2021）等相关标准，对桥梁进行全面检查，综合评定桥梁及各部件当前的技术状况，确保桥梁使用安全。

2.4.1 桥梁技术状况评定方法

依据《公路桥梁技术状况评定标准》（JTG/T H21—2011），采用相应的技术状况评定方法，对桥梁的完好状态等级进行评定。公路桥梁技术状况评定包括桥梁构件、部件、桥面系、上部结构、下部结构和全桥评定。

公路桥梁技术状况评定应采取分层综合评定与5类桥梁单项控制指标相结合的方法，先对桥梁各构件进行评定，然后对桥梁各部件进行评定，再对桥面系、上部结构和下部结构分别进行评定，最后进行桥梁总体技术状况的评定。评定指标如图2-1所示。

当单个桥梁存在不同的结构形式时，可根据结构形式的分布情况划分评定单元，然后分别对各评定单元进行桥梁技术状况的等级评定。

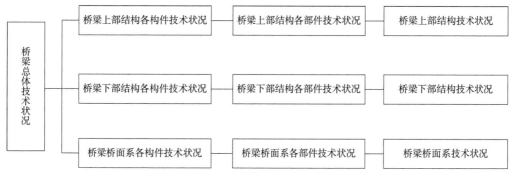

图 2-1 桥梁技术状况评定指标

2.4.2 桥梁技术状况等级分类

(1) 桥梁部件分为主要部件和次要部件。
(2) 梁桥主要部件为上部承重构件、桥墩、桥台、基础、支座,其他部件为次要部件。
(3) 桥梁总体技术状况评定等级分为 1 类、2 类、3 类、4 类、5 类,如表 2-1 ~ 表 2-3 所示。

桥梁总体状况评定等级　　　　　　　　　　　　　　　表 2-1

技术状况评定等级	桥梁技术状况描述
1 类	全新状态,功能完好
2 类	有轻微缺损,对桥梁使用功能无影响
3 类	有中等缺损,尚能维持正常使用功能
4 类	主要构件有大的缺损,严重影响桥梁使用功能或严重影响承载能力,不能保证正常使用
5 类	主要构件存在严重缺损,不能正常使用,危及桥梁安全,桥梁处于危险状态

桥梁主要部件技术状况评定标度　　　　　　　　　　　表 2-2

技术状况评定标度	桥梁技术状况描述
1 类	全新状态,功能完好
2 类	功能完好,材料有局部轻度缺损或污染
3 类	材料有中等缺损或出现轻度功能性病害,但发展缓慢、尚能维持正常使用功能
4 类	材料缺损严重或出现中等功能性病害,且发展较快结构变形小于或等于规范值,功能明显降低
5 类	材料严重缺损,出现严重性病害,且有继续扩展现象,关键部位的部分材料强度达到极限,变形大于规范值,结构的强度、刚度、稳定性不能达到安全通行要求

桥梁次要部件技术状况评定标度　　　　　　　　　　表 2-3

技术状况评定标度	桥梁技术状况描述
1 类	全新状态、功能完好或功能良好,材料有轻度缺损污染等
2 类	有中等缺损或污染
3 类	材料有严重缺损,出现功能降低,进一步恶化将不利于主要部件,影响正常交通
4 类	材料有严重缺损,失去应有功能,严重影响正常交通或原无设置,而调查需要补设

2.4.3　桥梁技术状况评定

1）评定流程

桥梁技术状况评定流程如图 2-2 所示。

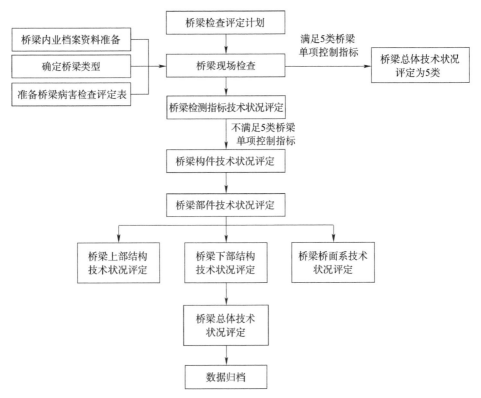

图 2-2　桥梁技术状况评定流程

2）评定计算

依据《公路桥梁技术状况评定标准》(JTG/H 21—2011)的相关规定,对桥梁的上部结构、下部结构、桥面系和全桥进行技术状况评分。评分方法如下：

(1)桥梁构件的技术状况评分,按式(2-1)计算：

$$\mathrm{PMCI}_l(\mathrm{BMCI}_l \ 或 \ \mathrm{DMCI}_l) = 100 - \sum_{x=1}^{k} U_x \tag{2-1}$$

当 $x=1$ 时：
$$U_1 = DP_{il}$$

当 $x \geq 2$ 时：
$$U_x = \frac{DP_{ij}}{100 \times \sqrt{x}} \times (100 - \sum_{y=1}^{x-1} U_y) \quad (\text{式中} j=x, x \text{ 取 } 2,3,\cdots,k)$$

当 $k \geq 2$ 时，DP_{il} 按照从大到小的顺序排列。当 $DP_{il} = 100$ 时：
$$PMCI_l(BMCI_l \text{ 或 } DMCI_l) = 0$$

式中：$PMCI_l$——上部结构第 i 类部件 l 构件的得分，值域为 0~100 分；

$BMCI_l$——下部结构第 i 类部件 l 构件的得分，值域为 0~100 分；

$DMCI_l$——桥面系第 i 类部件 l 构件的得分，值域为 0~100 分；

k——第 i 类部件 l 构件出现扣分的指标的种类数；

U、x、y——引入的变量；

i——部件类别，例如 i 表示上部承重构件、支座、桥墩等；

j——第 i 类部件 l 构件的第 j 类检测指标；

DP_{il}——第 i 类部件 l 构件的第 j 类检测指标的扣分值，根据构件各种检测指标扣分值进行计算，扣分值按表 2-4 规定取值。

构件各检测指标扣分值 表 2-4

检测指标所能达到的最高等级类别	指标类别				
	1类	2类	3类	4类	5类
3类	0	20	35	—	—
4类	0	25	40	50	—
5类	0	35	45	60	100

$$\left. \begin{array}{l} PCCI_i = \overline{PMCI_i} - (100 - PMCI_{min})/t \\ BCCI_i = \overline{BMCI_i} - (100 - BMCI_{min})/t \\ DCCI_i = \overline{DMCI_i} - (100 - DMCI_{min})/t \end{array} \right\} \quad (2\text{-}2)$$

式中：$PCCI_i$——上部结构第 i 类部件的得分，值域为 0~100 分；当上部结构中的主要部件某一构件评分值 $PMCI_i$ 在 [0,40) 区间内时，其相应部分评分值 $PCCI_i = PMCI_i$；

$\overline{PMCI_i}$——上部结构第 i 类部件的得分平均值，值域为 0~100 分；

$BCCI_i$——上部结构第 i 类部件的得分，值域为 0~100 分，当上部结构中的主要部件某一构件评分值 $BMCI_i$ 在 [0,40) 区间内时，其相应部分评分值 $BCCI_i = BMCI_i$；

$\overline{BMCI_i}$——下部结构第 i 类部件的得分平均值，值域为 0~100 分；

$DCCI_i$——桥面系 i 类部件的得分，值域为 0~100 分；

$\overline{DMCI_i}$——桥面系 i 类部件各构件的得分平均值，值域为 0~100 分；

$PMCI_{min}$——上部结构第 i 类部件中分值最低的构件得分值；

$BMCI_{min}$——下部结构第 i 类部件中分值最低的构件得分值;

$DMCI_{min}$——桥面系 i 类部件分值最低的构件得分值;

t——系数,由构件的数量确定,见《桥梁技术状况评定标准》(JTG/T H21—2011)中表4.1.2的规定值。

(2)桥梁上部结构、下部结构、桥面系技术状况评分,按式(2-3)计算:

$$SPCI(SBCI 或 BDCI) = \sum_{i=1}^{m} PCCI_i(SBCI_i 或 BDCI_i) \times \omega_i \qquad (2-3)$$

式中:SPCI——桥梁上部结构技术状况评分,值域为0~100分;

SBCI——桥梁下部结构技术状况评分,值域为0~100分;

BDCI——桥面系的技术状况评分,值域为0~100分;

m——上部结构(下部结构、桥面系)的部件种类数;

ω_i——第 i 类部件的权重,按《公路桥梁技术状况评定标准》(JTG/T H21—2011)规定的取值,对于桥梁中未设置的部件,应根据此部件的隶属关系,将其权重值分配给各既有部件,分配原则按照各既有部件权重在全部既有部件权重中所占比例进行分配。

(3)桥梁总体的技术状况评分,按式(2-4)计算:

$$D_r = BDCI \times W_D + SPCI \times W_{SP} + SBCI \times W_{SB} \qquad (2-4)$$

式中:D_r——桥梁总体技术状况评分;

W_D——桥面系在全桥中的权重;

W_{SP}——上部结构在全桥中的权重;

W_{SB}——下部结构在全桥中的权重。

3)桥梁技术状况等级的确定

(1)结合5类桥梁技术状况单项控制指标等相关准则,桥梁技术状况分类界限按表2-5规定执行。

桥梁技术状况分类界限 表2-5

技术状况评分	技术状况等级				
	1类	2类	3类	4类	5类
D_r(SPCI、SBCI、BDCI)	[95,100)	[80,95)	[60,80)	[40,60)	[0,40)

(2)全桥总体技术状况等级评定时,当主要部件评分达到4类或5类且影响桥梁安全时,可按照桥梁主要部件最差的缺损状况评定。

(3)在桥梁技术状况评价中,有下列情况之一时,桥梁总体技术状况应评为5类。

①上部结构有落梁或有梁、板断裂现象。

②梁桥上部承重构件控制截面出现全截面开裂或组合结构上部承重构件结合面开裂贯通,造成截面组合作用严重降低。

③梁桥上部承重构件有严重的异常位移,存在失稳现象。

④结构出现明显的永久变形,变形大于规范值。

⑤关键部位混凝土出现压碎或杆件失稳倾向,或桥面板出现严重塌陷。
⑥悬索桥主缆或多根吊索出现严重锈蚀、断丝。
⑦斜拉桥拉索钢丝出现严重锈蚀、断丝,主梁出现严重变形。
⑧扩大基础冲刷深度大于设计值,冲空面积达20%以上。
⑨桥墩(桥台或基础)不稳定,出现严重滑动、下沉、位移、倾斜等现象。
⑩悬索桥、斜拉桥索塔基础出现严重沉降或位移;或悬索桥锚锭有水平位移或沉降。

2.5 检测与评价工程实例

2.5.1 工程概况

夷陵长江大桥是联系宜昌市南、北两岸跨越长江的城市桥梁,于2001年12月28日建成通车,迄今已运营23年。大桥工程全长3246m,由主桥、北岸引桥及立交桥、南岸引桥及立交桥三部分组成。主桥长936m,为单索面混凝土主梁三塔斜拉桥,桥宽23m。跨径布置为(38.0+38.5+43.5)m+2×348.0m+(43.5+38.5+38.0)m=936.0m,对中塔呈对称布置,其主跨达348m。夷陵长江大桥实景如图2-3所示。

a)   b)

图2-3 夷陵长江大桥实景照片

桥梁全宽23.0m,中央索区宽3.0m,两侧人行道净宽各2.0m,边栏杆宽0.25m,即:0.25m(边栏杆)+2.0m(人行道净宽)+7.75m(行车道)+3.0m(中央索区)+7.75m(行车道)+2.0m(人行道净宽)+0.25m(边栏杆)=23.0m。桥面设1.5%双面坡,索面间距为1.2m。主梁为单箱三室倒梯形截面,三向预应力混凝土结构,全桥范围内主梁等高,梁高3.0m。具体细部尺寸如图2-4所示。

斜拉桥共有3个主塔,分别为南、北边塔和中塔。均以黄海高程+42.0m以上为塔,其中中塔全高126m,南、北边塔全高106.5m,主塔全结构均包括索锚固区、上横梁、上塔柱、下横梁、下塔柱和塔座六部分。具体细部尺寸如图2-5、图2-6所示。

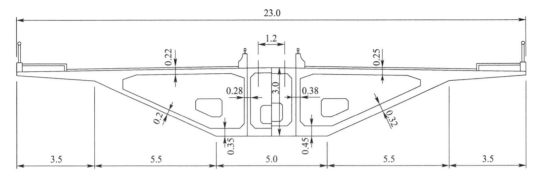

图 2-4 边中跨主梁标准断面结构示意图(尺寸单位:m)

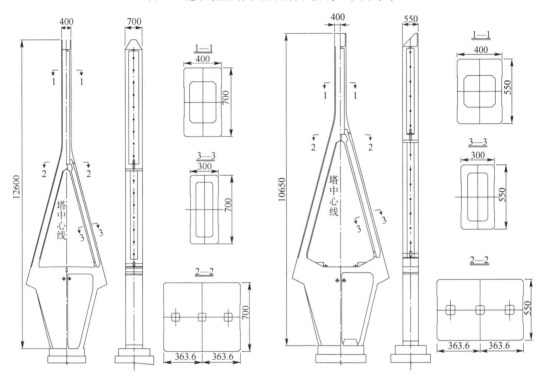

图 2-5 中塔结构示意图(尺寸单位:cm)　　图 2-6 边塔结构示意图(尺寸单位:cm)

斜拉索置于桥面中央,断面上每个编号的斜拉索均由 2 根组成,间距1.2m,梁上索距主跨8m,边跨5.5m,塔上索距约1.6m。每个边塔都布置了18对斜拉索,中塔上布置了23对斜拉索,全桥共236根斜拉索。斜拉索长度最短约45m,最长约210m。斜拉索布置如图 2-7 所示。

斜拉索采用平行钢绞线拉索体系,全封闭新构造,无黏结锚具。单根钢绞线直径为15.24mm,镀锌钢绞线外包 PE 护层,内注油性蜡。钢绞线强度 f 为1770MPa,容许应力 $[\sigma]$ = $0.45f$。斜拉索共重1225t。斜拉索断面示意图如图 2-8 所示。

斜拉索主梁处下接头喇叭套管上端与 HDPE 连接套管箍牢,其间用高密度聚乙烯密封,下端罩住下锚预埋钢管口,其间设置防漏橡皮垫。下连接头"法兰环"接预埋钢管和钢制外护套,提供必要的伸缩缓冲。法兰盘中心距主梁梁顶竖向高度为45cm。梁处斜拉索预埋钢管、护管构造示意图如图 2-9 所示。

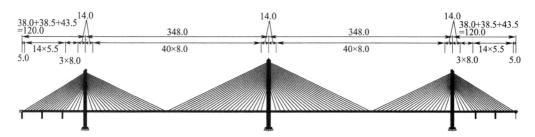

图2-7 斜拉索布置图(尺寸单位:m)

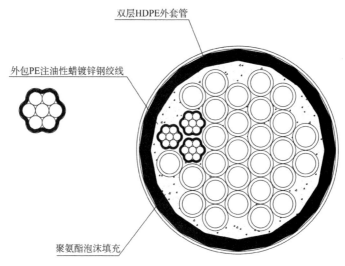

图2-8 斜拉索断面示意图

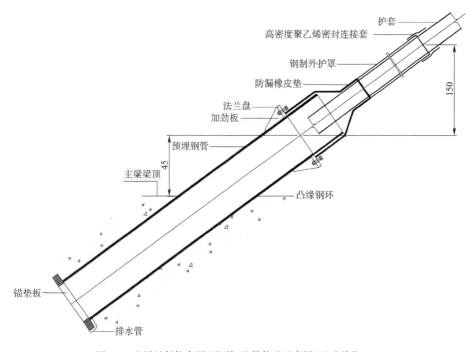

图2-9 主梁处斜拉索预埋钢管、护管构造示意图(尺寸单位:cm)

本桥减振装置埋设于张拉端(主塔处)、锚固端(主梁处)预埋钢管内部,并与预埋钢管内部高强混凝土填充物保持一定距离,确保减振装置能发挥作用。其聚乙烯(PE)护套表面设置有螺旋线,并未设体外减振器,但预留连接条件。斜拉索照片如图2-10所示。

图2-10 斜拉索照片

全桥共236套固定端锚具,236套张拉端锚具,采用无黏结锚具,锚固力全部由夹片传递。根据原设计图纸,斜拉索张拉端和锚固端采用相同锚具,张拉端位于塔上,锚固端位于梁上。斜拉索锚具如图2-11、图2-12所示。

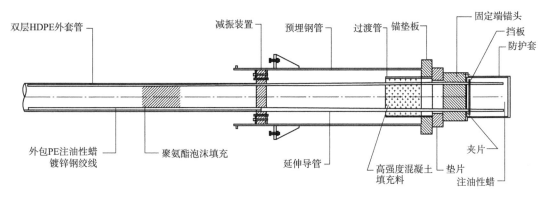

图2-11 锚固端(主梁处)斜拉索锚具示意图

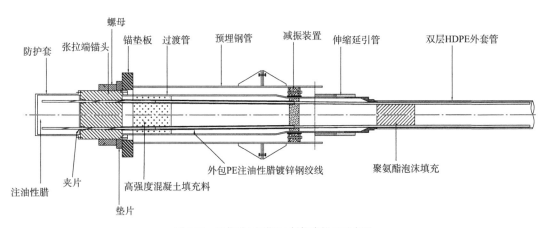

图2-12 张拉端(主塔处)斜拉索锚具示意图

斜拉索按钢绞线数目划分共6种规格:27股、31股、34股、37股、41股、47股。

中塔处塔、梁固结,其他墩台处均设竖向活动支座,其中0号(8号),3号(5号)设2个盆式橡胶活动支座,1号(7号),2号(6号)设1个盆式橡胶活动支座,横向在0号(8号),3号(5号)设F4板式橡胶支座,即为横向抗风、抗振限位支座。夷陵长江大桥特殊检查内容如表2-6所示。

夷陵长江大桥特殊检查内容 表2-6

序号	检查分类	具体内容	检查范围
1	外观检查	箱梁内外部、索塔内外部、墩柱、桥台、支座、体外预应力束、伸缩缝、桥面铺装	主桥全桥
2	锚头专项检查	上、下锚头开锚检查渗水及锈蚀情况	236个上锚头、下锚头
3	斜拉索索力测试	采用触动法与频率法相结合来测试全桥斜拉索索力	236根拉索
4	基准网复核	对大桥原有基准网进行复测	原有留存点位
5	塔偏测量	采用全站仪测量	3个塔
6	主梁线形测量	水准仪结合全站仪测量	主梁3条测线
7	索长测量	全站仪结合3D扫描进行测量、单根钢绞线拆除施工验证	236根拉索
8	斜拉索拆除单根钢绞线	钢绞线长度测量及性能测试	2根钢绞线
9	桥梁技术状况评定	—	—

2.5.2 主桥空间测量

1）索塔偏位测量结果

本次测量是在封闭交通情况下对大桥索塔原有偏位测点进行多次测量,测量时间为2023年7月2日,测量温度27℃、气压1005hPa。并与末次定检测量成果进行对比,测量对比结果如表2-7所示,主桥桥面中线与梁底线形对比如图2-13所示。

索塔偏位测量对比结果（单位:mm） 表2-7

塔号	位置	点名	2002年初始监测成果			2022年末次定检成果			本次测量成果		
			X	Y	Z	X	Y	Z	X	Y	Z
T03	塔底（上游侧）	T3D1	—	—	—	348.213	−8.709	45.475	348.238	−8.729	45.606
	塔梁交接处（上游侧）	T3D2	—	—	—	348.088	−15.453	71.208	348.105	−15.478	71.328
	塔顶	T3	350.512	1.391	144.104	350.777	1.378	144.142	350.768	1.400	144.305
	塔底（下游侧）	T3D3	—	—	—	350.929	7.844	46.72	350.93	7.866	46.902
	塔梁交接处（下游侧）	T3D4	—	—	—	347.551	15.481	71.071	347.554	15.508	71.237
T04	塔底（上游侧）	T4D1	—	—	—	0.573	−11.278	58.899	0.610	−11.271	59.037
	塔梁交接处（上游侧）	T4D2	—	—	—	0.392	−15.446	74.417	0.428	−15.443	74.559
	塔顶	T4	3.080	1.738	164.122	3.429	1.727	164.125	3.465	1.715	164.302
	塔底（下游侧）	T4D3	—	—	—	0.646	11.461	59.63	0.665	11.479	59.800
	塔梁交接处（下游侧）	T4D4	—	—	—	−0.317	15.526	74.158	−0.292	15.539	74.318

续上表

塔号	位置	点名	2002年初始监测成果			2022年末次定检成果			本次测量成果		
			X	Y	Z	X	Y	Z	X	Y	Z
T05	塔底(上游侧)	T5D1	—	—	—	−347.834	−8.623	44.939	−347.793	−8.586	45.134
	塔梁交接处(上游侧)	T5D2	—	—	—	−347.486	−15.536	70.986	−347.434	−15.485	71.177
	塔顶	T5D	−346.317	−1.915	148.544	−345.894	−1.929	148.546	−345.856	−1.908	148.731
	塔底(下游侧)	T5D3	—	—	—	−347.916	8.648	45.298	−347.887	8.645	45.536
	塔梁交接处(下游侧)	T5D4	—	—	—	−348.031	15.537	70.815	−347.999	15.542	71.027

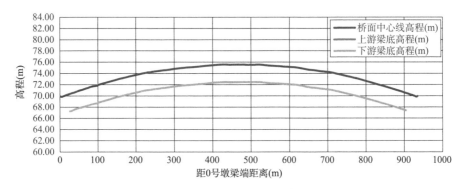

图 2-13 主桥桥面中线与梁底线形图

本次测量成果与初始监测成果对比,索塔纵桥向偏位 +256 ~ +461mm,横桥向偏位 −23 ~ +9mm;与末次定检成果对比,索塔纵桥向偏位 −9 ~ +52mm,横桥向偏位 −15 ~ +31mm。由于初始监测点位发生变化,索塔纵桥向偏位与初始值对比无参考意义;与2022年定检成果对比,索塔纵桥向整体偏位在5.2cm以内,横桥向整体偏位在3.1cm以内。

2)主桥梁底线形结果

主桥梁底线形测量的主要目的是掌握桥梁主体结构(特别是主梁底部)的线形状态,及时发现结构变形或位移等异常情况,为后续的维修加固提供数据支持。夷陵长江大桥主桥梁底上、下游线形测点高程结果如表2-8所示。

主桥梁底上、下游线形测点高程结果表(单位:m) 表2-8

点号	距0号墩梁端距离	本次上游梁底高程	点号	本次下游梁底高程
LU1	26.35	67.231	LD1	67.230
LU2	31.86	67.350	LD2	67.341
LU3	36.42	67.480	LD3	67.486
LU4	42.88	67.669	LD4	67.680
LU5	48.39	67.767	LD5	67.779
LU6	53.90	67.862	LD6	67.874
LU7	59.41	67.969	LD7	67.994

续上表

点号	距0号墩梁端距离	本次上游梁底高程	点号	本次下游梁底高程
LU8	64.92	68.074	LD8	68.077
LU9	70.43	68.183	LD9	68.203
LU10	74.99	68.309	LD10	68.306
LU11	81.45	68.430	LD11	68.429
LU12	89.43	68.567	LD12	68.577
LU13	97.45	68.676	LD13	68.694
LU14	105.47	68.893	LD14	68.900
LU15	134.50	69.465	LD15	69.477
LU16	142.52	69.633	LD16	69.636
LU17	150.54	69.791	LD17	69.787
LU18	158.56	69.920	LD18	69.921
LU19	166.58	70.046	LD19	70.056
LU20	174.59	70.183	LD20	70.195
LU21	182.57	70.318	LD21	70.313
LU22	190.58	70.441	LD22	70.434
LU23	198.59	70.554	LD23	70.557
LU24	206.60	70.692	LD24	70.679
LU25	214.61	70.820	LD25	70.821
LU26	222.62	70.942	LD26	70.941
LU27	230.63	71.021	LD27	71.028
LU28	238.64	71.103	LD28	71.111
LU29	246.65	71.186	LD29	71.181
LU30	254.66	71.256	LD30	71.254
LU31	262.67	71.334	LD31	71.330
LU32	270.67	71.423	LD32	71.412
LU33	274.03	71.405	LD33	71.424
LU34	277.38	71.449	LD34	71.445
LU35	285.38	71.535	LD35	71.518
LU36	293.38	71.618	LD36	71.604
LU37	301.38	71.665	LD37	71.678
LU38	309.38	71.743	LD38	71.748
LU39	317.38	71.811	LD39	71.825
LU40	325.39	71.861	LD40	71.869

续上表

点号	距0号墩梁端距离	本次上游梁底高程	点号	本次下游梁底高程
LU41	333.40	71.912	LD41	71.923
LU42	341.41	71.948	LD42	71.963
LU43	349.42	71.996	LD43	71.994
LU44	357.43	72.047	LD44	72.044
LU45	365.44	72.089	LD45	72.095
LU46	373.45	72.138	LD46	72.135
LU47	381.46	72.183	LD47	72.188
LU48	389.47	72.246	LD48	72.235
LU49	397.48	72.311	LD49	72.303
LU50	405.46	72.354	LD50	72.366
LU51	413.47	72.403	LD51	72.418
LU52	421.48	72.417	LD52	72.430
LU53	429.49	72.428	LD53	72.454
LU54	437.51	72.439	LD54	72.464
LU55	445.53	72.425	LD55	72.459
LU56	453.54	72.426	LD56	72.453
LU57	482.46	72.459	LD57	72.457
LU58	490.47	72.458	LD58	72.456
LU59	498.49	72.443	LD59	72.433
LU60	506.51	72.449	LD60	72.447
LU61	514.52	72.442	LD61	72.466
LU62	522.53	72.455	LD62	72.452
LU63	530.54	72.382	LD63	72.388
LU64	538.52	72.326	LD64	72.325
LU65	546.53	72.261	LD65	72.280
LU66	554.54	72.236	LD66	72.237
LU67	562.55	72.201	LD67	72.217
LU68	570.56	72.192	LD68	72.200
LU69	578.57	72.154	LD69	72.164
LU70	586.58	72.103	LD70	72.137
LU71	594.59	72.070	LD71	72.104
LU72	602.60	72.030	LD72	72.036
LU73	610.61	72.003	LD73	72.019

续上表

点号	距0号墩梁端距离	本次上游梁底高程	点号	本次下游梁底高程
LU74	618.62	71.956	LD74	71.961
LU75	626.62	71.868	LD75	71.860
LU76	634.62	71.771	LD76	71.775
LU77	642.62	71.653	LD77	71.674
LU78	650.62	71.557	LD78	71.577
LU79	658.62	71.470	LD79	71.451
LU80	665.33	71.447	LD80	71.434
LU81	673.33	71.365	LD81	71.386
LU82	681.34	71.290	LD82	71.302
LU83	689.35	71.231	LD83	71.245
LU84	697.36	71.178	LD84	71.168
LU85	705.37	71.103	LD85	71.106
LU86	713.38	71.017	LD86	71.018
LU87	721.39	70.882	LD87	70.883
LU88	729.40	70.743	LD88	70.731
LU89	737.41	70.608	LD89	70.607
LU90	745.42	70.476	LD90	70.483
LU91	753.43	70.341	LD91	70.349
LU92	761.41	70.224	LD92	70.232
LU93	769.42	70.089	LD93	70.091
LU94	777.44	69.943	LD94	69.957
LU95	785.46	69.805	LD95	69.810
LU96	793.48	69.662	LD96	69.653
LU97	801.50	69.505	LD97	69.497
LU98	830.53	68.961	LD98	68.961
LU99	838.55	68.786	LD99	68.788
LU100	846.57	68.630	LD100	68.621
LU101	854.55	68.475	LD101	68.468
LU102	861.01	68.335	LD102	68.336
LU103	865.57	68.237	LD103	68.227
LU104	871.08	68.123	LD104	68.127
LU105	876.59	68.002	LD105	67.994
LU106	882.10	67.878	LD106	67.865

续上表

点号	距0号墩梁端距离	本次上游梁底高程	点号	本次下游梁底高程
LU107	887.61	67.754	LD107	67.757
LU108	893.12	67.627	LD108	67.621
LU109	899.58	67.504	LD109	67.472
LU110	904.14	67.401	LD110	67.382

3）索力测量

缆索桥梁索力测量旨在评估桥梁承载能力,监测结构健康状态,及时发现潜在安全隐患,预防事故发生,为桥梁养护提供科学依据,确保桥梁安全稳定运营,保障交通畅通与安全,是缆索桥梁维护与管理中不可或缺的重要环节。

（1）拉拔法。

本次检测采用千斤顶拉拔方式对拉索索力进行测量,全桥共236根斜拉索,完成228根斜拉索的索力测量,其中3号塔、5号塔的第17索上面的平台遮挡,导致17号索无张拉空间,8根索无法张拉。其余拉索已全部张拉完成。拉拔法测量索力与成桥索力偏差情况如图2-14所示。

与成桥索力相比,191根拉索索力与成桥索力的偏差在5%以内,占比83.8%;3根拉索索力偏差大于10%,编号为4NMC2D索的偏差值为-10.5%、5SC4D索偏差值为11.3%、5SC1D索偏差值为-10.0%。拉拔法测试索力比较直接,能准确反映实际索力,建议换索过程中采用拉拔法进行索力测量。

（2）频率法。

本次同时对全桥236根斜拉索采用频率法进行索力测量,频率法测试索力与成桥索力偏差情况如图2-15所示。与成桥索力相比,141根拉索索力与成桥索力的偏差在5%以内,占比59.7%;,23根拉索索力偏差大于10%,分别为3SC′1U、3SC1U、3SC2U、3SC5U、3SC′2D、3SC1D、3SC5D、4NMC3U、4NMC2U、4NMC1U、4SMC1D、4SMC2D、5SC2U、5SC1U、5SC′1U、5SC′2U、5SC′3U、5SC8D、5SC4D、5SC2D、5SC′1D、5SC′2D、5SC′9D斜拉索,2根拉索偏差大于20%,最大偏差为5SC1U索,偏差为28.4%。

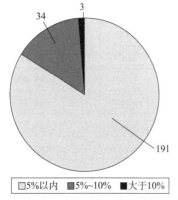

图2-14 拉拔法测量索力与成桥索力偏差情况

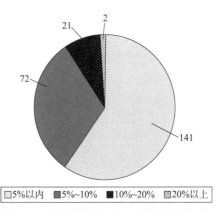

图2-15 频率法测试索力与成桥索力偏差情况

2.5.3 桥梁技术状况评定

1)外观检测结果

(1)梁内。

对箱梁内进行检查,其检查结果见表2-9,病害变化情况均与末次定检做对比。

下锚固区锚固面共存在露筋2处,总面积为0.0375m²;横向裂缝2条,总缝长为0.8m,缝宽介于0.06~0.08mm;竖向裂缝17条,总缝长为11.59m,缝长介于0.4~1.1m,缝宽介于0.06~0.12mm;斜向裂缝共15条,总缝长为2.56m,缝长介于0.07~0.5m,缝宽介于0.06~0.12mm。

梁内各类病害统计　　　　　　　　　表2-9

病害类型	破损		裂缝		网状裂缝		积水	蜂窝麻面		渗水析白		露筋		锚头未封锚
	数量(处)	面积(m²)	数量(条)	长度(m)	数量(处)	面积(m²)	数量(处)	数量(处)	面积(m²)	数量(处)	面积(m²)	数量(处)	面积(m²)	数量(处)
结果	59	3.46	131	106.9	1	0.16	5	23	2.32	24	0.84	4	0.018	4

梁内病害照片如图2-16~图2-23所示。

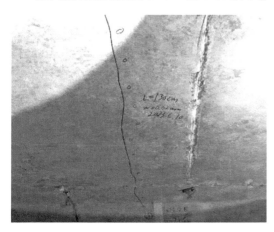

图2-16　第4孔46号块U顶板纵向裂缝

图2-17　第4孔52号块U顶板蜂窝麻面

(2)梁外。

箱梁外经检查,存在纵向裂缝10条,总长度16.1m;钢筋锈胀1处,总长度0.2m;渗水析白1处,总长度0.8m;破损3处,总面积0.3m²;破损露筋1处,总面积0.04m²。梁外病害照片如图2-24~图2-26所示。

(3)塔内。

对3号塔内进行检查,存在破损11处,总面积0.73m²;露筋锈胀23处,总面积0.121m²;蜂窝麻面6处,总面积0.37m²;裂缝11条,总长度16.5m,未发现缝宽大于0.15mm的裂缝;

爬梯锈蚀3处;塔内淤泥堆积4处。检查结果详见表2-10。上锚固区锚固面共存在露筋3处,总面积为0.0425m²;破损8处,总面积为0.325m²。

图2-18 第4孔84号块U顶板锚头未封锚

图2-19 第1孔1号块Z顶板横向裂缝

图2-20 第1孔7号块3号腹板渗水析白

图2-21 第4孔20号块Z箱室积水

图2-22 第4孔20号块2号腹板露筋

图2-23 第4孔第55道1号横隔板竖向裂缝

图2-24　第2孔4号块4号腹板纵向裂缝修复　　　　图2-25　第6孔8号块底板纵向裂缝

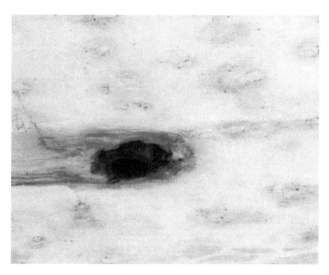

图2-26　第5孔51号块2号翼板破损

塔内各类病害统计表　　　　　　　　　　　　　　　　　表2-10

3号塔	破损	数量(处)	7	4号塔	破损	数量(处)	2
		面积(m²)	0.36			面积(m²)	0.17
	露筋锈胀	数量(处)	17		露筋锈胀	数量(处)	6
		面积(m²)	0.105			长度(m)	0.016
	裂缝	数量(处)	3		蜂窝麻面	数量(处)	1
						面积(m²)	0.12
		长度(m)	3.8		裂缝	数量(处)	3
						长度(m)	8.7
	锈蚀	数量(处)	2		锈蚀	数量(处)	1
	淤泥堆积	数量(处)	2		淤泥堆积	数量(处)	2

续上表

		数量(处)	2			数量(处)	11
5号塔	破损	面积(m²)	0.2	塔内各类病害汇总	破损	面积(m²)	0.73
	露筋锈胀	数量(处)	—		露筋锈胀	数量(处)	23
		长度(m)	—			面积(m²)	0.121
	蜂窝麻面	数量(处)	5		蜂窝麻面	数量(处)	6
		面积(m²)	0.25			面积(m²)	0.37
	裂缝	数量(处)	5		裂缝	数量(处)	11
		长度(m)	4			长度(m)	16.5
	锈蚀	数量(处)	—		锈蚀	数量(处)	3
	淤泥堆积	数量(处)	—		淤泥堆积	数量(处)	4

塔内病害照片如图2-27~图2-30所示。

图2-27 3号塔上塔柱破损

图2-28 3号塔上塔柱钢筋锈胀

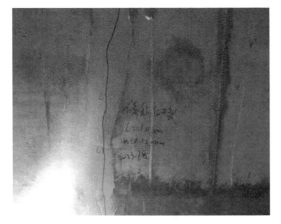

图2-29 3号塔中塔柱竖向裂缝

图2-30 4号塔下塔柱淤泥堆积

(4)塔外。

对3号塔外进行检查,存在水迹6处,总面积68.31m²;涂层裂缝19条,总长度37.6m,

其中涂层裂缝宽度>0.15mm的裂缝共计19条,总长度37.6m;涂层网状裂缝13处,总面积25m²;锈蚀2处;锈胀露筋17处,总面积1.56m²;涂层脱落3处,总面积4.07m²;脏污1处,总面积9m²。检查结果详见表2-11,病害照片如图2-31~图2-34所示。

塔外各类病害统计表 表2-11

3号塔	水迹	数量(处)	5	5号塔	水迹	数量(处)	1
		面积(m²)	37.91			面积(m²)	30.4
	涂层网状裂缝	数量(条)	1		涂层裂缝	数量(条)	3
		面积(m²)	4			长度(m)	5
	锈蚀	数量(处)	1		涂层网状裂缝	数量(处)	5
	锈胀露筋	数量(处)	7			面积(m²)	19.9
		面积(m²)	1.04		锈蚀	数量(处)	1
	涂层脱落	数量(处)	2		锈胀露筋	数量(处)	3
		面积(m²)	0.07			面积(m²)	0.14
	脏污	数量(处)	1		涂层脱落	数量(处)	1
		面积(m²)	9			面积(m²)	4
4号塔	涂层裂缝	数量(条)	16	塔外各类病害	水迹	数量(处)	6
		长度(m)	32.6			面积(m²)	68.31
	涂层网状裂缝	数量(处)	7		涂层裂缝	数量(条)	19
		面积(m²)	7.6			长度(m)	37.6
	锈胀露筋	数量(处)	7		涂层网状裂缝	数量(处)	13
		面积(m²)	0.38			面积(m²)	31.5
	脏污	数量(处)	—		锈蚀	数量(处)	2
		面积(m²)	—		锈胀露筋	数量(处)	17
	锈蚀	数量(处)	—			面积(m²)	1.56
					涂层脱落	数量(处)	3
						面积(m²)	4.07
					脏污	数量(处)	1
						面积(m²)	9

图2-31 3号塔上塔柱网状裂缝

图2-32 3号塔上塔柱露筋锈蚀

图 2-33　3 号塔上塔柱锈蚀

图 2-34　4 号塔上塔柱竖向裂缝

（5）斜拉索。

共对夷陵长江大桥 236 根斜拉索 PE 外观进行检查。根据检查结果，斜拉索 PE 外观常见病害类型主要有 8 类，具体见表 2-12。夷陵大桥斜拉索各类病害统计如图 2-35 所示。

病害类型　　　　　　　　　　　　　　　　　　　表 2-12

序号	病害	病害细分
1	开裂	开裂
2	压痕	压痕
3	刮擦	刮痕
4		划伤
5	破损	螺旋线缺失
6		螺旋线断裂
7		表面起皮
8	污垢	一般污迹

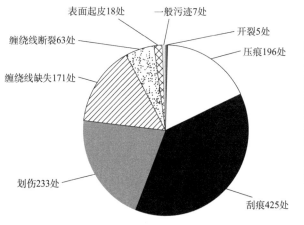
图 2-35　夷陵大桥斜拉索各类病害统计图

经统计分析,全桥斜拉索共存在典型的病害现象 1115 处,总面积为 21700.8cm²,其中,刮痕数量占比较大,刮痕面积及螺旋线缺失面积占比偏多。

进一步对斜拉索钢绞线进行检测,本次拆除 5SC'6U 号索和 5SC14U 号索的钢绞线并拨开 PE 护套进行检查。5SC'6U 号索渗水严重,检查发现钢绞线存在较多锈斑。5SC14U 号索未见锈斑。钢绞线为外包 PE 注油性蜡镀锌钢绞线,2 个拉索拨开 PE 护套之后发现油性蜡已硬化,已失去防腐作用。钢绞线锈斑病害如图 2-36、图 2-37 所示。

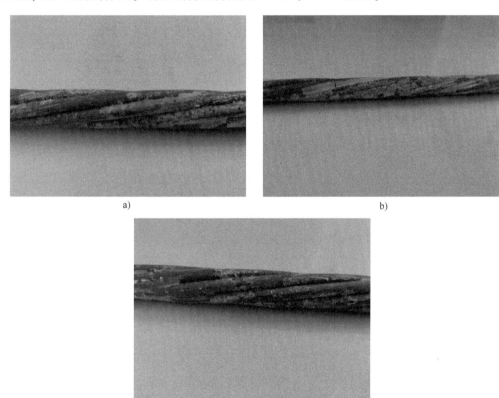

图 2-36　5SC'6U 号索钢绞线锈斑

2)技术状况评定结果

依据《公路桥梁技术状况评定标准》(JTG/T H21—2011),夷陵长江大桥技术状况评定结果为 2 类(85.49),上部结构为 3 类(79.44);部件中,斜拉索系统为 3 类(75.66),其中斜拉索锚头为 3 类(73.79)、斜拉索锚固区为 2 类(81.16)、斜拉索钢绞线为 3 类(79.80)、斜拉索 PE 护套为 3 类(65.08);支座为 3 类(79.20);伸缩装置为 3 类(72.50);排水系统为 3 类(72.06);评定结果见表 2-13。

图 2-37　5SC14U 号索钢绞线无锈斑,油性蜡硬化

夷陵长江大桥主梁技术状况评定表　　表2-13

序号	部位	部件	分项部件	构件数量	部件得分 分项部件得分	部件得分 分项部件权重	部件得分	部件权重	部位得分	全桥得分
1	上部结构	斜拉索系统	锚头	472	71.90	0.50	74.71	0.40	79.44	85.49
2			锚固区	236	81.16	0.25				
3			钢绞线	236	79.80	0.15				
4			PE护套	236	65.08	0.10				
5		主梁		218	82.29			0.25		
6		索塔		12	84.25			0.25		
7		支座		20	79.20			0.10		
8	下部结构	翼墙、耳墙		—	—			—	93.04	
9		锥坡、护坡		—	—			—		
10		桥墩		7	85.98			0.309		
11		桥台		8	91.51			0.309		
12		墩台基础		9	100.00			0.289		
13		河床		1	100.00			0.072		
14		调治构造物		2	100.00			0.021		
15	桥面系	桥面铺装		16	85.53			0.40	82.45	
16		伸缩装置		2	72.50			0.25		
17		人行道		16	88.66			0.10		
18		栏杆、护栏		48	92.88			0.10		
19		排水系统		8	72.06			0.10		
20		照明、标志		8	95.15			0.05		

2.5.4　病害分析及养护建议

1）病害成因分析

夷陵长江大桥通过检测与评定，发现主要病害及其成因如下：

（1）箱梁内部横隔板有竖向裂缝、斜向裂缝及顶板纵向裂缝，横隔板竖向裂缝及斜向裂缝是温度及结构构造局部应力集中引起的；顶板纵向裂缝主要是温度变化及箱梁横向弯曲产生的附加应力造成的。

（2）齿块未封锚主要是施工过程中的疏忽、遗漏导致。

（3）索塔出现裂缝的主要原因是变形引起的，例如温度变化、混凝土收缩、碱集料反应引起的膨胀、碳化反应收缩等，结构变形受到限制时，在结构内部就会产生自应力，当此应力达到混凝土抗拉强度极限值时,就会引起混凝土裂缝。

(4)在运营期间,往来车辆的行车荷载作用于路面,路面不均匀受压,导致路面破损、开裂、车辙。

(5)支座在运营期使用过程中受到外部环境因素的影响,如大气中的氧气、水汽、二氧化碳、酸雨等,都会导致钢构件表面的氧化和腐蚀,从而产生锈蚀。

(6)伸缩缝缝宽不均是伸缩缝纵向限位块破损脱落导致的。

(7)斜拉索锚头锈蚀主要是拉索PE护套内部渗水引起的。

(8)桥头跳车主要是伸缩缝与路面衔接不平顺引起的。

(9)箱梁内积水主要是由于施工吊装孔未封闭,以及部分节段缝密封存在问题,雨水从桥面铺装往下渗入箱梁内部。

2)养护建议

(1)由于斜拉索存在锚头锈蚀、渗水、积水,钢绞线锈蚀、防腐油脂失效等较严重等病害,斜拉索PE护套存在大量划痕病害,建议对全桥斜拉索及时进行更换。

(2)对裂缝分类处治,若裂缝宽度小于0.15mm,混凝土裂缝进行封闭处理,涂刷环氧树脂胶;若裂缝宽度大于或等于0.15mm,应采用压力灌浆法灌注环氧树脂胶或其他灌缝材料。对裂缝修补处重新开裂、扩展部位进行封闭处理,并定期对其进行检查。

(3)对桥面铺装存在的病害情况进行维修或更换处置。

(4)结合桥梁支座病害与劣化情况,另外主桥盆式橡胶支座内橡胶已运营20余年,内部橡胶老化程度未知,为消除安全隐患,建议对支座进行更换处理。原有支座锚固结构为锚杆+螺母,垫石承台空间设计紧凑狭小,没有考虑后期养护和更换空间,不利于支座后期养护和达到设计寿命后更换,建议进行功能提升性更换,将之替换为不含老化构件的球型支座或减隔振钢支座。同时鉴于养护空间限制,为提升支座的抗腐蚀能力,做到少维护或者免维护,如采用不锈钢支座或者耐蚀钢支座+重防腐涂装体系,将支座锚固结构更改为方便更换拆卸的地脚螺栓+套筒+螺杆结构,便于后期养护。

(5)主桥伸缩装置弹性限位元件受损缺失,伸缩装置纵向限位块补充和更换施工难度大,费用高,纵向限位块材质易老化,补充和更换之后寿命不能保证,建议采用更先进的伸缩装置结构形式,进行伸缩装置整体更换。

(6)对泄水孔位置增设合适的竖向排水管,防止水流侵蚀主梁。

(7)针对箱梁积水问题,对梁内积水进行抽排处理,并应封闭吊装孔,做好桥面铺装防水。

(8)主梁斜拉索锚固区存在较多裂缝,建议对裂缝进行封闭处理。

(9)后期换索过程中索力数据以千斤顶拉拔法测量结果为准。

(10)索塔涂装已经老化变色,且存在较多开裂,建议对索塔重新涂装。

(11)在管养过程中对桥梁空间变位永久观测点和控制点进行合理保护,防止破坏,保证监测数据的延续性,并定期对控制网点进行复核。

(12)加强日常养护工作。

本章参考文献

［1］ 中华人民共和国交通运输部.公路桥涵养护规范:JTG 5120—2021［S］.北京:人民交通出版社股份有限公司,2021.

［2］ 中华人民共和国交通运输部.公路桥梁技术状况评定标准:JTG/T H21—2011［S］.北京:人民交通出版社股份有限公司,2011.

［3］ 中华人民共和国住房和城乡建设部.城市桥梁养护技术标准:CJJ 99—2017［S］.北京:中国建筑工业出版社,2017.

［4］ 中国工程建设标准化协会混凝土结构委员会.超声波法检测混凝土缺陷技术规程:CECS 21:2000［S］.北京:中国城市出版社,2009.

［5］ 宋志哲.磁粉检测［M］.2版.北京:中国劳动社会保障出版社,2007.

［6］ 强天鹏.射线检测［M］.2版.北京:中国劳动社会保障出版社,2007.

［7］ 全国无损检测标准化技术委员会.无损检测 红外热成像检测 热弹性应力测量方法通则:GB/T 43413—2023［S］.北京:中国标准出版社,2023.

［8］ 刘宇.光纤传感原理与检测技术［M］.北京:电子工业出版社,2011.

［9］ 中华人民共和国交通运输部.磁通量索力检测仪:JJG(交通)142—2020［S］.北京:人民交通出版社股份有限公司,2020.

［10］ 全国无损检测标准化技术委员会.无损检测 超声导波检测 第2部分:磁致伸缩法:GB/T 31211.2—2024［S］.北京:中国标准出版社,2024.

［11］ 胡明春,周志鹏,高铁.雷达微波新技术［M］.北京:电子工业出版社,2013.

［12］ 安徽省市场监督管理局,上海市市场监督管理局,江苏省市场监督管理局,等.长大桥梁无人机巡检作业技术规程:DB34/T 310022—2024［J/OL］.(2024-04-26)［2024-10-12］.https://img54.afzhan.com/mt0004/4/20240425/638496522852416589430.pdf

［13］ 中华人民共和国住房和城乡建设部.混凝土结构现场检测技术标准:GB/T 50784—2013［S］.北京:中国建筑工业出版社,2013.

［14］ 中华人民共和国住房和城乡建设部.冲击回波法检测混凝土缺陷技术规程:JGJ/T 411—2017［S］.北京:中国建筑工业出版社,2017.

［15］ 中华人民共和国住房和城乡建设部.雷达法检测混凝土结构技术标准:JGJ/T 456—2019［S］.北京:中国建筑工业出版社,2020.

3 换索工程设计

3.1 换索前结构状态分析计算

大跨径缆索承重桥梁的缆索非线性效应显著,结构为多次超静定,受力复杂。对于运营多年的大跨径缆索承重桥梁,由于各种因素的存在,其实际结构与原设计状态出现偏离,开展换索前须对结构进行仿真分析计算,以便确定其结构真实状态。

确定换索设计方案前的一项重要工作是恢复结构计算模型,恢复的计算型必须充分体现原设计的意图,符合原施工实际情况和运营后的桥梁实际结构情况,因此应该尽可能找到原有的设计图、设计说明以及当时设计所采用的设计规范等,如果有可能的话应该尽量找到原来的设计或施工单位;对于已经换索的桥,应该找到上次进行换索时的设计方案,以了解该桥的情况从而对本次换索设计提供依据,完成资料整理后再进行结构模型的恢复。

把恢复的计算模型的计算结果与检测结果[主要是斜拉索索力、吊杆(吊索)索力、主梁应力、主梁变形(挠度)、索塔位移等]进行对比分析,若出入太大,必须寻找原因。可能的原因主要有两方面:一是计算模型恢复错误或不完善;二是检测结果与实际情况不符,出现了偏差或错误。当分析结果与检测结果基本吻合时,即可确诊结构的现状。

3.1.1 换索计算模型

建立科学、合理的有限元计算模型对全桥的空间结构分析计算至关重要,因此在整个建模过程中,主要考虑以下原则:

①结构形状(包括构件的长度、宽度、厚度等)变化的要求。
②材料特征(模量、重度、泊松比、热膨胀系数等)变化的要求。
③连接单元特性(包括支座、阻尼限位装置等)变化的要求。
④桥面系恒载、汽车活载作用模拟的要求。

⑤既有桥梁材料等随时间及其他因素影响下的退化功能。

大跨径缆索承重桥梁属于高次超静定的柔性结构,这种结构特点使其拥有较为显著的非线性效应。结构非线性包括材料和几何非线性两个方面,在桥梁工程中以几何非线性为主。几何非线性对大跨径缆索承重桥梁的影响主要有三个方面:弯矩与轴向力组合效应(梁柱效应)、拉索垂度引起的几何非线性效应(垂度效应)、大变形效应。

(1)梁柱效应。

大跨径缆索承重桥梁的塔、梁在索力的作用下受弯矩和轴向力的共同作用呈现非线性的特征。这是因为由于轴力的存在导致其产生横向位移,横向位移又会在结构中产生附加弯矩,附加弯矩会影响结构的刚度。在轴力与位移的相互影响下,结构分析中的叠加原理就不再适用。解决该问题的办法之一是做出合理的假设,假设结构的轴向力不变,这样结构受到的位移和横向荷载就可以采用叠加原理进行计算。

(2)垂度效应。

垂度效应是指斜拉索自重对其轴向刚度的影响。在自重的作用下,斜拉索的线形可近似为有一定垂度的悬链线,这就导致索力与变形之间为非线性关系。影响斜拉索自重垂度的主要参数有索长、自重和索力。目前处理垂度效应主流的方法是采用 Ernst 公式修正斜拉索的弹性模量:

$$E_{eq} = \frac{E_e}{1 + \frac{(WL)^2 A E_e}{12 T^3}} \tag{3-1}$$

式中:E_{eq}——考虑垂直效应的等效弹性模量;

W——单位长度拉索的重量;

L——斜拉索的水平投影长度;

A——斜拉索的截面面积;

T——斜拉索的初张力。

在引入等效弹性模量 E_{eq} 后,拉索的单元刚度矩阵可以写为:

$$[K_e] = \begin{bmatrix} 1 & -1 \\ -1 & 1 \end{bmatrix} \frac{A E_{eq}}{L_e} \tag{3-2}$$

式中:L_e——拉索的弦长。

(3)大变形效应。

大变形效应在有限元分析中的表现形式为:当节点上作用荷载时,节点坐标会发生改变,而单元是由其边界上的节点联结形成,所以单元的几何性质会因为节点坐标的变化而发生变化。当单元的几何性质发生改变时,结构的刚度矩阵也会发生相应的变化。由于结构刚度矩阵包含结构的几何变形,此时原本的平衡方程 $\{F\} = [K]\{\delta\}$ 不再是线性关系,同时基于小变形假设的叠加原理也不适用。解决这一问题的方法时引入位移理论,计算应力和反力时考虑位移的影响。

基于以上原则,采取通用空间有限元程序,根据夷陵长江大桥竣工图纸,建立了夷陵长江大桥全桥空间结构分析计算模型,有限元模型如图 3-1 所示。主梁和主塔采用空间梁单元模拟,斜拉索采用空间索单元模拟,采用弹性连接约束模拟支座刚度。

图 3-1　夷陵长江大桥有限元模型

3.1.2　计算模型修正

有限元模型修正是指利用静、动力试验数据对初始有限元模型中的某些参数调整优化,使优化后模型计算结果与实测值误差在合理范围内。对于大跨径桥梁来说,由于结构形式、边界条件复杂,受力影响因素众多,有限元模型分析结果可能无法与现场实测结果吻合。往往需要借助模型修正技术对数值模型加以修正,以达到预测结构行为的目的。

对于大跨径预应力混凝土斜拉桥来说,混凝土主梁、斜拉索等诸多构件容易受到材料时变效应等因素影响,使桥梁服役过程中物理性质、材料性能发生改变。同时,在建立有限元模型的过程中,往往会对材料性质、边界条件、构件几何尺寸等参数进行一定的简化和假设,使得仿真分析时计算结果与实际结果存在一定误差。

收缩徐变是混凝土黏弹性材料的固有时变特性,能够在较长时间内引起混凝土变形,当这种变形受到约束后,会在混凝土构件内部引起附加应力。为了便于计算收缩徐变引起的应力和应变,各种收缩徐变计算理论在一定程度上做了诸多限定和假设。因此,收缩徐变的计算结果与实际情况必然存在误差。然而,纵使存在这样的问题,在有限元理论和收缩徐变预测模型的基础上,通过大型分析软件依旧能快速计算混凝土结构的收缩徐变效应,并且计算精度能够满足工程应用要求。

为了便于计算混凝土构件的收缩徐变效应,研究者提出了众多收缩徐变预测模型,包括 CEB-FIP 1990 预测模型、CEB-FIP 2010 模型、ACI-209(92)模型和 RILEM B3 模型等,我国行业标准《公路钢筋混凝土及预应力混凝土桥涵设计规范》(JTG 3362—2018)借鉴了 CEB-FIP 1990 模型。

(1)收缩应变。

在 JTG 3362—2018 预测模型中,t 时刻混凝土收缩应变的计算公式为:

$$\varepsilon_{cs}(t,t_s) = \varepsilon_{cso} \cdot \beta_s(t-t_s) \tag{3-3}$$

$$\varepsilon_{cso} = \varepsilon_s(f_{cm}) \cdot \beta_{RH} \tag{3-4}$$

$$\varepsilon_s(f_{cm}) = [160 + 10\beta_{sc}(9 - f_{cm}/f_{cm0})] \cdot 10^{-6} \tag{3-5}$$

$$\beta_{RH} = 1.55[1 - (RH/RH_0)^3] \tag{3-6}$$

$$\beta_s(t-t_s) = \left[\frac{(t-t_s)/t_1}{350(h/h_0)^2 + (t-t_s)/t_1}\right]^{0.5} \tag{3-7}$$

式中：t_s——收缩开始时的混凝土龄期(d)，可假定为 3~7d；

ε_{cso}——名义收缩系数；

f_{cm}——C20~C50 混凝土在 28d 龄期时的平均立方体抗压强度(MPa)；

RH——环境年平均相对湿度(%)；

h——构件的理论厚度(mm)。

其中，$RH_0 = 100\%$，$h_0 = 100mm$，$t_1 = 1d$，$f_{cm0} = 10MPa$。

(2)徐变应变。

$$\varphi(t,t_0) = \varphi_0 \cdot \beta_c(t-t_0) \tag{3-8}$$

$$\varphi_0 = \varphi_{RH} \cdot \beta(f_{cm}) \cdot \beta(t_0) \tag{3-9}$$

$$\varphi_{RH} = 1 + \frac{1 - RH/RH_0}{0.46(h/h_0)^{1/3}} \tag{3-10}$$

$$\beta(f_{cm}) = \frac{5.3}{(f_{cm}/f_{cm0})^{0.5}} \tag{3-11}$$

$$\beta(t_0) = \frac{1}{0.1 + (t_0/t_1)^{0.2}} \tag{3-12}$$

$$\beta_c(t-t_0) = \left[\frac{(t-t_0)/t_1}{\beta_H + (t-t_0)/t_1}\right]^{0.3} \tag{3-13}$$

$$\beta_H = 150\left[1 + \left(1.2\frac{RH}{RH_0}\right)^{18}\right]\frac{h}{h_0} + 250 \leqslant 1500 \tag{3-14}$$

式中：β_c——与水泥种类有关的系数，对于一般的快硬水泥或者硅酸盐水泥，该值取 5.0；

t_0——加载时的混凝土龄期(d)；

φ_0——名义徐变系数。

其余参数意义同前。

夷陵长江大桥于 2002 年开始进行了连续 41 期桥面线形观测，主跨跨中下挠趋势图如图 3-2 和图 3-3 所示。

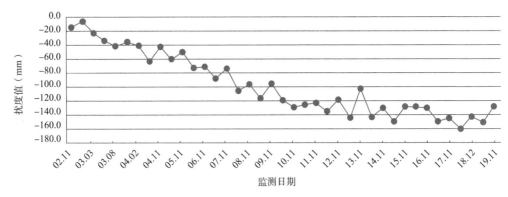

图 3-2　3、4 号塔跨中下挠量

根据监测数据可知，3、4 号塔跨中下挠量在 14.2~15.9cm 之间，4、5 号塔跨中下挠量在 15.4~16.8cm 之间。

在有限元模型中考虑 22 年收缩徐变影响，进行有限元模型修正，修正后主梁线形与监测数据保持一致,如图3-4、图3-5所示。

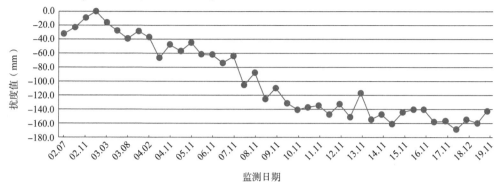

图3-3　4、5号塔跨中下挠量

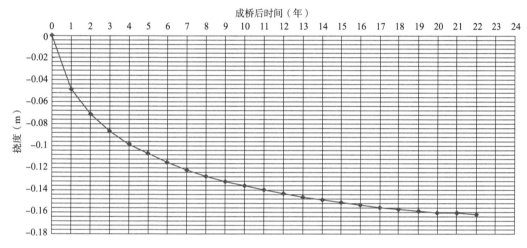

图3-4　考虑收缩徐变修正主梁下挠量

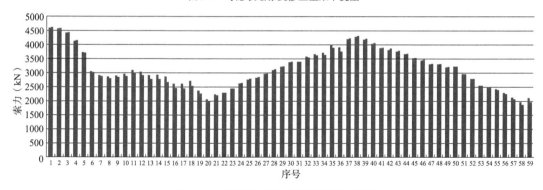

图3-5　考虑收缩徐变修正斜拉索索力对比图

3.1.3　结构状态分析

在有限元模型修正的基础上,开展换索前结构状态分析计算,评估结构受力状态,荷载工况应与原设计保持一致。

(1)计算荷载和组合。

计算荷载主要包括结构恒载、温度作用、风荷载、活载等,主要荷载组合如下:

组合一:恒载(自重+预应力+基础变位+收缩徐变)。

组合二:恒载+活载。

组合四:恒载+活载+温度+纵向有车风+制动力。

组合五:恒载+横向极限风。

组合六:恒载+纵向极限风。

以夷陵长江大桥工程为例,计算荷载主要参数如下:

①恒载。

一期恒载:含主梁、斜拉索、主塔等,按结构实际截面尺寸计入,混凝土重度26kN/m³;主梁压重混凝土密度不小于2.3t/m³。

二期恒载:主要包括桥面铺装、内外侧防撞护栏、人行道板、栏杆等,共计65.2kN/m。

②温度。

年平均温度16.8℃;月平均最高气温32.3℃,月平均最低气温1.6℃。

体系整体升温+20℃,体系整体降温-20℃。

索梁温差为±15℃;考虑主梁顶板梯度温差±5℃。

③风荷载。

本桥百年一遇、10m高度、10min最大平均风速$V_{10}=23.53\text{m/s}$,施工时取$V=0.84V_{10}$;桥面运营风速按25m/s计算。

④活载。

车辆荷载标准按《公路桥涵设计通用规范》(JTJ 021—1989)取值,汽车荷载等级按汽车—超20设计,考虑横向分布系数和冲击系数,横向系数取2.9,冲击系数取1.03。

人行道宽度按2.0m取值,人群荷载标准值取3.5kN/m²。

⑤制动力。

制动力为布置荷载长度范围内一行车队总重的10%,但不小于一辆重车的30%。

由汽车荷载(不计冲击力)和人群荷载引桥的结构主梁竖向位移见表3-1,汽车荷载作用下主跨侧主梁挠跨比1/654,小于1/500,满足规范要求。

活载作用下结构位移表　　　　　　　　　表3-1

荷载工况	主跨/竖向位移(mm)		挠跨比
	最大	最小	主跨
汽车荷载(不计冲击力)	207	-325	1/654
人群	40	-61	1/3445
汽车+人群	247	-386	1/549

在结构验算中按《公路钢筋混凝土及预应力混凝土桥梁设计规范》(JTG 3362—2018)进行相关验算,同时参考《公路桥梁承载能力检测评定规程》(JTG/T J21—2011)引入承载能力恶化系数进行承载能力折减修正计算。

a.承载能力检算系数 Z_1 计算。

根据检测结果和《公路桥梁承载能力检测评定规程》(JTG/T J21—2011)承载能力检算系数评定标度 D,计算结果见表 3-2。

承载能力检算系数评定标度 D 计算结果　　　　　表 3-2

检测指标名称	评定标度值 D_j	权重 α_j	承载能力检算系数评定标度 D
缺损状况	3	0.4	1.80
材质强度	1	0.3	
自振频率	1	0.3	

b.承载能力恶化系数 ξ_e 计算。

根据检测评定结果,恶化状况评定标度 E 计算结果见表 3-3。

恶化状况评定标度 E 计算结果　　　　　表 3-3

检测指标名称	评定标度值 E_j	权重 α_j	重新分配权重 α_j	恶化状况评定标度 E
缺损状况	3	0.32	0.34	2
钢筋锈蚀电位	2	0.11	0.11	
混凝土电阻率	—	0.05	0.05	
混凝土碳化状况	1	0.20	0.21	
钢筋保护层厚度	1	0.12	0.13	
氯离子含量	2	0.15	0.16	
混凝土强度	2	0.05	0.05	

c.结构截面折减系数 ξ_c 计算。

根据检测评定结果,上部结构截面损伤综合评定标度 R 计算结果见表 3-4。

结构截面损伤综合评定标度 R 计算结果　　　　　表 3-4

检测指标名称	评定标度值 R_j	权重 α_j	上部结构截面损伤综合评定标度 R
材料风化	1	0.10	1.00
混凝土碳化	1	0.35	
物理与化学损伤	1	0.55	

综上所述,桥梁承载能力检算系数 Z_1、截面折减系数 ξ_c、恶化系数 ξ_e 取值见表 3-5。

评估计算分项检算系数取值　　　　　表 3-5

承载能力检算系数 Z_1	截面折减系数 ξ_c	恶化系数 ξ_e
1.110	1.000	0.040

《公路钢筋混凝土及预应力混凝桥涵设计规范》(JTG 3362—2018)5.1.2条和5.2.2条规定：

当采用内力的形式表达时，桥涵构件的承载能力极限状态计算应采用下列表达式：

$$\gamma_0 S \leq R$$
$$R = R(f_d, \alpha_d)$$

式中：γ_0——桥涵结构重要性系数，按桥涵结构设计安全等级，一级、二级、三级分别取用1.1、1.0、0.9，桥涵结构设计安全等级应符合《公路桥涵设计通用规范》(JTG D60—2015)的规定；

S——作用组合（其中汽车荷载应计入冲击作用）的效应设计值，按《公路桥涵设计通用规范》(JTG D60—2015)的规定，对持久设计状况应按作用基本组合计算；

R——构件承载力设计值；

$R(\cdot)$——构件承载力函数；

f_d——材料强度设计值；

α_d——何参数设计值，当无可靠数据时，可采用几何参数标准值α_k，即设计文件规定值。

《公路桥梁承载能力检测评定规程》(JTG/T J21—2011)7.3.1条：配筋混凝土桥梁承载能力极限状态，应根据桥梁检测结果按下式进行计算评定。

$$\gamma_0 S \leq R(f_d, \xi_c \alpha_{dc}, \xi_s \alpha_{ds}) Z_1 (1 - \xi_e)$$

式中：γ_0——结构的重要性系数；

S——荷载效应函数；

$R(\cdot)$——抗力效应函数；

f_d——材料强度设计值；

α_{dc}——构件混凝土几何参数值；

α_{ds}——构件钢筋几何参数值；

Z_1——承载能力检算系数；

ξ_e——承载能力恶化系数；

ξ_c——配筋混凝土结构的截面折减系数；

ξ_s——钢筋的截面折减系数。

根据主梁竣工图纸中钢筋布置截面进行计算，如图3-6所示。

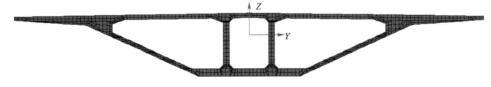

图3-6 钢筋布置截面图

采用承载力验算工具,对主梁控制截面进行承载能力验算,选取结构正负弯矩关键位置截面,主梁承载验算结果见表3-6。

主梁承载验算结果 表3-6

单元号	荷载工况	同时发生内力			承载力 N_u (kN)	承载力 M_y (kN·m)	承载力 M_z (kN·m)	安全系数	验算结论
		N_d (kN)	M_y (kN·m)	M_z (kN·m)					
21	N_{dmax}	-66897	-90452.5	14.04	-278120	-376051	58	4.16	满足
	M_{ymax}	-202633	13600.12	-8.13	-583869	39188	-23	2.88	满足
	M_{zmax}	-210433	-3662.6	8417.28	-612993	-10669	24520	2.91	满足
	N_{dmin}	-218536	-32288	-13.35	-566191	-83653	-35	2.59	满足
	M_{ymin}	-82133.7	-140372	8.43	-186177	-318188	19	2.27	满足
	M_{zmin}	-69007.6	-127113	-8418.54	-151984	-279958	-18541	2.20	满足
39	N_{dmax}	-119415	-116968	30.42	-361595	-354186	92	3.03	满足
	M_{ymax}	-236289	92972.08	-33.7	-470701	185206	-67	1.99	满足
	M_{zmax}	-124986	-69704.3	47167.75	-450199	-251074	169898	3.60	满足
	N_{dmin}	-238683	61001.57	-34.3	-513365	131204	-74	2.15	满足
	M_{ymin}	-121891	-152664	29.61	-303368	-379958	74	2.49	满足
	M_{zmin}	-221957	21006.38	-47171.1	-572214	54155	-121609	2.58	满足
43	N_{dmax}	-128999	-84986	14	-348610	-229669	39	2.70	满足
	M_{ymax}	-192151	-141	-18	-485898	-356	-45	2.53	满足
	M_{zmax}	-135115	-78120	52801	-362704	-209708	141741	2.68	满足
	N_{dmin}	-224090	-37168	-18	-448535	-74395	-35	2.00	满足
	M_{ymin}	-159169	-118219	14	-331965	-246559	29	2.09	满足
	M_{zmin}	-205837	-37833	-52804	-443970	-81603	-113893	2.16	满足
58	N_{dmax}	-160561	-25451	-37	-450246	-71371	-104	2.80	满足
	M_{ymax}	-204277	57903	-38	-379208	107488	-71	1.86	满足
	M_{zmax}	-166855	-32504	84881	-439896	-85692	223780	2.64	满足
	N_{dmin}	-262289	-1405	36	-487991	-2614	67	1.86	满足
	M_{ymin}	-218967	-54091	37	-430264	-106288	72	1.97	满足
	M_{zmin}	-240770	20628	-84883	-447923	38375	-157914	1.86	满足
74	N_{dmax}	-175874	-33821	-71	-442442	-85084	-179	2.52	满足
	M_{ymax}	-271386	24134	-71	-447580	39803	-117	1.65	满足
	M_{zmax}	-179069	-39003	138722	-431550	-93996	334315	2.41	满足
	N_{dmin}	-281359	-27575	71	-464798	-45552	117	1.65	满足
	M_{ymin}	-185124	-87113	71	-385479	-181395	148	2.08	满足
	M_{zmin}	-261939	-14074	-138722	-461066	-24772	-244179	1.76	满足

续上表

单元号	荷载工况	同时发生内力			承载力 N_u (kN)	承载力 M_y (kN·m)	承载力 M_z (kN·m)	安全系数	验算结论
		N_d (kN)	M_y (kN·m)	M_z (kN·m)					
83	N_{dmax}	−161778	−27841	−3	−447076	−76940	−9	2.76	满足
	M_{ymax}	−164891	27323	−3	−418192	69296	−8	2.54	满足
	M_{zmax}	−244205	−21972	135388	−456325	−41056	252987	1.87	满足
	N_{dmin}	−283356	−51425	4	−444919	−80747	6	1.57	满足
	M_{ymin}	−279256	−110273	4	−400057	−157975	5	1.43	满足
	M_{zmin}	−183369	−26909	−135387	−443097	−65023	−327152	2.42	满足
143	N_{dmax}	−6408	63697	−2	−12855	127783	−5	2.01	满足
	M_{ymax}	−56524	155801	−2	−85574	235871	−4	1.51	满足
	M_{zmax}	−153648	22002	144582	−421990	60427	397090	2.75	满足
	N_{dmin}	−191951	35550	3	−411234	76163	6	2.14	满足
	M_{ymin}	−142275	−43044	3	−418535	−126624	9	2.94	满足
	M_{zmin}	−40736	57309	−144582	−173608	244238	−616179	4.26	满足
155	N_{dmax}	38764	33150	−1	58679	50180	−1	1.51	满足
	M_{ymax}	3562	136590	−1	6529	250377	−2	1.83	满足
	M_{zmax}	−116914	−36329	160155	−400379	−124409	548460	3.43	满足
	N_{dmin}	−149596	−5910	1	−479478	−18943	4	3.21	满足
	M_{ymin}	−114493	−91421	1	−320401	−255836	4	2.80	满足
	M_{zmin}	5998	42596	−160154	10875	77232	−290381	1.81	满足

（2）主桥结构受力状态评价。

①主桥刚度主跨挠跨比1/654，小于1/500，满足规范要求。

②支座竖向承载力满足设计承载力要求，且各个工况下均未出现负反力。

③主梁恒载下上缘压应力最大10.86MPa、最小5.44MPa，下缘压应力最大10.03MPa、最小5.08MPa。主梁主力和附加力组合下上缘压应力最大14.72MPa、最小3.56MPa，下缘压应力最大17.91MPa、最小−2.06MPa。

④边塔恒载下压应力最大11.36MPa、最小3.14MPa，中塔恒载下压应力最大11.13MPa、最小3.60MPa。主梁主力和附加力组合下边塔压应力最大17.78MPa、最小4.73MPa，中塔压应力最大17.14MPa、最小6.13MPa。

⑤主桥结构受力状态均满足原设计标准要求。

3.2 缆索更换设计

3.2.1 缆索更换设计原则

若缆索的使用寿命超过安全标准,则要及时进行相应构件的更换处理,可根据对交通造成的影响,选择分批进行换索或者一次性全部更换。缆索更换应重点强化新索的防腐等级,提高拉索的使用寿命,同时对索力线性进行优化调整,优化桥梁结构的受力形态,并确定合理的换索顺序和施工方案,尽可能降低封闭交通的时间。

(1)从方案研究、材料选择、工艺制定等方面,贯彻落实"安全优先、技术成熟、经济适用、方便施工"的原则。

(2)充分认识换索工程施工的复杂性与重要性,施工方案应体现先进、成熟、高效与可实施性。

(3)桥梁技术标准维持原设计标准。

(4)缆索更换设计及施工应保证桥梁结构安全,换索前后桥梁及主要构件总体状态应基本不变或不低于更换前。

(5)新更换的缆索采用能代表当前技术水平成熟的产品,满足现行相关规范、标准的要求。

(6)新更换索体应与原斜拉索预埋套筒、锚固系统等相匹配。

(7)换索施工方案应具有较强的可实施性、指导性。

(8)结构裂缝维修需结合检测结果和计算分析确定是否为结构性裂缝,并提出针对性的维修方案。

(9)应选用能代表当前技术水平的涂装方案、支座类型和铺装类型等方案,以提高大桥的耐久性,并提升大桥的景观效果。

(10)对缆索更换方案进行详细分析论证,总结提炼缆索更换的成功经验,为后续类似工程提供技术参考。

3.2.2 缆索更换设计目的

缆索更换的目的是要在替换受到损伤的拉索的同时,对结构的线形与内力进行调整和改善。因此,在换索设计中,需要尽可能准确地模拟结构换索前的线形与索力,避免设计目标值与换索后的线形与索力产生较大偏差。

斜拉桥的受力特点之一就是其自重引起的内力和变形可以通过调整斜拉索的张拉力而人为地进行调整,因此进行斜拉桥设计时设计者可以选定自己满意的恒载内力状态和线形,即设计成桥阶段理想状态,这与其他桥型的桥梁设计并不相同。但是实现这一理想状态的施工过程漫长而复杂,影响达到理想状态的因素很多,由于结构分析计算图式、结构设计参数(弹性模量、截面特征)、混凝土的收缩徐变计算的误差以及施工控制因素的变化等原因,斜拉桥竣工后的线形与内力不可避免地与设计目标有偏差。

竣工后的桥梁经多年运营后与目标状态的偏差会在原来的基础上进一步发展,其主要原因如下:

(1)桥梁在运营期间因二期恒载增加而导致索力和主梁线形的变化。
(2)斜拉索中钢材松弛、锈蚀断裂的影响。
(3)混凝土徐变的影响。对于混凝土斜拉桥,混凝土徐变的影响很显著,徐变变形引发全桥恒载内力的重分布,导致全桥的内力和线形发生变化。
(4)环境因素对斜拉桥内力的影响。

综上所述,实际结构偏离理想状态的现象总是客观存在的,而斜拉桥的特点之一便是可通过调索人为地调整全桥的线形与内力。因此,斜拉桥换索工程的目的与任务在于:在更换业已"老化"的斜拉索,提高结构承载能力的同时,利用换索时机,对全桥的线形和内力通过调整索力纠正其对设计理想状态的偏离,改善全桥的线形和内力。

一种简单的换索设计做法是以换索前实测的索力为依据,对拉索进行逐根更换,换索过程中不改变原有索力和结构线形(主要指桥面高程)。前已提及,在桥梁运营期间,由于荷载(如车辆荷载的增加和二期恒载的变化)、材料(如混凝土徐变的持续影响、拉索钢丝锈蚀断裂)、环境(如温度)等设计参数的变化,桥梁结构的几何线形及内力状态与竣工通车时相比将发生一定变化,运营多年的斜拉桥大多存在着索力分布、线形不甚合理的现象,主要表现为:桥梁上、下游索力不对称;一些索的索力较原设计值偏大,使得原本就腐蚀严重的斜拉索的安全系数大大降低;一些索的索力较原设计值偏小,导致拉索的几何非线性效应增加。斜拉桥索力的分布情况决定主梁、索塔的内力状况,因此,拉索索力的分布不合理同时可能会导致主梁、索塔受力的不合理,比如导致主梁、索塔某些断面弯矩的增加,引起主梁、索塔的横向和扭转变形等。按上述做法对斜拉桥进行换索施工,只能对拉索构件"以新换旧",而不能对结构线形和内力进行调整和改善。

换索设计如果只是简单地以新索代替原来已被严重腐蚀的索,不会对全桥的线形、内力有所改善,使得桥梁仍然存在受力不合理的安全隐患。这也是常规换索设计的主要不足之处。对于已建成并运营多年的斜拉桥,在换索过程中能够对桥梁线形和内力进行调整的仅有索力一项。要改善结构的线形和内力,使其达到或逼近设计理想状态,就必须在更换斜拉索的同时,对各斜拉索的索力进行调整、对全桥索力进行优化。

3.2.3 斜拉桥拉索更换设计

对于斜拉桥斜拉索更换方案的确定至关重要,需要结合结构受力、线形、温度、施工工期等因素,研究确定相对最优斜拉索更换方案,保证结构安全、工艺成熟、工期合理。更换设计的主要控制因素为斜拉索索力、主梁变形和主梁应力。

以夷陵长江大桥为例,根据本书"2.5 检测与评价工程实例",列举本桥斜拉索病害为:
(1)斜拉索 PE 护套。

存在典型的病害现象 1115 处,总面积为 21700.8cm²,其中,刮痕数量占比较大,刮痕面积及螺旋线缺失面积占比偏多。

本次拆除了两根斜拉索钢绞线并拨开 PE 护套进行检查,分别为 5SC′6U 号索和 5SC′14U 号索。拆除过程如图 3-7 所示。

图 3-7 拉索拆除现场

(2)锚头。

对全桥共计 236 根斜拉索下锚头进行检查,其中共发现密封圈破损、断裂 9 处,轻微漏油 5 处,轻微积水 3 处,严重积水 1 处,钢绞线锈蚀 2 处。上锚固区锚固面共存在露筋 3 处,总面积为 0.0425m²;破损 8 处,总面积为 0.325m²。

夷陵长江大桥斜拉索已使用 22 年,根据往年检查报告,存在渗水的斜拉索下锚头主要有 4SMC3U、4SMC3D、5SC′5U、5SC′5D、5SC′4U、5SC′4D、5SC′6U 共 7 个,其中渗水最严重的 2 个是 4SMC3U、4SMC3D 下锚头。

本次检查新发现渗水下锚头有 4SMC21U、5SC′14U、5SC′14D,结合历史检查结果累计出现渗水的下锚头共 10 个,其中 3 号塔 0 个、4 号塔 3 个、5 号塔 7 个。累计渗水较严重的共 3 个,分别是 4SMC3U、4SMC3D、5SC′6U。出现渗水的锚头均存在锈蚀情况。

(3)主梁竖向挠度测量。

在 2014 年 5 月—2019 年 11 月之间,主桥下挠趋势趋于平缓,3、4 号塔跨中下挠量在 14.2~15.9cm 之间,4、5 号塔跨中下挠量在 15.4~16.8cm 之间。各测量对比结果表明:2019 年 11 月监测结果 3、4 号塔间跨中最大下挠量 12.82cm,4、5 号塔间跨中最大下挠量 14.37cm;本次特殊检测测量对比 2019 年 11 月监测结果,3、4 号塔间跨中最大下挠量 3.64cm,4、5 号塔间跨中最大下挠量 3.14cm。所以得出本次特殊检测实测主桥线形相比成桥线形,最大下挠量为 17.51cm。

(4)索长测量。

索长测量结果显示,全站仪测量索长与设计值对比 89% 的拉索(210 根)偏差在 10cm 以内,有 2 根拉索长度偏差大于 20cm,最大偏差为 25.1cm。对比 3D 扫描测量索长值与设计值,47%的拉索(115根)偏差在10cm以内,61根拉索长度偏差大于20cm,最大偏差为37.2cm。5SC14U号索与5SC′6U号索拆除后测量索长与全站仪、3D扫描测量长度对比结果显示,全站仪测量索长比拆除后测量索长分别小2.38cm与3.91cm。3D扫描测量索长比拆除后测量索长分别大12.81cm与6.58cm。其中5SC14U号索拆除后测量长度比设计值大10.8cm,5SC′6U号索拆除后测量长度比设计值大0.2cm。整体上全站仪测量索长结果相比3D扫描结果要更接近于设计值,建议索长数据采用全站仪测量结果。

(5)索力测量。

对全桥共236根斜拉索进行拉拔法测量,其中3号塔及5号塔的第17索上面的平台遮挡,导致17号索无张拉空间,8根索无法张拉,其余拉索已全部张拉完成。结果与成桥索力相比,共3根拉索索力偏差大于10%,分别为4NMC2D索偏差值为-10.5%、5SC4D索偏差值为11.3%、5SC1D索偏差值为-10.0%。对全桥共236根斜拉索进行频率法索力测量,结果与成桥索力相比共23根拉索索力偏差大于10%,分别为3SC′1U、3SC1U、3SC2U、3SC5U、3SC′2D、3SC1D、3SC5D、4NMC3U、4NMC2U、4NMC1U、4SMC1D、4SMC2D、5SC2U、5SC1U、5SC′1U、5SC′2U、5SC′3U、5SC8D、5SC4D、5SC2D、5SC′1D、5SC′2D、5SC′9D斜拉索,其中2根拉索索力偏差大于20%(4SMC1D偏差值为26.2%,5SC1U偏差值为28.4%)。由测量结果可得出,拉拔法测试索力比较直接,更能准确反映实际索力,建议换索过程中索力测试采用拉拔法。根据温度升温对索力的影响分析结果,整体升温对索力影响较小,长索索力变换量不到1%。根据主梁混凝土徐变对索力的影响分析结果,混凝土徐变对索力影响较小,长索索力变化量不到0.1%。

因此,夷陵长江大桥斜拉索全桥须进行更换工程设计。

1)斜拉索换索索力优化

斜拉桥主梁的内力和线形可以通过控制拉索的索力进行调整,所以换索优化的宗旨是找到一组能让结构实际线形和内力接近设计线形和内力的索力增量,从而让偏离原设计状态的线形和内力得到改善。

现以结构对称的独塔斜拉桥为例,桥跨结构简图如图3-8所示。假设主梁实际的弯矩、轴力、剪力分别为M_a、N_a、Q_a,其设计状态的弯矩、轴力、剪力分别为M_d、N_d、Q_d,同时实际线形与设计线形之间的挠度差为$g(i)(i=1,2,\cdots,t)$,t为控制点的个数。结构在运营多年之后,由于各种因素的综合影响下,桥梁的实际状态与设计状态之间存在偏离。索力调整的目的就是找到一组索力增量使得桥梁偏离原设计的状态得到改善或者恢复。

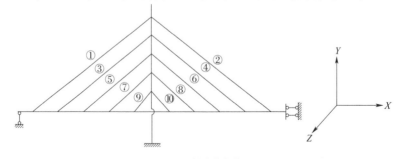

图3-8 桥跨结构简图

假设全桥共有 n 根索,当第 i 根索的索力增量 $X_i=1$ 时主梁控制截面的弯矩为 M_i,轴力为 N_i,剪力为 Q_i,当 n 根索调索完毕后主梁内力为：

$$M = M_a + \sum_{i=1}^{n} X_i M_i \tag{3-15}$$

$$N = N_a + \sum_{i=1}^{n} X_i N_i \tag{3-16}$$

$$Q = Q_a + \sum_{i=1}^{n} X_i Q_i \tag{3-17}$$

以 D_x、D_y、D_z 表示结构在设计状态与调索完成后结构实际的弯矩、轴力和剪力之间的差值,则可表示为：

$$D_x = M_d - (M_a + \sum_{i=1}^{n} X_i M_i) = (M_d - M_a) - \sum_{i=1}^{n} X_i M_i \tag{3-18}$$

$$D_y = N_d - (N_a + \sum_{i=1}^{n} X_i N_i) = (N_d - N_a) - \sum_{i=1}^{n} X_i N_i \tag{3-19}$$

$$D_z = Q_d - (Q_a + \sum_{i=1}^{n} X_i Q_i) = (Q_d - Q_a) - \sum_{i=1}^{n} X_i Q_i \tag{3-20}$$

令：

$$M_p = M_d - M_a \tag{3-21}$$

$$N_p = N_d - N_a \tag{3-22}$$

$$Q_p = Q_d - Q_a \tag{3-23}$$

D_x、D_y、D_z 分别表示各控制截面的设计内力与实际内力之间的差值。要得到实际状态与设计状态逼近的结果,就需要上述差值最小。此时,可以二者差值的余能最小作为目标函数,即：

$$U = \frac{1}{2}\int\left(\frac{D_X^2}{EI} + \frac{D_Y^2}{EA} + \frac{D_Z^2}{EG}\right)ds = U(X_i) \tag{3-24}$$

式中：E——弹性模量；
I——惯性矩；
A——面积；
G——剪切模量。

一般情况下,控制主梁和桥塔截面尺寸的主要是弯矩,所以将式(3-24)中的轴力和剪力项排除,得：

$$U = \frac{1}{2}\int\left(\frac{D_X^2}{EI}\right)ds = U(X_i) \tag{3-25}$$

再将弯矩项代入式中,得：

$$U = \frac{1}{2}\int \frac{(M_p - \sum_{i=1}^{n} X_i M_i)^2}{EI} ds$$

$$= \frac{1}{2} \int \frac{M_p^2 + \sum_{i=1}^{n}\sum_{j=1}^{n} X_i X_j M_i M_j - 2M_p \sum_{i=1}^{n} X_i M_i}{EI} ds$$

$$= \frac{1}{2} \int \frac{M_p^2}{EI} ds + \frac{1}{2}\sum_{i=1}^{n}\sum_{j=1}^{n} X_i X_j \int \frac{M_i M_j}{EI} ds - \sum_{j=1}^{n} X_i \int \frac{M_p M_i}{EI} ds \quad (3\text{-}26)$$

令：

$$A_0 = \int \frac{M_p^2}{EI} ds \quad (3\text{-}27)$$

$$A_{ij} = \int \frac{M_i M_j}{EI} ds \quad (3\text{-}28)$$

$$A_{ip} = \int \frac{M_p M_i}{EI} ds \quad (3\text{-}29)$$

则：

$$U = \frac{1}{2}A_0 + \frac{1}{2}\sum_{i=1}^{n}\sum_{j=1}^{n} X_i X_j A_{ij} - \sum_{i=1}^{n} X_i A_{ip} \quad (3\text{-}30)$$

由式可以看出，结构的最小差值余能与索力增量之间存在函数关系，要让 U 存在最小值，只需要选择适当的索力增量让 $\frac{\partial U}{\partial X_i}=0$，此时求出的索力增量 X_i 就可满足让实际内力与设计内力接近的条件。

夷陵长江大桥已建成通车 22 年，预应力混凝土结构收缩徐变基本完成，基于本桥全桥斜拉索更换时机，建议消除部分收缩徐变影响，对本桥进行线形和索力微调修正，以达到结构受力最优目标状态。具体目标为：跨中位移向上约 10cm、主塔接近竖直。

采用有限元计算分析，计算的理论线形与实测线形对比见图 3-9。

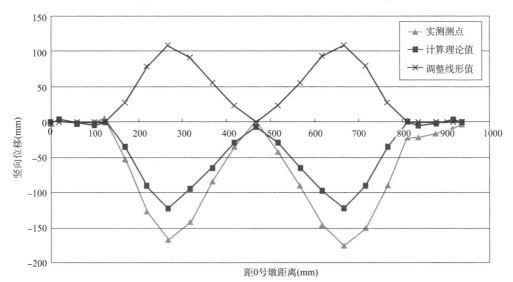

图 3-9　主梁线形变化对比图

由图 3-9 可知，对本桥进行线形和索力优化，可达到结构受力最优目标状态。主梁线形跨中向上最大 108mm，主塔调整到基本竖直状态，跨中主梁下缘最小压应力增加 1.5MPa。

2)更换施工工序组合

斜拉索更换工程项目主要施工内容包括：①主梁加固；②斜拉索更换；③锚固区加固；④铺装更换；⑤支座更换；⑥主塔涂装；⑦附属设施维修等。各项施工内容的先后顺序是一个关键问题，且各项施工中还存在施工复杂、工序繁多、工期紧、任务重等问题，在保证工程质量安全的前提下，需要对施工工序开展优化研究，确保施工工序科学合理，各个工序之间有效衔接，提高施工效率，节省工期。

根据全桥检测报告和有限元计算分析，调研各项施工工艺流程，制定科学合理的施工工序，确定主要施工内容的先后顺序。其中对结构受力变形产生影响的工序大致分为三类：①主梁和锚固区加固；②斜拉索更换；③铺装更换。这三者之间互为影响，拟定施工工序方案见表3-7，需要综合比选。

施工工序方案　　　　　　　　　　　　　　表3-7

方案	方案一	方案二	方案三	方案四
施工工序	①裂缝加固维修； ②斜拉索更换； ③桥面铺装更换	①斜拉索更换； ②裂缝加固维修； ③桥面铺装更换	①桥面铺装更换； ②裂缝加固维修； ③斜拉索更换	①先铲除部分桥面铺装； ②斜拉索更换； ③裂缝加固处理； ④完成桥面铺装更换

铲除桥面铺装层，可以使主梁恒载变轻，结构受力有利，特别是主梁跨中下缘应力有改善。但是，斜拉索更换作业时，桥上工作车辆及设施会对桥面铺装产生损伤，因此，桥面铺装更换建议放在斜拉索更换工序之后。

本工程原桥面铺装采用40mm厚AC13＋40mm厚SMA10，总计80mm厚度铺装。为了保证斜拉索更换过程中主梁受力，提高结构安全储备，可以先铲除上层40mm厚铺装，待斜拉索更换完成后，再铲除下层铺装，并完成桥面铺装更换。铲除上层40mm厚铺装后，主梁下缘压应力储备增加0.58MPa。

通过对以上四个方案的综合对比分析，方案四兼顾了结构受力和施工过程中对桥面板的保护，可实施性高。

3)斜拉索构件更换顺序

拉索的更换顺序通常遵从以下原则：一是由长到短原则，是指预先完成长索的更换之后，沿着主塔方向完成短索的替换；二是对称原则，即换索施工依照单塔对称的顺序，确保斜拉索更换过程中对结构的受力影响最小；三是将病害相对严重的索作为优先更替的目标，因为此类斜拉索对更换过程中索力的变化更为敏感，一旦出现索力的突然提升便会对结构安全产生不良影响，所以要在换索前进行全桥斜拉索的病害通查，划分病害程度，第一时间更换病害相对较重的斜拉索。

我国已经有多座斜拉桥进行了拉索的更换，但是实际施工换索的顺序各不一样。根据斜拉桥的不同布置形式，换索顺序主要可以分为：从短索到长索进行对称或反对称更换逐根更换、从长索到短索进行对称或反对称更换逐根更换。为了保证平衡受力，防止索塔两侧出现偏载现象，斜拉桥的同一索面一般对称更换，即同时拆除对称位置的拉索。

更换拉索时,拆除拉索的过程会引起桥梁内力的重新分布,而这种内力的变化可能导致桥梁更加危险。故在选择换索顺序时,要采用对反映桥梁使用状态的某一指标影响最小的换索顺序。目前主要采用的指标包括主梁和索塔的线形、弯矩、截面应力和弯曲应变能等。

下面采用有限元分析分析夷陵长江大桥不同换索顺序对结构受力的影响,比选出最优的斜拉索更换方案。

(1)斜拉索更换原则。

斜拉索更换方案可以按以下原则进行:

①三个主塔同时独立进行更换。

②斜拉索从短索至长索或从长索至短索依次顺序更换,不跳索更换。

③同一主塔位置斜拉索左右对称拆除和安装。

④同一编号斜拉索上下游侧一次只拆除一根,待安装完新索后,再拆除剩下另一根。

(2)斜拉索更换方案见表3-8。

斜拉索更换方案　　　　　　　　　　　　表3-8

方案	方案一	方案二	方案三	方案四
更换顺序	边塔和中塔均从短索到长索对称依次更换	边塔和中塔均从长索到短索对称依次更换	边塔从短索到长索对称更换,中塔从长索到短索对称更换	边塔从长索到短索对称更换,中塔从短索到长索对称更换

(3)斜拉索更换方案比选。

以方案三为例,斜拉索索力见表3-9～表3-11,相关应力变化如图3-10～图3-13所示。

斜拉索索力　　　　　　　　　　　　表3-9

工况	同编号拉索索力(kN)			索力变化率(%)(拆索后－拆索前)/拆索前		
	SC'	SC	MC	SC'	SC	MC
拆第1对索	2586.7	2311.3	4368.6	1.9	2.2	3.6
拆第2对索	2514.1	2087.1	4475.7	2.7	4.3	3.7
拆第3对索	2524.0	2319.3	4375.1	2.7	5.0	4.0
拆第4对索	2748.6	2428.1	4199.4	3.0	5.5	3.7
拆第5对索	2846.4	2598.6	4051.2	3.0	5.5	3.8
拆第6对索	2858.6	2776.5	4005.4	3.2	5.1	4.0
拆第7对索	3004.2	2942.6	3937.2	3.2	5.5	4.1
拆第8对索	3093.5	3006.3	3824.5	3.2	5.0	3.9
拆第9对索	2957.7	3108.5	3678.7	3.1	4.6	4.1
拆第10对索	2926.2	3247.0	3609.4	2.9	4.2	4.2
拆第11对索	2880.9	3381.5	3465.8	2.7	4.6	4.5

换索工程设计 **3**

续上表

工况	同编号拉索索力(kN)			索力变化率(%)(拆索后-拆索前)/拆索前		
	SC′	SC	MC	SC′	SC	MC
拆第12对索	2949.4	3530.1	3466.1	2.7	4.2	4.7
拆第13对索	3094.9	3517.3	3354.7	2.7	3.8	4.5
拆第14对索	3809.9	3679.6	3380.2	2.8	3.7	4.8
拆第15对索	4244.0	3737.1	3114.0	2.6	3.2	4.9
拆第16对索	4542.7	3757.5	2930.0	2.8	3.3	5.0
拆第17对索	4699.4	3998.1	2671.1	2.5	2.9	4.8
拆第18对索	4724.8	3861.9	2603.8	2.4	2.8	4.7
拆第19对索	—	—	2519.2	—	—	5.0
拆第20对索	—	—	2362.7	—	—	5.1
拆第21对索	—	—	2164.9	—	—	4.6
拆第22对索	—	—	1930.0	—	—	3.8
拆第23对索	—	—	2000.9	—	—	1.9

斜拉索应力(单位:MPa) 表3-10

工况	同编号拉索应力		
	SC′	SC	MC
拆第1对索	684	611	664
拆第2对索	665	552	680
拆第3对索	668	614	665
拆第4对索	577	642	732
拆第5对索	598	687	706
拆第6对索	601	735	698
拆第7对索	631	678	686
拆第8对索	650	693	738
拆第9对索	621	716	710
拆第10对索	615	748	697
拆第11对索	605	653	669
拆第12对索	620	681	669
拆第13对索	650	679	705
拆第14对索	664	641	710
拆第15对索	739	651	718
拆第16对索	690	571	675

续上表

工况	同编号拉索应力		
	SC′	SC	MC
拆第17对索	714	608	707
拆第18对索	718	587	689
拆第19对索	—	—	666
拆第20对索	—	—	625
拆第21对索	—	—	573
拆第22对索	—	—	511
拆第23对索	—	—	529

主梁跨中部位应力（单位：MPa）　　　　　　　　表3-11

工况	主梁应力	
	上缘	下缘
拆第1对索	-8.05	-1.90
拆第2对索	-7.62	-2.63
拆第3对索	-7.21	-3.33
拆第4对索	-6.88	-3.90
拆第5对索	-6.62	-4.34
拆第6对索	-6.43	-4.68
拆第7对索	-6.29	-4.92
拆第8对索	-6.22	-5.06
拆第9对索	-6.18	-5.12
拆第10对索	-6.19	-5.12
拆第11对索	-6.24	-5.03
拆第12对索	-6.34	-4.86
拆第13对索	-6.49	-4.60
拆第14对索	-6.72	-4.21
拆第15对索	-7.01	-3.71
拆第16对索	-7.34	-3.15
拆第17对索	-7.77	-2.39
拆第18对索	-8.16	-1.73
拆第19对索	-6.51	-4.60
拆第20对索	-6.53	-4.56
拆第21对索	-6.54	-4.54
拆第22对索	-6.55	-4.53
拆第23对索	-6.55	-4.52

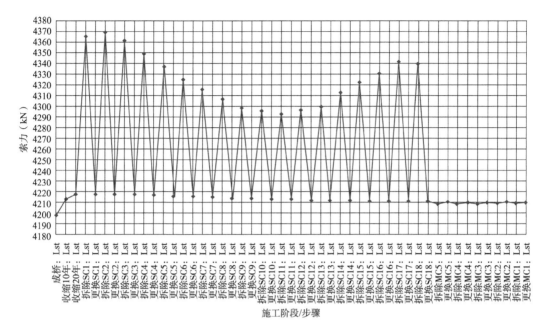

图 3-10 斜拉索索力变化图

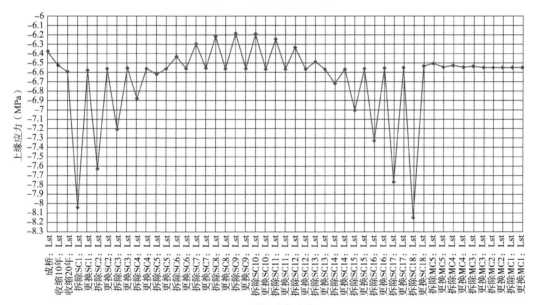

图 3-11 主梁跨中部位上缘应力图

四种方案计算结果如表 3-12 所示。

中塔斜拉索 MC23 号为最长斜拉索,索长约 210m,边塔斜拉索 SC18 号索长约 164m。考虑到长索的结构的受力影响更大,随着施工进行换索经验不断丰富,建议最长索 MC23 号斜拉索最后更换。

综上所述,推荐采用方案四,即边塔从长索到短索对称更换、中塔从短索到长索对称更换。同一编号斜拉索上下游侧一次只拆除一根,待安装完新索后,再拆除另一根。

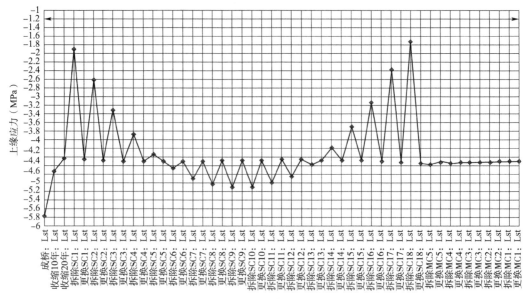

图 3-12 主梁跨中部位下缘应力图

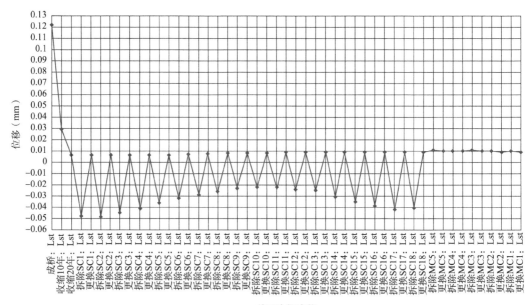

图 3-13 主梁跨中部位位移图

斜拉索更换方案比选　　　　表 3-12

方案比较	方案一	方案二	方案三	方案四
更换顺序	边塔和中塔均从短索到长索对称依次更换	边塔和中塔均从长索到短索对称依次更换	边塔从短索到长索对称更换,中塔从长索到短索对称更换	边塔从长索到短索对称更换,中塔从短索到长索对称更换

续上表

方案比较	方案一	方案二	方案三	方案四
斜拉索索力变化量	边塔斜拉索增加5.9% 中塔斜拉索增加6.2%	边塔斜拉索增加5.9% 中塔斜拉索增加6.2%	边塔斜拉索增加5.5% 中塔斜拉索增加5.1%	边塔斜拉索增加5.5% 中塔斜拉索增加5.3%
主梁跨中截面压应力	上缘最大应力 −8.23MPa 下缘最小应力 −1.6MPa	上缘最大应力 −8.23MPa 下缘最小应力 −1.60MPa	上缘最大应力 −8.25MPa 下缘最小应力 −1.70MPa	上缘最大应力 −8.25MPa 下缘最小应力 −1.70MPa
位移	跨中最大位移8cm	跨中最大位移8cm	跨中最大位移5cm	跨中最大位移5cm

3.2.4 悬索桥吊索更换设计

以汕头海湾大桥全桥吊索更换工程为例。汕头海湾大桥是我国第一座现代大跨径悬索桥,位于广东汕头旅游风景点妈屿岛,跨越汕头海湾,对面为台湾海峡。大桥于1992年3月28日正式动工兴建,1995年12月28日建成通车。实景图如图3-14所示。

图 3-14 汕头海湾大桥实景图

汕头海湾大桥主桥为预应力钢筋混凝土加劲梁悬索桥。汕头海湾大桥全长2500m,其中主桥长961.8m,采用(154 + 452 + 154)m跨径布置,总体布置图如图3-17所示。大桥为跨海公路桥,属于深汕两地一级汽车专用公路一部分,是联结深圳、珠海、汕头、厦门等4个经济特区的陆地交通纽带。大桥总体布置如图3-15所示。

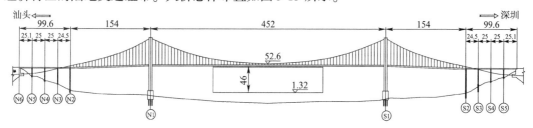

图 3-15 汕头海湾大桥总体布置图(尺寸单位:m)

两根主缆长约1029.6m,整圆后直径560mm,采用平行钢丝(PWS)方法编制。每根主缆由110股预制平行钢丝束组成。全桥矢跨比1/10,每根主缆由10010根 ϕ5mm 镀锌高强度钢丝组成,设计面积 $A_0 = 0.1965\text{m}^2$。10010根钢丝分成110股预制平行钢丝束,每束91根钢丝。预制的平行钢丝束每延米重146N,每股钢丝束重1500N。

由于预应力钢筋混凝土(PC)加劲梁自重较大,顺桥向各吊点按6m的等间距布置,横桥向的2个吊点间距为25.2m。边跨设置2×48个吊点,中跨设置2×73个吊点,全桥共计242个吊点。吊索安装部位如图3-16所示。

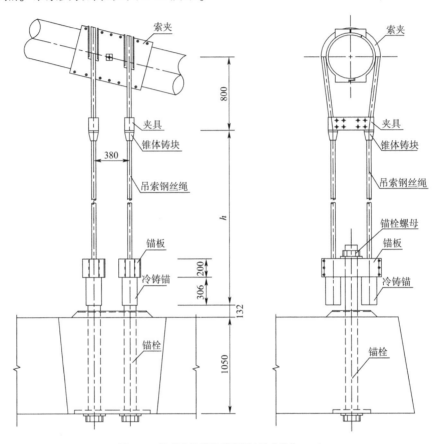

图3-16 吊索安装部位示意图(尺寸单位:mm)

吊索立面采用竖向垂直布置方式,每个吊点由两根镀锌钢丝绳组成,钢丝绳以倒U方式骑挂在主缆索夹上,钢丝绳的四个端部均嵌有冷铸锚固,锚固在与PC加劲梁相连接的锚板上。吊索镀锌钢丝绳规格为7×19mm(共7股,每股19丝),直径为45mm,设计公称抗拉强度1700MPa。每个冷铸锚由套管、锚固板、定位螺栓、卡环、冷铸填料组合而成。

依据检测报告,大桥经过多年的运营,其吊索系统的防腐功能已经退化,吊索存在锚垫板锈蚀、油漆剥落、涂层劣化螺栓缺失缺陷,索体及锚具存在较为明显的锈蚀和渗水,为保障桥梁本体及运营安全,须进行吊索更换工作。吊索情况如图3-17所示。

对主桥吊索钢丝绳全部更换,同时更换锚栓以及锚栓防水罩、钢垫板等附属设施,最后对钢丝绳吊索系统进行防护涂装。

吊索更换前,桥面设置支撑钢桁架,将梁体预起吊300kN。吊索更换一般有3种方法,分别为接长螺杆法和反力梁法和多点临时索法。

在桥面设置支撑钢桁架,其支点设置在被更换吊索相邻两侧吊索的主横梁端部,在钢桁架中间部位设置 2 根吊杆(利用原加劲梁施工吊点),将梁体预起吊 300kN,释放部分索力后更换吊索钢丝绳,减少吊索更换过程中混凝土梁体应力变化,并作为施工安全保护措施。

图 3-17 吊索实景照片

1) 接长螺杆法

(1) 构造。

对原吊索锚栓采用接长套筒进行接长,锚板与接长部分锚栓设置上、下支撑构造,上支撑板位于新增锚固螺母底面,下支撑筒置于锚板顶面(设置定位卡防止滑移),上、下支撑构造中间各布置一台 50t 穿心式千斤顶(可穿过 ϕ100mm 锚杆)。其布置如图 3-18 所示,更换方法如图 3-19 所示。

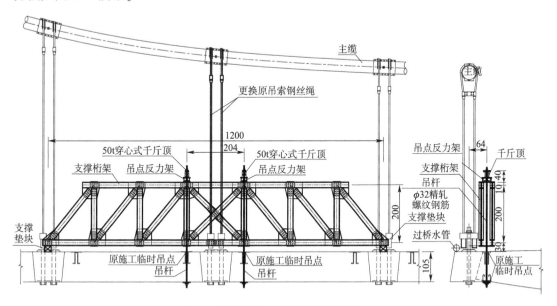

图 3-18 支撑桁架布置示意图(尺寸单位:cm)

(2) 吊索索力卸载。

对一个吊点两根钢丝绳分两次更换,即每次更换单根吊索钢丝绳。通过千斤顶顶升上、下支撑架,将原结构锚固螺母内力转移至新增锚固螺母,松动原结构锚固螺母。千斤顶缓慢回油将原吊索索力卸载至 0,最后拆除该钢丝绳后并更换为新制钢丝绳。

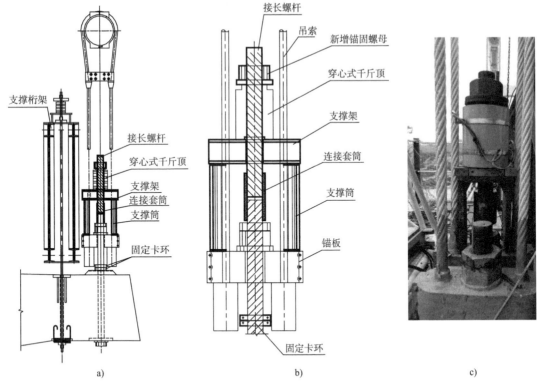

图3-19 接长螺杆法更换示意图

(3)适用范围。

接长螺杆法需要的空间较反力梁法小,并具有安装方便、操作简单等优点,但锚栓丝杆外露长度须满足连接要求,该方法不能适应长吊索变形需求。接长螺杆法主要适用于吊索长 $L/2<15m$ 且锚栓外露长不小于5cm 的短吊索。

2)反力梁法

(1)构造。

被更换的吊点部位设上、下反力梁,上反力梁位于吊索锚头上部,下反力梁位于加劲梁底部,上、下反力梁之间采用精轧螺纹钢连接。在锚头顶面设置支撑架(设置定位卡防止滑移),上反力梁与支撑筒顶面之间各布置一台50t穿心式千斤顶(可穿过 $\phi100mm$ 锚杆)。更换方式如图3-20所示。

(2)吊索索力卸载。

对一个吊点两根钢丝绳分两次更换,即每次更换单根吊索钢丝绳。通过千斤顶顶压上反力梁与原锚板顶面的支撑筒,将原吊索锚栓螺母的锚固力转换至反力梁,锚栓螺母无压力后便可松动,然后千斤顶缓慢回油将原吊索索力缓慢卸载至零,最后拆除该钢丝绳后并更换为新制钢丝绳。

(3)适用范围。

反力梁法需要一定的安装空间,能适应吊索索力减小(索长变短)而导致锚板向上移动需要,主要适用于吊索长 $L/2 \geqslant 15m$ 的长吊索或锚栓外露长度不大于5cm的吊索。

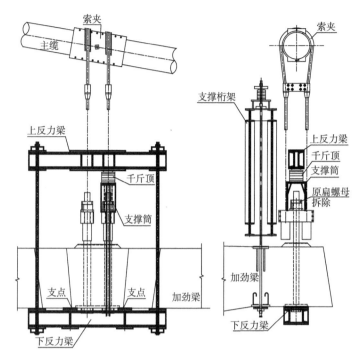

图 3-20 反力梁法更换示意图

3）多点临时索法

基于悬索桥吊索与耳板的连接方式为销接式，耳板留有备用销孔，在待换吊索旁安装临时吊装系统，临时吊索上部通过临时索夹与主缆连接，临时吊索下部通过销轴与耳板连接。通过分批张拉临时吊索，再分批割断旧吊索钢丝，最后安装新吊索。该方法不仅适用于单根吊索的更换，还可以进行全桥吊索的更换。吊索构造如图 3-21 所示。

根据临时吊索数量的不同，该桥吊索更换可分为单点更换方案、三点更换方案以及五点更换方案。单点更换方案即在待更换吊索处张拉临时吊索；三点更换方案即在待更换吊索及相邻左右处共计三点同时张拉临时吊索；五点更换方案即在待更换吊索及相邻左右处共计五点同时张拉临时吊索。

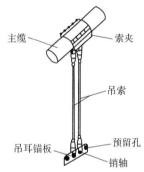

图 3-21 吊索构造示意图

悬索桥吊索更换采用多点临时吊索法，吊索更换必须要满足一定的条件。首先要保证吊索上、下锚点间距缩短量必须大于吊索在对应工况下的最大伸长量，才能拆卸旧吊索。其次，由于临时吊索索力的增加，索夹与主缆之间容易产生滑移。因此有必要对上述更换方案进行校核。

3.2.5 拱桥吊杆更换设计

目前拱桥吊杆更换采用的方法基本都是设置临时替代，将被更换吊杆的索力先转移到临时吊杆上来，拆掉旧吊杆，安装新吊杆，再把临时吊杆上的力转移到新吊杆上，并最终完成吊杆的更换。

以某拱桥吊杆更换工程为例,全桥孔跨布置为(20+256+20+16)m,其中主跨为256m中承式钢管混凝土无铰拱,边跨为2孔20m和1孔16m的钢筋混凝土简支T梁,全桥桥面连续,在梁端与桥台接缝处设置伸缩缝。该桥于2002年建成通车,如图3-22所示。

图3-22 拱桥实景图

主拱拱肋:主桥为钢管混凝土双拱肋,矢高50.25m,计算跨径248m,矢跨比为1/4.935。每片拱肋由4φ1000mm钢管混凝土组成,拱轴线是以悬链线为基础的三次样条曲线,沿拱轴采用变高度(拱脚H_1=4.842m,拱顶H_2=2.4m)、等宽度截面(b=2.4m),两条主拱肋间中心距11.6m,共设置17个横撑、12个X形撑,每个横撑(X形撑)为空钢管构成的桁架式梁。主拱拱肋设拱座支承于岩体上,桥墩、桥台基础为扩大基础。

拱肋吊杆:采用镀锌高强度松弛φ7mm钢丝束,极限抗拉强度为1860MPa,用OVM-LZM型冷铸镦头锚,分别锚固于主拱拱肋的上缀板及横梁的下缘,并以横梁的下端作为高程调整端;各类吊杆沿桥轴方向的中心距为8.0m。全桥共设2×21=42根吊杆,其中PES(FD)7-127型42根。

拱上横梁:计算跨径为11.6m,普通横梁长12.6m,加长横梁(用于桥面与主拱拱肋的相交区)长17.1m;靠近桥面与主拱拱肋相交处的第一根吊杆下的横梁为C35预应力混凝土梁,其余横梁均为C25钢筋混凝土梁。

2020年对全桥进行检查,全桥42个吊杆上锚头均开裂,上锚头混凝土开裂95条,总长度19.5m,最宽5mm;吊杆PE保护套划痕102处,总面积1.1m²;PE保护套破损1处。典型病害现状见图3-23~图3-26。上锚头防水混凝土出现收缩开裂,可能会导致锚具进水,发生锈蚀,影响吊索的安全性。现有吊杆从桥梁建成通车已使用20多年,达到了一般吊杆的设计使用年限20年。故对全桥42根吊杆进行全部更换。

原状桥梁吊杆采用127φ7mm的镀锌高强度低松弛钢丝束。新吊杆拉索索体采用1860级31根φ15.2mm环氧喷涂无黏结钢绞线,缠包后外挤PE,索体外径φ130mm,公称破断索力为8060kN,本此设计全桥共42根。最长吊杆长度为25.954m,最大吊杆索体重量1.1t,最大吊杆力为667.6kN。吊杆索体截面如图3-27所示。

图3-23 吊杆不锈钢护套划痕

图3-24 上锚头封锚混凝土开裂

图3-25 上锚头锈蚀

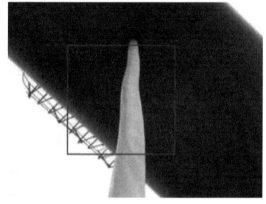

图3-26 吊杆弯曲

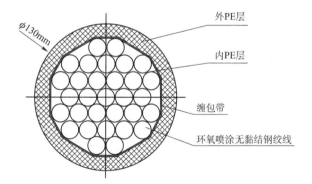

图3-27 新吊杆索体截面图

安装临时兜吊系统及桥面支架,先更换缺陷严重吊杆,如情况相似,原则上先更换短吊杆后更换长吊杆,更换全过程施工监控。吊杆立面布置如图3-28所示。

本次设置4根精轧螺纹钢作为临时吊杆。吊杆横梁底部设置钢结构横梁,拱肋设置横梁及垫块。临时吊杆须对桥面行车道板进行钻孔,施工完成后对该孔进行回填封闭。

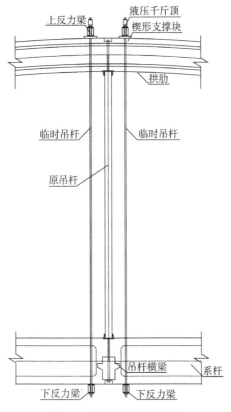

图 3-28 吊杆更换立面布置图

需说明的是吊杆更换前后桥面高程应保持一致。施工全过程对桥面线形、拱肋线形、吊杆索力、拱肋应力、横梁及纵梁应力进行监测。测试至少包含的工况为初始值测试(基准值)、吊杆更换施工测试(施工控制)、吊杆更换完成后测试(最终状态)。

3.3 缆索更换设计的主要工作内容

3.3.1 斜拉索更换设计主要工作内容

1）斜拉索类型比选

斜拉索作为斜拉桥的关键构件,其受力性能和锚固体系是非常重要的,针对斜拉索类型和锚固系统开展调研工作,综合比选确定适用于项目的斜拉索类型和锚固系统。钢绞线斜拉索(图3-29)和平行钢丝斜拉索(图3-30)都是可行的,两种类型的斜拉索造价相当,施工工期相差不大,并都能满足工期要求。其类型比选见表3-13。

图 3-29 钢绞线斜拉索

图 3-30 平行钢丝斜拉索

斜拉索类型比选 表 3-13

影响因素	钢绞线斜拉索	平行钢丝斜拉索
锚固尺寸	与原设计尺寸一致	斜拉索锚头尺寸偏小,须特殊设计或通过增加垫板解决
受力特性	钢绞线逐根张拉,钢绞线间应力有差异	各钢丝受力均匀
索体耐久性	PE 护套处于无应力状态,护套使用寿命更长	PE 护套处于高应力状态,存在受力老化加快的情况,使用寿命相对较短
锚头耐久性	夹片锚,须注意松脱和滑丝,锚头防护油脂需选择耐久性佳者	冷铸镦头锚,锚固性能可靠,须注意锚头进水锈蚀问题
施工	单根拆除和安装重量小,所需安装和张拉设备小,施工方便,但挂索时间较平行钢丝斜拉索稍长;投入人力成本多	整体安装重量大,所需安装和张拉设备大,但挂索时间快,投入人力成本低
振动特性	现有大桥的斜拉索尚未发现风雨振问题,无须外置阻尼器	大部分斜拉索须增设外置阻尼器,箱梁顶面须植筋安装阻尼器底座
经济性	钢绞线斜拉索人力成本高、平行钢丝斜拉索安装运输设备费用高,两者总成本差异不大	

(1)钢绞线斜拉索和平行钢丝斜拉索均工艺成熟、应用广泛。经过多年的发展,两种类型的斜拉索在施工安装工艺、防腐耐久技术、制造质量控制等方面均有了较大的进步。

(2)钢绞线斜拉索具有防腐性能好的优点,平行钢丝斜拉索受外层 PE 护套寿命的限制,耐久性相比钢绞线斜拉索略差。

(3)钢绞线斜拉索具有与原设计匹配度高、吊装重量小的优点,但张拉工艺复杂。平行钢丝斜拉索具有整体受力好、张拉简单的优点,但吊装重量大、施工设备要求高,同时需要考虑张拉千斤顶空间是否与塔内爬梯等附属设施冲突。平行钢丝斜拉索与原设计预埋管尺寸不匹配,锚头需特制。

(4)夷陵长江大桥采用封闭换索,施工条件较好,两种类型斜拉索施工工期相差不大,钢绞线斜拉索略长 0.5 月,均可以满足工期需求。

(5)钢绞线斜拉索阻尼大,不易发生风雨振。夷陵长江大桥原采用的钢绞线斜拉索运营以来未发生过明显的风雨振现象。平行钢丝斜拉索相对容易发生振动,需要考虑增加外置阻尼器。

(6)钢绞线斜拉索综合造价略贵,如考虑平行钢丝斜拉索外置阻尼器费用后,两种斜拉索工程造价相当。

综上所述,考虑到夷陵长江大桥主梁采用三向预应力混凝土箱梁,且顶板较薄,并存在一定的病害,梁上不宜设置外置阻尼器的锚固结构。夷陵长江大桥斜拉索更换推荐选用钢绞线斜拉索,与原设计保持一致,最大限度减少不利因素,保证结构安全。

斜拉索索体设计主要确定斜拉索的强度等级、截面规格和索体断面直径等。对于换索工程斜拉索强度等级采用不低于原斜拉索强度等级,由于新旧设计规范间的差异,新索强度等级可适当提高使其满足现行设计规范要求。为了避免设计差异,斜拉索截面规格常采用与原斜拉索相同的截面规格。由于钢绞线斜拉索索体断面直径较平行钢丝斜拉索略大,风阻力也略大,当风荷载效应变化不容忽视时,可采用紧凑型索体断面。钢绞线斜拉索性能参数见表 3-14。

钢绞线斜拉索性能参数表　　　　表 3-14

钢绞线拉索规格	破断力(kN)	紧凑型索体外径(mm)	标准型索体外径(mm)	尺寸优化率
OVM280-31	8680	$\phi 155 \times 6$	$\phi 160 \times 6$	3.1%
OVM280-34	9520	$\phi 165 \times 6$	$\phi 180 \times 6$	8.3%
OVM280-37	10360	$\phi 165 \times 6$	$\phi 180 \times 6$	8.3%
OVM280-43	12040	$\phi 185 \times 6$	$\phi 200 \times 6.7$	7.5%
OVM280-55	15400	$\phi 195 \times 6.2$	$\phi 200 \times 6.7$	2.5%
OVM280-61	17080	$\phi 210 \times 6.7$	$\phi 235 \times 7.7$	10.6%
OVM280-73	20440	$\phi 225 \times 7.1$	$\phi 260 \times 9$	13.5%
OVM280-85	23800	$\phi 235 \times 7.4$	$\phi 260 \times 9$	9.6%
OVM280-91	25480	$\phi 245 \times 7.8$	$\phi 280 \times 10.5$	12.5%
OVM280-109	30520	$\phi 265 \times 8.3$	$\phi 315 \times 11.2$	15.9%

夷陵长江大桥新斜拉索采用钢绞线斜拉索,新换斜拉索的规格与原设计保持相同,分为 27 股、31 股、34 股、37 股、41 股、47 股共 6 种规格,斜拉索强度从 1770MPa 提高至 1960MPa。其布置如图 3-31 所示,构造如图 3-32 所示。

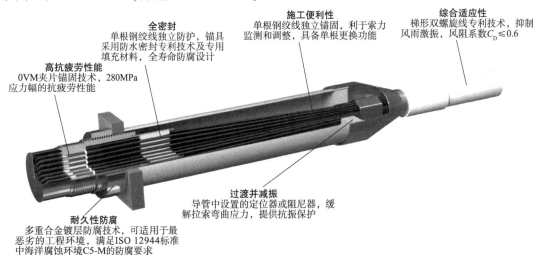

图 3-31　钢绞线斜拉索示意图

拉索采用公称直径为 $\phi 15.2mm$ 的单丝涂覆环氧涂层预应力钢绞线,强度等级 1960MPa。拉索组件抗疲劳性应满足《斜拉桥钢绞线拉索技术条件》(GB/T 30826—2014)、

《无粘结钢绞线斜拉索技术条件》(JT/T 771—2009)等相关标准规范要求。

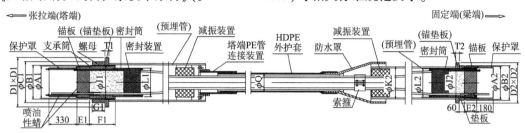

图 3-32 斜拉索构造示意图(尺寸单位:mm)

2) 斜拉索锚具设计

斜拉索锚具设计不仅要满足斜拉索锚固系统自身受力性能，还需要与原斜拉索预埋套筒、垫板等相匹配，新更换索体采用原锚垫板和索导管，所以在斜拉索更换前对所更换的斜拉索锚固尺寸进行详细调研并开展实桥相关测量，确定锚具尺寸参数。

对于钢绞线斜拉索两端锚固均采夹片式锚具，由锚板、夹片、调整螺母、过渡管、穿线管和密封装置等组成，锚具尺寸规格应与对应拉索型号相匹配。

在斜拉索锚具设计过程中还需特别注意预留的调节量，斜拉索更换过程中通常不调整或少量调整索力，锚具的构造尺寸已可满足现场施工的调节量，但是对于调节量需求大的斜拉索锚具设计要采用增加锚具长度或增加垫板等措施，如图 3-33 及图 3-34 所示。

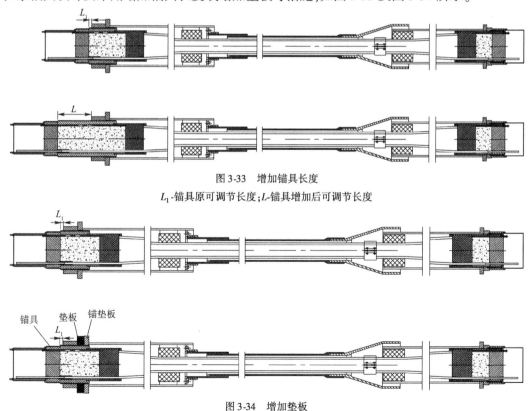

图 3-33 增加锚具长度

L_1-锚具原可调节长度；L-锚具增加后可调节长度

图 3-34 增加垫板

L_1-锚具原可调节长度；L-锚具增加后可调节长度

3)斜拉索防腐与防护

钢绞线斜拉索索体具备环氧涂层或镀锌+油脂+单根 PE 护套+外护套管四层防腐保护体系,斜拉索防腐与防护包括索体防腐、上下锚头防护、预埋套筒防护等,均按现行规范实施,并选用代表行业内最高水平的防腐防护方案。针对连接套与索体间脱开引起渗水的病害,按最新的技术对连接套及连接套下的护套结构进行更改。对钢绞线拉索体系进行整合升级,全面提高拉索防腐的耐久性和可靠性。

目前桥梁斜拉索高强度钢绞线常用的防腐保护形式主要有两种,一种是牺牲阳极的阴极保护法,如热镀锌,属于电化学防腐。另一种是非金属隔离保护法,如环氧涂层,属于物理防腐。两种形式如图 3-35 所示。

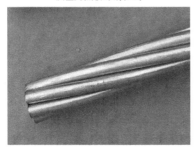
预应力热镀锌钢绞线
镀锌含量为190~350g/m²

单丝涂覆环氧涂层预应力钢绞线
涂层厚度≥0.13mm

图 3-35 钢绞线对比图

盐雾试验是一种利用人工模拟盐雾环境条件来测量和评价钢绞线耐腐蚀能力的试验方法。在盐雾试验中环氧涂层钢绞线防腐能力优于镀锌钢绞线。

拉索锚具电镀锌镀层厚度一般为 10~20μm,防腐能力有限,在潮湿的环境下 6~12 年将会发生严重的锈蚀情况。锚头防腐填充如图 3-36 所示。

防腐填充技术

图 3-36 锚头防腐填充技术

防水密封装置的结构和性能将直接影响拉索锚具的防水密封效果,采用聚氨酯多层密封结构专利技术,可有效解决锚具密封难题。

4)斜拉索减振系统

梁端及塔端均设置了内置式减振器。斜拉索更换后内置减振设计与更换前保持一致。内置式减振器选择高阻尼材料作为减振体,安装于塔柱外侧索道管内。本次斜拉索更换内置式减振器采用 9050A 高阻尼黏弹性橡胶材料。内置式减振器性能参数如表 3-15 所示。

内置式减振器性能参数表　　　　　　　　　　　　　　　　　　表 3-15

序号	项目	性能指标	
1	扯断强度	≥10MPa	
2	硬度	50±3HA	
3	扯断伸长率	≥550%	
4	扯断永久变形	≤9%	
5	比重	$1.4 \sim 1.5 \text{g/cm}^3$	
6	最大阻尼比	$C/C_c = 0.2$	
7	阻尼性能	最大损耗因子	$\beta_{max} > 1.4$
		β_{max} 对应的剪切模量	$G = 6.5 \text{MPa}$
8	外观	橡胶无缺陷	

5)索力测量传感器

选取一定数量的斜拉索安装索力测量传感器,以校核施工过程中和后期运营过程中的斜拉索索力。安装索力测量传感器的斜拉索共 18 根,每个主塔选取短中、长斜拉索各 1 对,具体为选取边塔 SC′18、SC′10、SC′2、SC18、SC10、SC2 和中塔 MC23、MC12、MC2 斜拉索,中塔以北选取上游侧对应索号的斜拉索,中塔以南选取下游侧对应索号的斜拉索。索力测量传感器需接入大桥的监控系统,以实现对斜拉索受力状态的实时监测。

当前斜拉索索力监测方法主要有振动频率法、千斤顶张拉法、压力传感器监测法、磁通量传感器监测法等,各种监测技术的对比及分析见表 3-16。

不同传感器技术的索力长效监测方案对比及分析表　　　　　　表 3-16

序号	类型	优点	局限性	经济性	适用性
1	振动频率法	安装简单、可重复使用	受到索长、减振器、外护套等影响,惯性矩、弯曲刚度等参数难确定,误差大	高	差
2	千斤顶张拉法	可使用普通张拉设备	人工操作机械设备,施工难度大,精度低,一般做定期检测,不能用于自动化监测	低	不适用
3	压力传感器监测法	短期监测精度高、动态性好	传感器长期受力,因徐变、零漂等原因,长期监测精度差;因串接在受力结构中,校准、修复或更换的难度大、成本高	低	低
4	磁通量传感器监测法	结构简单、坚固耐用,非接触式测量(不受力),长期监测精度高,易校准	动态性相对于压力传感器稍低	一般	高

钢绞线斜拉索体系可结合不同的传感技术,组成能自感知预警的智能化拉索,对拉索的索力、锚具内部温度、湿度、积水、腐蚀状态等进行实时监控和智能预警。锚头内用磁通量传

感器监测法非接触式测量索力,长期精度高,与拉索结构同寿命;预埋管、保护罩内环境的温湿度、积水、索体锚具腐蚀状态监测。

6)斜拉索技术要求

斜拉索采用公称抗拉强度1960MPa、直径15.2mm单丝涂覆环氧涂层预应力钢绞线,其主要技术指标符合表3-17规定,钢绞线及制作钢绞线的盘条不允许有任何形式的接头。

单丝涂覆环氧涂层预应力钢绞线技术要求 表3-17

序号	项目	技术指标
1	公称直径(mm)	15.2
2	公称横截面积(mm^2)	140
3	公称抗拉强度(MPa)	≥1960MPa
4	整根钢绞线最大力(kN)	≥274
5	规定非比例延伸力(kN)	≥244
6	最大力总伸长率(L≥500mm)	≥3.5%
7	弹性模量(MPa)	$(1.95\pm0.1)\times10^5$
8	偏斜拉伸系数	≤20%
9	1m长试件自然矢高(mm)	≤25
10	1000h应力松弛率 初始荷载:公称最大力的70%	≤6.0%
11	捻距(mm)	捻距范围为钢绞线公称直径12~16倍
12	涂层厚度(mm)	≥0.13(单丝覆涂型)
13	表面质量	光滑均匀、镀层无脱落、露铁、毛刺
14	疲劳试验	疲劳应力幅为360MPa(上限应力$0.45f_{pk}$,$N=2\times10^6$次)疲劳过程中不出现断丝,并在疲劳试验后对钢绞线作静强度拉伸试验,最小张拉应力不应低于$0.92f_{pm}$或$0.95f_{pk}$(取两者中的较大值)的要求
15	单孔锚组合件疲劳试验	疲劳应力幅为280MPa(上限应力$0.45f_{pk}$,$N=2\times10^6$次),疲劳过程中不出现断丝,并在疲劳试验后对钢绞线作静强度拉伸试验,最小张拉应力不应低于$0.92f_{pm}$或$0.95f_{pk}$(取两者中的较大值)的要求
16	PE护套	钢绞线PE护套的厚度应为$1.5_{-0}^{+0.5}$mm
		钢绞线PE护套的表面应无裂缝、无气孔、无明显褶皱和机械损伤
17	防腐油脂或油性蜡	每米防腐润滑脂的用量应在15~30g之间,每米蜡的用量应在10~30g之间,并保证注满钢绞线内部全部间隙

防腐材料可选用防腐润滑脂或油性蜡,技术性能指标应符合《斜拉桥钢绞线拉索技术条件》(GB/T 30826—2014)的要求。

钢绞线包装、数量、重量和外观等应符合《单丝涂覆环氧涂层预应力钢绞线》(GB/T 25823—2010)的要求。

3.3.2 吊索更换设计主要工作内容

1)吊索钢丝绳技术要求

原结构钢丝绳属于旧型号,新制钢丝绳与原结构钢丝绳相比其强度更高、制造工艺与捻制方法更好。

(1)原结构钢丝绳。

原结构采用镀锌钢丝绳,规格为 7×19 mm,钢丝单丝直径 $\phi3$ mm,单根绳径 $\phi45$ mm。镀锌钢丝绳设计公称抗拉强度1700MPa,钢丝总断面积939.65mm^2,钢丝破断力总和为1595kN(标准值)。原规范标准《圆股钢丝绳》(GB 1102—74)以及设计文件中要求钢丝绳破断力不小于标准值85%,即1356kN。

(2)新制镀锌钢丝绳。

新制镀锌钢丝绳规格为 6×36WS + IWR,公称直径 $\phi46$ mm,公称抗拉强度1960MPa。该规格钢丝最小破断力总和为1955kN,钢丝绳最小破断拉力为1480kN。

钢丝绳吊索弹性模量应采用预张拉后的实测值,其值不小于 1.2×10^5 MPa。

镀锌要求:A级,镀锌采用热镀锌。

(3)钢丝绳锚具。

新制钢丝绳采用配套专用锚具,为锌铜合金热铸锚。

2)吊索钢丝绳表面防护

(1)气候环境。

汕头海湾大桥处于临海位置,属于腐蚀较严重的大气环境。另外还受周边工厂、设施排放的废气、过往车辆及船只排放的废气等的侵蚀。按照《公路桥梁钢结构防腐涂装技术条件》(JT/T 722—2023),大桥所在地为中等盐度的工业区和沿海区,属于C4(高)腐蚀环境。

(2)防腐涂装体系。

①钢丝绳防腐。

涂装体系采用"三胶两布"形式,即密封剂3道(每道厚0.8~1mm)+高强度玻璃纤维布(2层)+氟碳面漆(120μm)。常用防护体系如图3-37所示。

②结构缝隙密封。

吊索系统所有结构缝隙采用聚硫密封剂进行密封,主要包括:索夹槽缝、夹具缝隙、锥体铸块、锚头缝隙部分。

索夹槽缝:在将新吊索安装前,应先索夹槽缝进行表面清洗,采用密封剂进行裹圆密封,使密封剂基本填满吊索与槽之间的缝隙,待硫化后再对该部位采用"三胶两布"的方案进行密封。

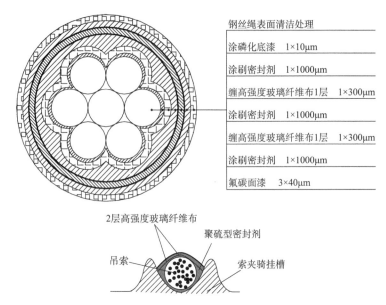

图 3-37 钢丝绳防腐体系示意图

夹具、锚具、锥体铸块缝隙：密封，采用密封剂对缝隙密封，最后整体表面涂装面漆。

夹具内部空腔：采用聚氨酯发泡料填充。

③锚头表面防护。

在新吊索安装前，应先对锚头表面清洁，并涂刷 1 道磷化底漆，锚板空腔预涂密封剂。

④钢丝绳锚头根部防水。

悬索桥吊索钢丝绳常出现渗水，并在锚头根部形成积水，由此造成底部钢丝绳锈蚀。为了解决吊索锚头无雨水及湿气等腐蚀介质进入问题，采用锚头根部硫化及在锚头设置排水槽两种措施，保证吊索寿命安全。

锚头根部硫化：硫化工艺是将索体钢丝绳端部部位以氯丁橡胶或密封剂为原料，通过硫化设备在一定温度、一定的压力条件下，在硫化周期内实现索体和橡胶或密封剂熔铸为一体的工艺。钢丝绳吊索硫化工艺处理后的优点为：一是缓冲、改善吊索与钢结构件接触应力，提高吊索寿命；二是吸收吊索因风、载重产生的振动荷载，提高吊索寿命；三是对吊索与锚杯、紧固件接触易积水部位起到堵水和导流作用，有效保护吊索。

锚头设置排水槽：每个锚头设置半径为 5mm 的排水槽，防止锚头根部积水。具体布置如图 3-38 所示。

⑤其他防护。

对夹具、锥体铸块、锚头等钢结构部分，采用环氧富锌底漆 60μm + 环氧云铁中间漆 140μm + 氟碳面漆 80μm 涂装体系进行防护涂装。原锚栓 PVC 防水罩拆除后不再使用，采用新制橡胶防水罩。

在施工过程中，可能会造成主缆、加劲梁局部表面防护涂装局部损伤，在施工完成后，应对损伤部位进行修补，表面涂刷一道氟碳面漆，以保持外观一致。

3 换索工程设计

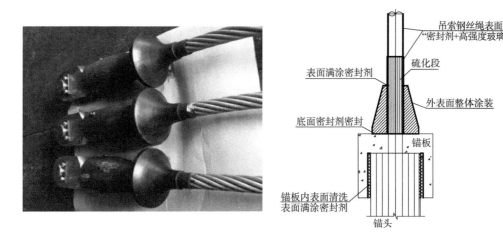

图 3-38 锚头根部硫化、防水示意图

3.3.3 吊杆更换设计主要工作内容

原施工图设计中,吊杆采用成品吊杆 PES 平行钢丝 5-55,LZM 配套锚具,吊杆外套外径 245mm、壁厚 12mm 的无缝钢管,吊杆与钢管之间填充 C50 微膨胀水泥砂浆,上、下索导管采用外径 168mm、壁厚 10mm 的钢管。2006 年为方便现场施工,变更竣工图的吊杆型式。竣工图吊杆采用外径 273mm、壁厚 14mm 的无缝钢管(内穿 4 根公称直径为 15.24mm 的钢绞线)。拱肋与系梁中预埋外径为 65mm、壁厚 5m 的无缝钢管,两端均采用 M15-4 的锚具锚固,在钢绞线张拉完成后,切除工作长度并预留钢绞线外露长度不小于 3cm,最后对锚固端灌注 C50 混凝土进行封锚处理。新更换吊索应选用具有良好防腐蚀性能且易于养护更换的吊索,并能适应原结构构造尺寸。吊杆构造如图 3-39 所示。

1)吊杆选型方案一

根据老桥竣工图,吊杆索导管尺寸(外径 65mm、壁厚 5mm 的无缝钢管),无法采用成品规格的新制吊杆,需委托相应资质的厂家定制。为了保护原结构,降低施工时对原结构的损伤,充分利用原索导管通道,新更换的吊杆还是采用公称抗拉强度为 1860MPa,公称直径为 15.2mm 的 4 根钢绞线,在张拉端、锚固端的构造上进行改进,提高安全性,但两端稍有凸出结构主体,尤其是系梁下端凸出需核实通航净空。钢绞线拉索采用挤压锚固型拉索,其性能应满足《桥梁用填充型环氧涂层钢绞线挤压锚固拉索》(JT/T 1090—2016)的要求。拉索锚头组件表面进行镀锌处理,锚头表面涂刷 FASTEN200 专用防腐蜡油,固定端采用挤压锚固锚具,拱肋顶张拉端采用增加支撑筒的夹片锚。新选用的吊杆构造(方案一)如图 3-40~图 3-42 所示。

2)吊杆选型方案二(比选方案)

基于老桥竣工图吊杆索导管尺寸(外径 65mm、壁厚 5mm 的无缝钢管),无法直接采用成品规格的新制吊杆,需委托相应资质的厂家定制。为了采用安全性能更好的规格成品吊杆,同时保护原结构、降低施工时对原结构的损伤、充分利用原索导管通道,新更换的吊杆采用在原索导管内设置 M52mm×4mm 钢拉杆,通过两端锚杯连接头连接新更换的成品吊杆。但更换后的新吊杆锚杯和接长杆连接的接头地方是个薄弱环节,后期维护代价大,安全性能没有方案一好。

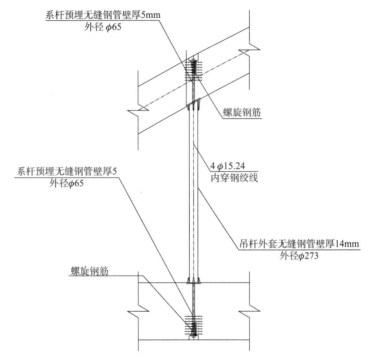

图 3-39 原竣工吊杆构造图(尺寸单位:mm)

新制吊杆选择 37 根 φ5mm 的平行钢丝束,钢丝束采用高强度镀锌钢丝,钢丝强度为 1770MPa,破断拉力不小于 1286kN。钢丝束周围包裹内层 HDPE 护套,外层设置高强度聚酯带及 HDPE 护套。最外侧由 φ273mm 及 φ245mm 两种规格的无缝钢管套接而成,套接长度 300mm。更换新制吊杆时,在拱肋、系梁端的新增锚垫板表面进行热镀锌处理。新制吊杆构造图(方案二)如图 3-43、图 3-44 所示。

3) 吊杆选型方案三(比选方案)

基于老桥竣工图吊杆索导管尺寸(外径 65mm、壁厚 5mm 的无缝钢管)较小,无法直接采用成品规格的新制吊杆,需要在原结构上重新扩孔(扩孔尺寸大小为 150mm),满足新更换的成品吊杆预埋管尺寸要求。扩孔方案相比前两种方案,对原结构损伤较大,且扩孔施工时需探明避开结构内的钢筋、钢绞线,需充分评估扩孔大小对原结构安全性能的影响,必要时要采取相应的加固补强措施,且施工的复杂程度要比前两种方案大,但更换后的吊杆安全性能较高,后期养护或更换更加方便。

更换的新制吊杆选择 37 根 φ5mm 的平行钢丝束,钢丝束采用高强度镀锌钢丝,钢丝强度为 1770MPa,破断拉力不小于 1286kN,采用配套的冷铸锚。钢丝束周围包裹内层 HDPE 护套,外层设置高强度聚酯带及 HDPE 护套,最外侧外套 φ120mm 规格的无缝钢管。更换新制吊杆时,在拱肋、系梁端的新增锚垫板表面进行热镀锌处理。新制吊杆构造图(方案三)如

图 3-45、图 3-46 所示。

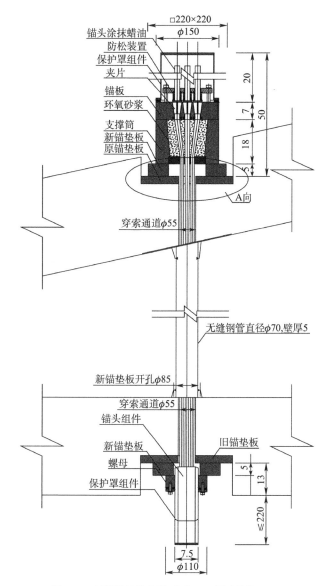

图 3-40 新制吊杆构造图（方案一）（尺寸单位：mm）

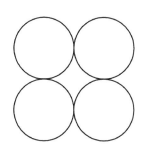

图 3-41 拉索索体截面排列图（方案一）

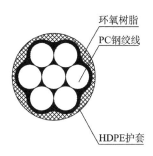

图 3-42 填充型环氧涂层钢绞线示意图（方案一）

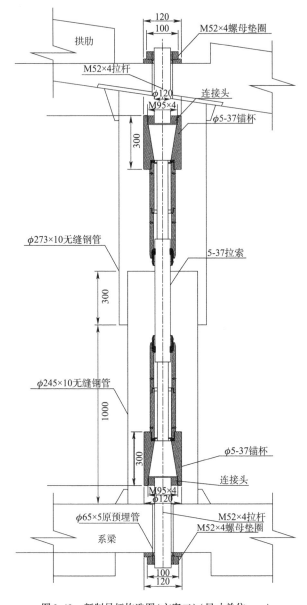

图 3-43 新制吊杆构造图(方案二)(尺寸单位:mm)

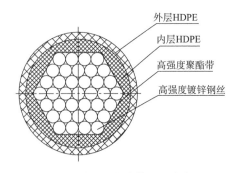

图 3-44 新制吊杆拉索截面图(方案二)

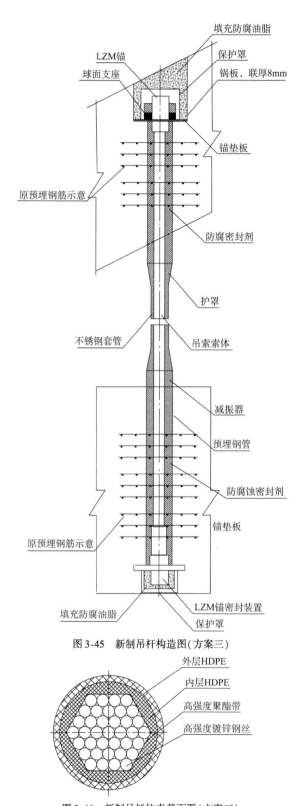

图 3-45 新制吊杆构造图（方案三）

图 3-46 新制吊杆拉索截面图（方案三）

3.4 缆索更换结构计算模型

3.4.1 斜拉索更换结构计算分析

1) 斜拉索更换施工过程模拟

在有限元模型修正的基础上,开展斜拉索更换施工过程模拟,在换索过程中,先定义一次成桥施工阶段,激活相应结构组、边界组及荷载组,拆除某索单元时,将该索单元相关的结构组、荷载组钝化,即为拆索,然后安装该索单元,将该索单元相关的结构组、荷载组激活,即为装索过程,循环往复直到完成全桥拉索更换。

根据夷陵长江大桥斜拉索更换设计原则,综合考虑施工工序影响,由于上、下游侧斜拉索对称,计算分析工况按单侧斜拉索更换过程考虑,具体计算工况见表3-18。

斜拉索更换施工过程模拟工况　　　　　表3-18

工况	工况内容	斜拉索数量
1	铲除上层4cm铺装	—
2	对称拆除,中塔短索MC1	2
3	对称拆除,边塔长索SC18、SC′18	4
4	对称拆除,中塔MC2,边塔SC17、SC′17	6
5	对称拆除,中塔MC3,边塔SC16、SC′16	6
6	对称拆除,中塔MC4,边塔SC15、SC′15	6
7	对称拆除,中塔MC5,边塔SC14、SC′14	6
8	对称拆除,中塔MC6,边塔SC13、SC′13	6
9	对称拆除,中塔MC7,边塔SC12、SC′12	6
10	对称拆除,中塔MC8,边塔SC11、SC′11	6
11	对称拆除,中塔MC9,边塔SC10、SC′10	6
12	对称拆除,中塔MC10,边塔SC9、SC′9	6
13	对称拆除,中塔MC11,边塔SC8、SC′8	6
14	对称拆除,中塔MC12,边塔SC7、SC′7	6
15	对称拆除,中塔MC13,边塔SC6、SC′6	6
16	对称拆除,中塔MC14,边塔SC5、SC′5	6
17	对称拆除,中塔MC15,边塔SC4、SC′4	6
18	对称拆除,中塔MC16,边塔SC3、SC′3	6
19	对称拆除,中塔MC17,边塔SC2、SC′2	6
20	对称拆除,中塔MC18,边塔SC1、SC′1	6

续上表

工况	工况内容	斜拉索数量
21	对称拆除,中塔 MC19	2
22	对称拆除,中塔 MC20	2
23	对称拆除,中塔 MC21	2
24	对称拆除,中塔 MC22	2
25	对称拆除,中塔 MC23	2
26	铲除下层 4cm 铺装	—
27	更换 7cm 铺装	—
28	全桥调索	—

由于斜拉索有着空间结构上的三维刚度特性,每根斜拉索进行更换时都会对相邻斜拉索的应力造成影响,并使主梁应力及线形产生变化,在全桥换索过程中,根据最不利主梁应力情况,选取更换长索、中索以及短索更换前后,对相邻斜拉索索力、主梁竖向位移以及主梁应力的影响,进行模拟分析。

①主梁跨中挠度变化。

斜拉索更换过程中,主梁跨中挠度变化如图 3-47 所示。

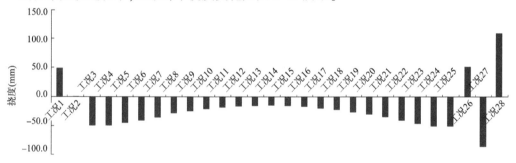

图 3-47 主梁跨中挠度变化

②主梁跨中正应力变化。

斜拉索更换过程中,主梁跨中正应力变化如图 3-48 所示。

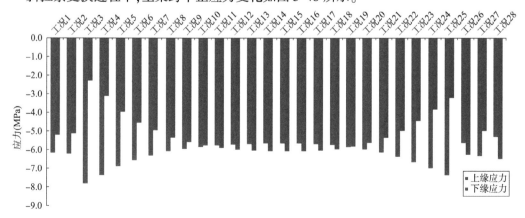

图 3-48 主梁跨中正应力变化

③斜拉索索力变化。

斜拉索更换过程中,选取具有代表性的短索、中索和长索,其索力变化见图3-49~图3-51。

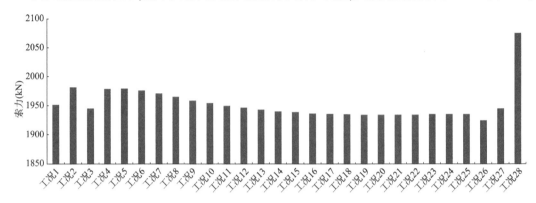

图3-49 短索MC1斜拉索索力变化

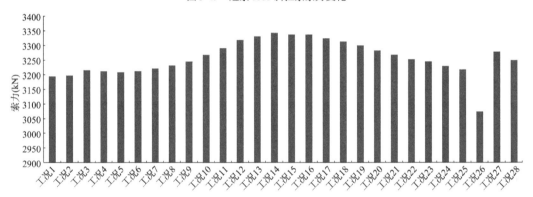

图3-50 中索MC12斜拉索索力变化

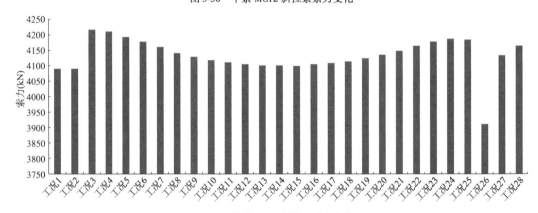

图3-51 长索MC23斜拉索索力变化

通过有限元模型对斜拉索更换拆索过程的计算与分析,可以得出以下结论:
(1)主梁线形。
①拆除长索比拆除短索对主梁线形的影响更大,拆除过程中主梁产生的下挠最大位置一般发生在拆除对应拉索的主梁锚固端附近。
②整个斜拉索更换过程中,主梁最大下挠数值为-86.9mm,最大上挠数值为+51.7mm。

③全桥调索阶段主梁跨中最大位移向上110mm。

(2)主梁应力。

①拆除长索比拆除短索对主梁应力的影响更大,拆除过程中主梁跨中应力为控制截面。

②整个斜拉索更换过程中,主梁上缘最大应力为 −7.85MPa,最小应力为 −5.62MPa,主梁下缘最大应力为 −6.27MPa,最小应力为 −2.28MPa。

③整个斜拉索更换过程中,主梁应力均为压应力,未出现拉应力。

④全桥调索阶段主梁跨中下缘应力最大增加1.5MPa。

(3)斜拉索索力。

①斜拉索拆除后其相邻的若干斜拉索索力均会增大,各斜拉索索力增幅大小呈正态分布趋势。拆除后的相应同编号侧斜拉索索力增幅最大,按照距离拆除位置的由近到远,索力增幅依次减小。

②整个斜拉索更换过程中,斜拉索安全系数均满足要求。

(4)主塔偏位。

①对主塔纵向偏位影响较大的是拆除长索区斜拉索,由于对称拆除,整个拆除过程中,主塔偏位最大为25.6mm、最小为 −15.6mm,主塔偏位较小。

②全桥调索阶段边塔纵向偏位向边跨侧最大偏移86mm。

2)不中断交通条件下斜拉索更换影响

斜拉桥换索过程中如果采用全封闭交通进行施工,对大家的生产生活影响较大,随着生活水平的提高,在不中断交通条件下进行换索施工已成定局。然而相比较于中断交通,车辆荷载对斜拉桥换索施工是否有影响,影响程度有多少,此影响能否被忽视,这些都将是一个问题,在确定的换索方案基础上对交通因素在换索过程中的影响进行分析。

不同种类的车辆荷载对换索过程产生的影响会有所区别,故选取《公路桥涵设计通用规范》(JTG D60—2015)中的标准车道荷载进行布置计算。考虑到换索空间应足够大,施工区域至少应占据两个车道,而且全桥上、下游受力情况也不能差太多,基于该原则提出相应的交通方案。

取长索来分析换索过程中的索力变化情况,下面以4号塔上游更换斜拉索前后相拉索的索力增量来说明情况。

当开放交通时,对边跨和中跨临近拆索位置的索力增量会产生较大的影响,就23号索的换索施工而言,开放交通比封闭交通对索力增量的影响要高,封闭交通时临近索力增量最大为642.57kN,索力增量占比最大为11.41%;开放交通时临近索力增量最大为996.35kN,索力增量占比最大为17.30%,开放交通时索力增量占比与封闭交通相比最大差值不超过6%。其状态对比如图3-52所示。

当开放交通时,对边跨拉索的索力安全系数会产生较大影响,由图3-52可知封闭交通比开放交通的整体索力安全系数更高;封闭交通条件下索力安全系数最小为2.80,开放交通条件下索力安全系数最小为2.64。

根据《公路斜拉桥设计规范》(JTG/T D65-01—2007)中第3.4.1条及第3.4.2条的规定:运营状态下斜拉桥的安全系数不应小于2.5,即$[\sigma] \leqslant 0.4f_{pk}$,施工状态下斜拉桥的安全系数不应小于2.0,即$[\sigma] \leq 0.5f_{pk}$;其中,$[\sigma]$为斜拉索的容许应力,$[f_{pk}]$为斜拉索的抗拉标准强度。

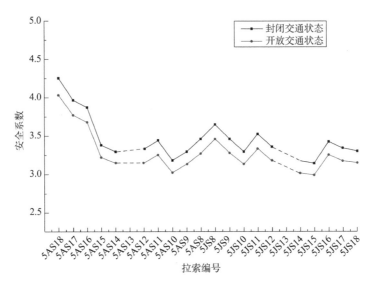

图3-52 封闭、开放交通状态对比

对斜拉桥进行换索进行有限元模拟时,由于该斜拉桥换索施工处于不中断交通条件下,故拟定换索施工过程中斜拉索安全系数必须大于2.5,从上可以看出,索力安全系数在开放交通与封闭交通时二者均满足规范要求,只是开放交通时的索力安全系数整体比封闭交通略小,但并未影响结构安全。

3.4.2 吊索更换结构计算分析

悬索桥为柔性结构,吊索更换会对主缆、加劲梁及相邻吊索的内力造成影响,并使加劲梁线形产生变化,在悬索桥吊索更换过程中,根据不同工况,选取吊索更换长索、中索以及短索更换前后,对结构的影响进行计算分析。

悬索桥在一个吊点处由两根钢丝绳吊索组成,为研究吊索更换方案,提出了两种方案研究,分别是:①逐根更换吊索方案,即在同一个吊点的两根吊索,采取拆除一根更换一根的方案;②逐个吊点更换吊索方案,即在同一个吊点的两根吊索,采取同时拆除两根吊索再更换的方案。

考虑到更换吊索长度的代表性,分别选取了跨中截面吊点短索(D38)、四分之一吊点中长索(D15)、塔根附近长索(D4)进行更换研究,采用桥梁专用软件对桥梁进行有限元分析,分别对桥梁原设计结构、同时拆除其中一个吊点两根吊索和拆除一个吊点中其中一根吊索状况下的有限元计算分析,包含:①原结构恒载作用下吊杆理论索力、活载作用下吊杆理论索力、吊索安全系数;②同时拆除其中一个吊点的两根吊索状况下的索力分布情况,主缆、加劲梁变形情况,加劲梁应力和吊索安全系数等;③拆除一个吊点中的其中一根吊索状况下的索力分布情况,主缆、加劲梁变形情况,加劲梁应力和吊索安全系数等。计算模型离散图如图3-53、图3-54所示。

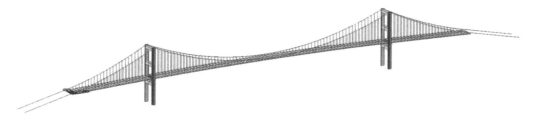

图 3-53　全桥有限元计算模型

a) 被换吊索分布位置

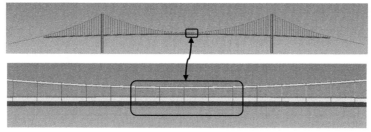

b) 两根吊索索力分布

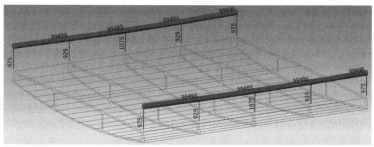

c) 单根吊索索力分布（单位：kN）

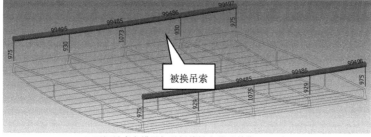

d) 两根吊索主缆及加劲梁线性变化（单位：mm）

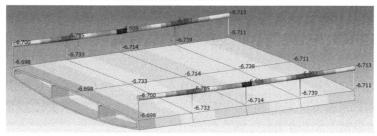

e) 单根吊索主缆及加劲梁线性变化（单位：mm）

图　3-54

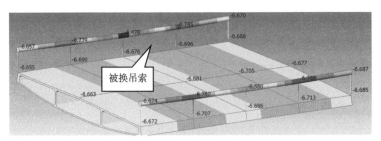

f) 两根吊索主缆及加劲梁线性变化（单位：mm）

图 3-54　吊索更换分析图

1) 同时拆除某吊点的两根吊索

在同时拆除某吊点中两根吊索时，在最不利工况作用下，分析加劲梁与主缆挠度和吊索索力变化趋势，得出以下结论：

（1）在拆除某吊点中两根吊索时，会引起加劲梁、主缆、吊索结构受力值出现不同程度的增减，但仅对该吊点前后的吊点的加劲梁与主缆的变形和吊索索力产生影响，对其他部位的加劲梁与主缆的变形和索力影响较小。

（2）吊索的拆除，对相邻吊点的加劲梁和同侧主缆挠度与吊索的索力影响大，对非同索面的主缆挠度与吊索索力影响较小。

（3）吊索的拆除使加劲梁与主缆的位移呈现一一对应的关系，两者变化趋势整体相反。

（4）拆除某吊点两根吊索时，索力基本上是平均分担给相邻吊点的吊索，相邻吊索索力变化为 61 ~ 84kN，其中短索索力变化最大，长索索力变化相对较小，而另一侧索力最大变化仅约为 4kN。

（5）吊索安全系数。依据《公路悬索桥设计规范》（JTG/T D65-05—2015）第 10.4.2 条规定，吊索更换下相邻索承载能力，骑跨式吊索安全系数不小于 1.85，材料强度分项系数 × 1.1 结构重要性系数 = 2.035。由于对既有吊索剩余实际承载能力难以估计，出于安全考虑，本次试验吊索安全系数按照不小于 2.2 控制。计算表明，在拆除某吊点中两根吊索时，相邻吊索的安全系数在 3.26 ~ 3.74 之间，大于规范要求的控制值 2.2，承载能力安全系数满足规范要求。

2) 拆除某吊点的一根吊索

（1）拆除某吊点中其中一根吊索时，同样会引起加劲梁、主缆、吊索出现不同程度的增减，但仅对该吊点前后的吊点的主梁与主缆的变形和吊索索力产生影响，对其他部位的加劲梁与主缆的变形和索力影响较小或基本不影响。

（2）吊索的拆除，对相邻吊点的加劲梁和同侧主缆挠度与吊索的索力影响大，对非同索面的主缆挠度与吊索索力影响很小。

（3）吊索的拆除使加劲梁与主缆的位移呈现一一对应的关系，两者变化趋势整体相反。

（4）索力变化表现为短索索力变化最大，最大增加 154kN，长索索力变化较小，仅增加 54kN，另一侧索力最大变化为 0.152kN。

（5）吊索安全系数：计算表明拆除一根吊索时，余下吊索的安全系数为 2.2 ~ 3.67，大于规范要求的控制值 2.2，承载能力安全系数满足规范要求。

3)吊索更换方案的确定

上述两种方案表现出相同的特点,但在同时拆除某吊点中两根吊索时,钢箱梁、吊索等各构件的受力均满足规范要求,主缆与加劲梁的变形相对较大,加劲梁的应力变化也相对较大;而在拆除某吊点中其中一根吊索时,钢箱梁、吊索等各构件的受力均满足规范要求,但主缆的变形相对较小。因此,为避免增大因主缆变形较大造成的索夹发生滑移的可能性,同时,由于汕头海湾大桥已运营20多年,对其他吊索的病害程度尚不清楚,为确保桥梁在不中断交通的情况下换索的安全性,换索时采用拆除某吊点中其中一根吊索的方案进行更换,待更换结束后再更换另外一根的方法。

在换索过程中,建议对桥面行车做限速、限重通行,同时由于加劲梁为钢箱梁,建议在温差较小、风力较小的季节进行,以减小温度、风等外界条件的不利影响。

3.5 缆索更换施工监控要求

缆索更换施工监控的目的是依据施工过程中监测的结构响应及时修正结构计算参数,以更好地指导下一步施工,使换缆索更换后结构受力和线形满足设计要求,并保证缆索更换过程中的结构安全。

3.5.1 监控原则

缆索更换施工监控应遵循以下原则(以斜拉桥为例):

(1)缆索更换完成后的主梁线形应达到设计目标要求,结构受力控制在材料允许范围内。

(2)新索张拉过程应实行"高程、索力双控"模式,以主梁高程控制为主,以索力控制或调整为辅。

(3)更换过程中如发现主梁高程、索力偏差或变化较大,应立即叫停施工,查明原因并进行相应整改后方可继续施工。

(4)充分考虑昼夜温差影响,在温度较均匀的凌晨到日出前进行换索量测。

(5)充分考虑主梁结构的空间效应。

3.5.2 监控内容

缆索更换施工监控(以斜拉桥为例)应包含的主要内容有:缆索更换张拉施工监控、主梁状态监控、主塔状态监控、索力监控等。重点监控项目包括相邻索力监测、主梁应力(应变)监测、主塔变形及主塔偏位监测、裂缝观测和结构温度监测等。

(1)索力监测。

索力监测主要是针对待更换索的临近拉索,在换索前、换索中(旧索分级卸载过程、旧索拆除完成、新索分级张拉过程)、换索后对其拉索索力进行测量监控。施工前应对全桥所有缆索索力进行测量,新索全部安装完成后应对全桥缆索索力再次进行测量复核。

(2)应力(应变)监测。

主梁应力(应变)监测主要是指对即将更换的缆索所在的混凝土纵梁、桥面板、横隔板等关键断面的应力(应变)进行监测。缆索更换前后,关键断面和部位的混凝土表面应力(应变)应基本保持一致,或偏差量应在允许范围之内。

(3)主梁变形及主塔偏位监测。

主梁线形监测应在典型断面梁底安装观测点,在旧索拆除、新索安装等工况对主梁典型断面高程变化形进行观测并记录。

主塔变形监测应在塔顶安装变位观测点,在换索施工过程中实时观测塔顶变位情况,在每根缆索拆除及更换施工结束后必须对塔顶偏位进行观测并记录。

(4)裂缝观测。

换索过程中,结构受力薄弱部位、受力较大的部位和已出现裂缝的部位,有可能出现新裂缝或原有裂缝继续扩展,须在换索、调索过程中连续观测。当出现异常情况时,应立即停止施工,待研究分析后,优化调索方案,并须采取有效措施保证结构安全。

(5)结构温度的监测。

结构温度是影响主梁变形的重要因素之一,在换索过程中,应加强对结构各控制截面的温度测量并记录。

3.6 桥梁相关构件的加固和病害修复

3.6.1 混凝土裂缝处理和缺陷修补

斜拉桥的混凝土构件主要包括桥塔、基础以及主梁。混凝土有其自身的特性:水泥硬化要放热,混凝土凝结要收缩,在荷载的长期作用下有一定的收缩徐变,混凝土的受拉性能比较差。开裂是混凝土构件的常见病害,可根据裂缝的宽度大小来确定其对混凝土构件的影响,若裂缝较小,即小于特定值时,几乎对构件的受力性能与耐久性能不产生影响;当裂缝宽度达到一定的范围时,会影响到结构的耐久性;当裂缝达到特定值时,会影响结构的正常使用功能,甚至影响结构的承载能力。在对混凝土构件裂缝的处理过程中,可根据不同宽度的裂缝采取不同的措施,防止裂缝进一步发展,恢复或提高构件的承载能力和使用功能,并提高构件的耐久性能。裂缝修复的方法可分为表面封闭处理和压力灌浆修复两类,对于开裂严重、混凝土状况恶劣的情况,则需要对结构作补强加固处理。

裂缝的表面封闭处理主要针对开裂轻微、不影响构件受力的情况,通过裂缝的表面处理可以恢复结构刚度,保持构件的耐久性和外形的美观。裂缝表面封闭处理的常用方法有表面抹灰、表面喷浆、表面粘贴以及凿槽嵌补等。①表面抹灰是指用水泥浆、水泥砂浆、环氧树脂砂浆等材料涂抹在混凝土构件裂缝部位表面的一种修补方法,将裂缝附近混凝土凿毛,清洗干净后涂上抹灰材料,之后根据不同的抹灰材料加以相应的养护,达到相应的强度之后即完成修补工作。②表面喷浆修补是在经凿毛处理的混凝土裂缝表面喷射一层密实而且强度高的水泥砂浆保护层来封闭裂缝的一种修补方法,根据裂缝的部位、性质和修理的条件和不同要求,可分别采用无筋喷素混凝土浆、挂钢筋网喷浆或挂网结合凿槽嵌补等修补方法。在喷浆之前,要对混凝土进行凿毛并清洗处理,要挂网的还须植筋布筋处理。③表面粘贴法是指用黏接剂把钢板或碳纤维等粘贴在混凝土裂缝的表面封闭裂缝的修补方法,在粘贴之前要对混凝土作平整处理并清洗干净,粘贴之后施加一定的压力,细心养生到规定的时间,对于粘贴钢板还要在钢板的表面涂上防腐保护层。④凿槽嵌补是沿混凝土裂缝凿一条深槽,然后在槽内嵌补各类黏结材料的一种修补方法,黏结材料有沥青、环氧树脂、水泥砂浆以及甲凝(甲基丙烯酸脂类化学补强剂)等。

压力灌浆是施加一定的压力,将浆液材料灌入结构物内部裂缝中去,在浆液材料凝结硬化后,便可达到完全封闭裂缝,恢复并提高结构构件强度、耐久性和抗渗性能的一种修补方法,压力灌浆法是一种较为彻底的裂缝修复方法,各类化学浆液材料也是发展很快,但其施工工艺要求较高,成本相对较高。具体的施工过程为:先清查裂缝的部位与走向等,在裂缝的恰当位置埋设灌浆嘴,并布置一定量的出气孔,然后封闭裂缝表面防止浆液材料流失,之后对裂缝进行压水或压气清洗并检查裂缝的封闭情况,最后实施灌浆工作,并在浆液材料固化之后清理混凝土表面使之平整。

1)混凝土裂缝处理

桥梁裂缝须根据检测报告内容进行全面处理,需处理的裂缝包括:

(1)主桥纵向裂缝、横向裂缝、竖向裂缝。

(2)主塔竖向裂缝、纵向裂缝。

(3)桥墩环向裂缝、竖向裂缝。

(4)检测报告中及现场发现的其他裂缝。

裂缝处理原则如下:

(1)主梁顶板裂缝宽度$\delta \geqslant 0.10$mm时注浆封闭并粘贴碳纤维布加固,小于0.10mm时裂缝表面封闭处理。

(2)其他位置裂缝宽度$\delta \geqslant 0.15$mm时压力灌浆处理,小于0.15mm时裂缝表面封闭处理。

2)混凝土缺陷修补

桥梁混凝土缺陷须根据检测报告内容进行全面处理,需处理的主要混凝土缺陷包括:

(1)主梁混凝土破损、蜂窝、麻面、渗水析白、钢筋锈胀等。

(2)主塔和桥墩混凝土破损、蜂窝、麻面、渗水析白、钢筋锈胀等。

(3)检测报告中及现场发现的其他缺陷。

混凝土缺陷处理原则如下：

(1)浅层缺陷：小范围蜂窝、孔隙、麻面、表层混凝土破损及剥落等缺陷。

(2)清除表层缺陷后，用聚合物砂浆(混凝土)修补。

(3)深层缺陷：大的蜂窝、空洞、大范围混凝土破损等缺陷。清除缺陷后，用环氧砂浆(混凝土)修补。若钢筋锈胀并导致混凝土保护层崩裂时，应对钢筋进行除锈处理，并在钢筋周边混凝土界面上涂刷阻锈剂。

混凝土缺陷处理工艺流程见图3-55。

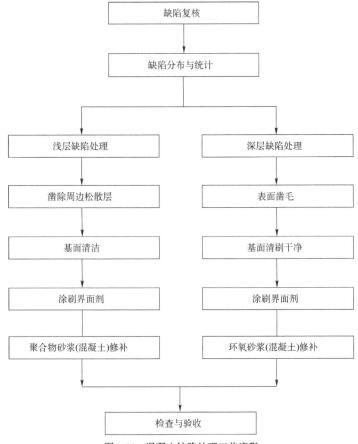

图3-55　混凝土缺陷处理工艺流程

3.6.2　吊索锚固牛腿部位裂缝处理

1)裂缝灌浆

(1)施工工艺。

裂缝化学灌浆采用灌浆法施工，灌浆时将裂缝构成一个密闭空腔，预留进出口，借助专用灌浆泵(灌缝器)将浆液压入缝隙并使之填满。灌浆施工工艺流程如图3-56所示。

(2)注意事项。

①表面打磨。用磨光机或钢丝刷等工具，清理裂缝表面的灰尘、白灰、浮渣及松散层

等污物;然后用毛刷蘸丙酮、酒精等有机溶液,将裂缝两侧20~30mm处擦洗干净并保持干燥。

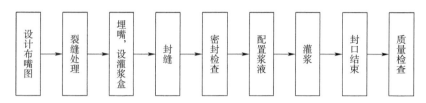

图3-56 灌浆工艺流程图

②粘贴注浆口及封闭裂缝表面。注浆口的间距以20~40cm为宜,每一道裂缝须至少各有一个进浆口和一个排气孔,在裂缝交叉处、较宽处、端部、裂缝贯穿处以及钻孔内均应埋设注浆嘴。注意注浆口必须对中,保证导流畅通,注浆口应粘贴牢靠。

③裂缝表面封闭。为使混凝土缝隙完全充满浆液,并保持压力保持浆液不大量外渗,必须对已处理过的裂缝(除孔眼及注浆口外)表面用环氧浆液沿裂缝走向均匀涂刷两遍进行封闭,形成封闭带,宽度为6~8cm。

④压气试验。环氧封闭带硬化后,须进行压气试验,以检查封闭带是否封严。对于竖向裂缝,试气方向为从下向上,斜向裂缝为由低处向高处进行。

⑤灌浆操作。灌浆可由低处向高处进行。从一端开始压浆后,在另一端的灌浆嘴排出裂缝内的气体后,可停止压浆,然后封堵灌浆嘴。

⑥质量检查。灌浆结束后,应检查质量,发现缺陷及时补救,确保工程质量。

2)粘贴高强玻璃纤维布

(1)混凝土表面处理:混凝土表面应打磨平整,除去表面浮浆、油污等杂质,直至完全露出结构新层面,并保持干燥。粘贴处阳角应打磨成圆弧状,阴角以修补材料填补成圆弧倒角,圆弧半径不应小于25mm。

(2)配制并涂刷底层树脂。

按有关要求配制底层树脂,涂刷应薄而均匀,钢筋及凹凸不平等难于涂刷部位须反复涂刷,但涂刷底层树脂厚度不得超过1mm。

(3)找平材料配制并对不平整处进行处理。

树脂涂刷后30~60min,待基层中气泡清除后,对混凝土表面部位进行找平,并对拐角的地方进行圆弧处理,处理完成后将混凝土表面清理干净并保持干燥。

(4)浸渍树脂或粘贴树脂的配制与涂刷。

按照产品说明要求配制浸渍树脂或粘贴树脂。

(5)粘贴纤维布。

按设计要求的尺寸裁剪好布材,粘贴于指定部位。用特制的滚筒沿同一纤维方向从一端向另一端滚压,反复滚压操作,挤除气泡,并使浸渍树脂或粘贴树脂充分浸渍纤维布,滚压时不得损伤纤维材料。

(6)表面防护。

面漆颜色应与混凝土表面颜色保持一致,具体防护体系见表3-19。

纤维布表面防护体系 表3-19

涂层	涂层名称	道数	膜厚
表面浸渍树脂	—	—	—
腻子	环氧高强腻子	1	0.5~1mm
中间漆	环氧树脂漆	2	$2 \times 100(\mu m)$
面漆	氟碳面漆	2	$2 \times 40(\mu m)$

3.6.3 桥面铺装更换

桥面铺装层直接承受着行车荷载的作用,且要能够防止雨水下渗对桥梁主体结构造成腐蚀,因此,桥面铺装层性能的优劣对整个桥面影响巨大。我国桥面铺装大多采用沥青混合料铺装,但是随着通车年限的增加,国内已建成通车的水泥混凝土桥面沥青铺装层普遍出现了一系列病害。因此,混凝土桥面沥青铺装结构设计、性能指标及施工质量控制等方面仍有继续深入研究的空间。

铲除桥面铺装层,可以使主梁恒载变轻,结构受力有利,特别是主梁跨中下缘应力有改善。但是,斜拉索更换作业时,桥上工作车辆及设施会对桥面铺装产生损伤,因此,桥面铺装更换建议放在斜拉索更换工序之后。

3.6.4 支座更换

支座损坏的原因主要有:设计时缺乏足够的考虑,主要表现在型式的选定与布置不合理,材料选择不合理,支座边缘距离不足,支座支承垫块强度不足,对螺栓、螺母等的脱落估计不足;其次是施工制作时不完备,支座材料质量管理不够,质量较差,支座的金属部件防腐、防锈处理不到位;再次,支座维修管理不善,滑动面、滚动面上夹杂异物、泥尘砂石,因防水、排水装置的缺陷,向支座漏水、溢水使支座锈蚀,螺栓、螺母松动、脱落,又没有得到及时修理;最后还有其他的一些因素,例如桥墩、桥台产生不均匀沉降、倾斜、水平变位以及上部结构位移,影响支座的正常使用。

支座的维修加固工作是在详细检测的基础上实施的,其中包括养护与维修加固工作。支座的养护工作内容为:使支座各部分保持完整、清洁,定期清除杂物,冬季清除集雪和冰块;为了防锈,在支座的各金属部件上涂漆保护;对固定支座应检查锚栓坚固程度,支承垫板要平整紧密,及时拧紧接合螺栓等。支座的维修加固工作是在支座有缺陷或出现故障时实施维修和更换措施,滑动面、滚动面不平整,轴承损坏时须更换,梁支点承压不均匀时应进行调整,支座座板翘曲断裂时须更换,橡胶支座老化变质的须更换维修。

以夷陵长江大桥换索工程为例,本次维修对主桥竖向支座进行更换,原桥除中塔(4号塔)、梁固结外,其他墩台处均设置盆式支座。考虑到支座更换和斜拉索更换过程中主梁可能发生的较大转角,本次拟采用大转角球型钢支座替换原小转角盆式支座。

3.6.5 防护涂装

以夷陵长江大桥换索工程为例,本次维修在完成各项病害处理后对大桥进行防护涂装。根据《混凝土桥梁结构表面涂层防腐技术条件》(JT/T 695—2007),本次涂装设计按照大气腐蚀环境Ⅱ级(中腐蚀)、浸水区腐蚀环境Im1(淡水)考虑,采用长效型(H)涂层体系,并根据现场实际情况对体系进行调整。

(1)主塔和桥墩根据结构位置不同,分为大气区涂装及主塔水位变动区和浪溅区涂装。

(2)对于主塔和桥墩原涂层整体性能无明显缺陷的部分,对表层整体进行拉毛处理,去除面漆层后重新涂装氟碳面漆。

(3)对于主塔和桥墩外表面局部位置涂装开裂、锈点、剥落等病害位置,去除原涂层后重新涂装。

(4)主桥和南引桥的梁部结构如梁底、防撞墙等涂装体系按表3-20及表3-21执行。原涂层整体性能无明显缺陷的部分,对表层整体进行拉毛处理,去除面漆层后按表3-21重新涂装聚氨酯面漆。

主塔和桥墩防护涂装范围与涂层体系 表3-20

涂装位置	涂装范围	配套涂层名称	厚度(μm)	道数
大气区	无明显缺陷部分	4F型氟碳面漆	60	2×30
	涂装存在病害位置	环氧封闭漆	50	1×50
		环氧树脂漆	100	2×50
		4F型氟碳面漆	60	2×30
主塔水位变动区和浪溅区	无明显缺陷部分	4F型氟碳面漆	70	2×35
	涂装存在病害位置	环氧封闭漆	50	1×50
		环氧树脂漆	160	2×80
		4F型氟碳面漆	70	2×35

梁部防护涂装范围与涂层体系 表3-21

涂装位置	涂装范围	配套涂层名称	厚度(μm)	道数
大气区	无明显缺陷部分	聚氨酯面漆	80	2×40
	涂装存在病害位置	环氧封闭漆	50	1×50
		环氧树脂漆	100	2×50
		聚氨酯面漆	80	2×40

3.6.6 伸缩装置更换

斜拉桥主梁在温度变化、混凝土的徐变和干燥收缩、荷载的作用等因素影响下,会引起梁端变形,为了使主梁自由变形,常在梁端设置伸缩装置。斜拉桥常用的支座有滑板式、梳齿式、橡胶板式以及组合伸缩装置等。伸缩装置暴露在桥址自然环境中,直接承受车辆荷载的反复作用,容易损坏,是桥梁的薄弱环节。伸缩装置产生缺陷的原因是多方面的,主要是设计考虑不周、所用材料质量达不到要求、运营条件恶劣、施工不善以及运营中维护不善等。伸缩装置常见的缺陷有:伸缩装置中填充杂物,不能自由变形,金属部件锈蚀阻碍伸缩变形,伸缩装置两侧出现高差、引起行车不适,锚固件破损、锚固螺栓松脱等。斜拉桥因其跨径大,伸缩装置对主梁的受力状况影响较大,为保持斜拉桥伸缩装置的正常使用功能,应加强伸缩装置的检测与维修工作,发现问题要及时修缮或更换。

以夷陵长江大桥换索工程为例,原桥伸缩装置处采用模数式伸缩装置,在0号墩、8号台处设置XFⅡ-560-A2型伸缩装置,本次维修综合考虑现场施工条件、装置变形能力、行车安全、工程造价等因素,更换为560型模数式伸缩装置,其构造如图3-57所示。

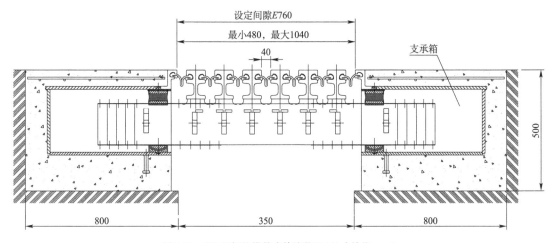

图3-57 560型栅格模数式伸缩装置(尺寸单位:mm)

3.6.7 排水系统维修

以夷陵长江大桥换索工程为例,对排水系统维修进行示例。

(1)对全桥排水管进行更换,将铸铁管更换为耐久性更好的不锈钢无缝钢管,外径为168mm,厚4.5mm,长55cm。

(2)更换锈蚀破坏的雨水箅子。

(3)主梁翼缘板新增铝合金角钢滴水檐,预埋锚栓采用不锈钢锚栓。

(4)在泄水管与护栏底座侧墙间设纵向螺旋排水管,材质为304不锈钢,螺旋排水管两端接入相邻的泄水管中。螺旋管需符合《普通圆柱压缩弹簧》(GB/T 2089—2009)的相关技术要求。排水管布置如图3-58所示。

(5)不锈钢泄水管与桥面、孔壁间填塞防水密封膏进行防水处理。密封膏材料性能满足《建筑构件连接处防水密封膏》(JG/T 501—2016)的相关规定。

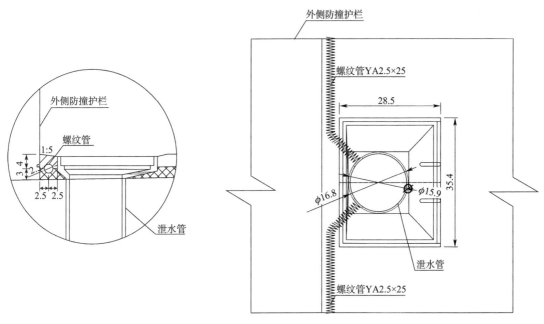

图 3-58　螺旋排水管布置(尺寸单位:cm)

本章参考文献

[1] 王文涛.斜拉桥换索工程[M].北京:人民交通出版社,2003.
[2] 范哲.大跨斜拉桥有限元模型修正与结构损伤监测方法研究[D].大连:大连理工大学,2013.
[3] 袁爱民.基于灵敏度分析的有限元模型修正技术若干关键问题研究[D].南京:东南大学,2006.
[4] 张方.大跨度预应力混凝土梁桥时变性能及分析方法研究[D].成都:西南交通大学,2011.
[5] 乔长江.预应力混凝土斜拉桥换索技术研究[D].武汉:华中科技大学,2010.
[6] 蒋伟平.斜拉桥换索理论及其技术问题的研究[D].成都:西南交通大学,2003.
[7] 胡立楷.不中断交通条件下斜拉桥换索影响参数分析[D].重庆:重庆交通大学,2019.
[8] 余睿.系杆拱桥换索的优化研究[D].长沙:长沙理工大学,2019.
[9] 甘林坤.涪陵长江大桥换索顺序研究[D].重庆:重庆交通大学,2013.
[10] 王宇飞.基于静动力有限元模型修正的混凝土斜拉桥换索方案研究[D].宜昌:三峡大学,2023.
[11] 贾蝶.基于荷载试验的斜拉桥有限元模型修正与力学状态评估[D].重庆:重庆交通大学,2020.
[12] 王江鸿,王修山,阳春龙.汕头海湾大桥试验吊索更换工程施工和监控[J].公路与汽运,2015,171(6):172-177.

[13] 樊小林,邹国庆,刘华,等.某特大跨度悬索桥吊索更换与受力性能分析[J].公路工程,2023,3:49-55,115.

[14] 刘卫军,唐茂林,许博文.某悬索桥吊索更换方案及桥面标高调整技术研究[J].世界桥梁,2023,2:104-110.

[15] 邱凯.超长服役期钢斜拉桥拉索体系性能评估及加固关键技术研究[D].济南:山东大学,2022.

[16] 陈云峰.双塔双索面混凝土斜拉桥换索技术研究[D].重庆:重庆交通大学,2012.

[17] 傅松.铜陵长江公路大桥索体更换关键技术研究[D].南京:东南大学,2018.

[18] 刘伦.斜拉桥换索工程中温度效应对施工控制的影响分析[D].长沙:长沙理工大学,2016.

[19] 蒋伟平,李亚东,徐俊.斜拉桥换索设计方法探讨[J].结构工程师,2010,2:57-62.

[20] 邹力,彭旭民,位东升.平行钢绞线斜拉索等值张拉力精确计算方法[J].重庆交通大学学报(自然科学版),2015,2:7-9,44.

[21] 李国平,黎金星.基于无应力长度目标的平行钢绞线斜拉索张拉方法[J].中国公路学报,2017,2:48-56.

[22] 乔禹.大跨径斜拉桥同步顶升支座更换施工技术分析[J].安徽建筑,2023,8:26-27,98.

[23] 柴增铧.大跨度三塔斜拉桥结构体系研究[D].北京:北京工业大学,2020.

[24] 贺正龙.钢绞线斜拉索索力控制研究[D].长沙:湖南科技大学,2019.

[25] 彭涛.混凝土斜拉桥有限元模型修正与运营期时变效应研究[D].长沙:长沙理工大学,2018.

[26] 杨莹.大跨径预应力混凝土连续刚构桥长期下挠因素影响分析[D].西安:长安大学,2019.

[27] 文导.基于新旧规范大跨度斜拉桥收缩徐变效应影响分析[D].长沙:长沙理工大学,2019.

[28] 孟晓龙.大跨预应力混凝土连续刚构桥收缩徐变效应分析[D].重庆:重庆交通大学,2019.

[29] 黎小刚.大跨度轨道混凝土斜拉桥线形演化与控制方法研究[D].重庆:重庆交通大学,2019.

[30] 程树铭.基于全寿命周期混凝土斜拉桥结构效应分析及合理成桥状态修正[D].西安:长安大学,2021.

[31] 杨虎.考虑时变因素的预应力混凝土斜拉桥结构状态预测[D].宜昌:三峡大学,2023.

[32] 姜军.预应力混凝土斜拉桥检测评估与加固技术研究[D].成都:西南交通大学,2002.

[33] 邵峰.斜拉桥换索施工过程中的强健性分析[D].重庆:重庆交通大学,2020.

[34] 张磊.大跨径斜拉桥桥面线形调整技术研究[D].重庆:重庆交通大学,2015.

[35] 杨金洁.不中断交通条件下斜拉桥换索索力优化及调整[D].重庆:重庆交通大学,2020.

换索工程施工

4.1 换索施工概述

缆索支撑桥梁(斜拉桥、悬索桥、拱桥等)因其具有跨越能力大、结构受力合理、材料利用高经济合理以及造型美观等特点被广泛应用。然而,随着营运时间的增长,缆索(斜拉索、吊索、吊杆等)作为桥梁的重要承重构件,因长期暴露在自然环境中,受到风、雨、雪、日晒等自然因素的侵蚀,材料性能逐渐下降,甚至出现老化和其他不可避免的病害现象,致使桥梁结构存在一定的安全隐患,需要及时更换。本章节详细阐述斜拉索更换施工及悬索桥吊索、拱桥吊杆更换技术。

4.2 换索施工准备

4.2.1 施工平台建设

缆索支撑桥梁吊索更换应保障通往拉索、吊杆等张拉端、固定端的施工通道及其作业平台安全畅通,一般主梁在桥梁纵向会设置一定数量的人孔,主塔内部布设钢质"Z"字形步梯和直行爬梯,甚至一些桥梁为便于维养方便,上塔柱内部安装有特种电梯,梁外设置检修小车。

(1)施工通道维护。

在换索施工前,须整理加固已有的步梯、爬梯、检查小车,移除障碍物,对锈蚀破损的部位进行焊接加固;安排专业人员对电梯性能进行检测维护;为塔内、梁外张拉端和固定端倒运换索工机具设施、人员进出创造条件。

(2)施工作业面整理。

清理塔内、梁内或锚箱内垃圾、废黄油和其他易燃物品,将塔顶、塔内易坠落伤人的活动物体紧固在固定部件上或运出塔外。

(3)安装照明设施。

根据塔内、梁外或锚箱处施工机具工作功率,布置专用动力电缆,满足施工需要,对于斜拉桥同时在塔内利用原有照明电线或专门牵设一条照明专用线,连接灯带,用于塔内照明。如施工需要可每隔一层楼梯安装一盏加装防爆灯罩的节能灯。

(4)机具材料倒运。

以夷陵长江大桥为例,主塔斜拉索锚固区均位于上塔柱,主塔中横梁中心设置有 0.8m×1.0m 吊装孔,上塔柱在最长索与第二最长索之间均安装型钢平台,并设有导轨式电梯,电梯上下口均配置吊装孔;施工期间桥面行车道、人行道封闭。

主塔机具材料倒运:上塔柱既有型钢平台以下施工材料通过中横梁和电梯预留吊装孔分批按照荷载要求完成机具材料运输;

主梁机具材料倒运:梁内材料机具主要为锚头、螺母、垫环等,其中较重的锚头由桥面索导管口通过倒链运送至梁内,其他小型机具材料由就近人孔人工搬运。

4.2.2　旧索锚固系统参数复核

(1)利用既有梁内、塔内平台,组织专业技术人员对全桥张拉端、固定端锚杯、螺母、锚垫板、锚固螺母丝扣规格、钢绞线外露尺寸、HDPE管防水罩等数据进行通测,形成记录表,以便后续方案设计查阅。

(2)复核原施工设计竣工图数据,调查新索与旧索锚固构造匹配情况,按照实测数据指导制作工作锚具、连接头、长张拉杆、短张拉杆、连接头等工具。

(3)检查锚栓螺纹外观质量,测量锚栓直径、丝杆外路长度及螺纹尺寸。

在现场调查时,首先检查吊索体系中锚栓螺纹的外观质量,观察螺纹是否完好,如发现有螺纹因擦碰等原因损伤或锈蚀严重的情况,则应记录吊索的位置和编号,统计螺纹损伤和锈蚀的数量。根据吊索更换次序,安排吊索锚栓清洗除锈和简单修复的计划。在每一根锚栓更换施工前,做好螺纹清洗除锈和简单修复的工作,以便锚栓的锚固螺母在卸载后能够顺利退出。

(4)测量锚栓的直径,与设计文件比较,核实无误再制作连接套筒。

统计锚栓螺纹外露长度。在采用接长螺杆法换吊索时,在保证外露螺纹旋进连接套筒内长度后,应保证螺纹外露长度大于吊索卸载后的钢丝绳回缩量。

(5)桥梁运营多年后,吊索现场实际长度可能与竣工资料存在一定偏差,在工厂对钢绞线下料制索前,利用红外线测距仪对现场恒定荷载下的吊杆实际长度进行测量并记录对应温度。为确保测量基础数据的准确性,在红外线测距仪测量后,利用全站仪进行校核。

(6)吊索测量锚板至风嘴底距离,做好登记并统计,为后续定制千斤顶、张拉螺杆提供数据支持。测量锚板开孔直径,做好记录,为新索锚杯直径提供依据。

4.2.3 监控测量体系搭建

(1)应由具备相应资质的第三方监控单位编制施工监控专项方案,监控测量体系如图4-1所示。

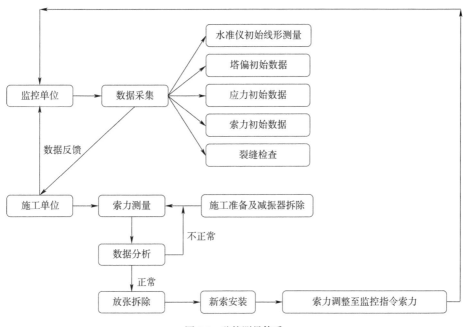

图 4-1 监控测量体系

(2)在施工前选取相对稳定、自身高程或平面坐标不易发生变化的点作为测量基准点,建立相对平面和高程坐标体系,以利施工过程中的线形监控。

(3)在需要监控的主梁上斜拉索锚固位置、跨中、主塔塔顶四角布置测点,并用颜色醒目、不易褪色的红油漆做好标记。

(4)换索施工前(铣刨前),由业主委托第三方监控单位对全桥斜拉索索力和主梁高程线形进行一次复测,以此作为施工监控及确定最终索力的依据。

(5)调索前将全桥索力、高程、结构(尤其是主梁)应力初始化测量准确、清楚,结果校核无误。

(6)索力测试和线形测试应该在晚间进行,尽量避免和减少日照温度变化对换索控制的影响。

(7)如果在半幅中断交通的情况下进行缆索吊索更换,应在吊索长度及索力测量前将压差式位移传感器布设在桥梁跨中和四分之一点等关键部位,对桥梁在汽车活载及温度作用下的初始状态进行连续观测,收集移动荷载和温度作用下桥面线形变化量,为后期的监控实施方案提供依据。

(8)吊索更换前,测量恒定荷载状态下各吊索所处位置桥面及钢梁顶高程,作为施工中高程控制的基准值,并对现有的主缆线形进行测量。

(9)对于梁底锚固位置,在梁下测量锚板位置至梁面距离,考虑锚杯长度。根据新制吊索钢绞线的实测弹模、断面规格以及温度影响确定钢丝绳无应力长度,作为下料长度。

4.2.4 资源配置

1)机具配置

在缆索支撑桥梁换索工程中,施工机具的投入和使用对于工程的顺利进行至关重要。下面详细介绍在换索工程中所需的主要施工机具及其使用要点。

①缆索张拉设备:用于放张及张拉新缆索,确保其达到设计要求的预应力状态。这类设备通常包括张拉千斤顶、油泵和控制系统。

②缆索切割设备:用于旧缆索的切割和新缆索的裁剪,应选用高精度、高效率的切割机械,以确保切割面的平整和精准。

③吊装设备:包括卷扬机、汽车起重机等,用于缆索和其他材料的吊装作业。

④运输设备:如平板车、叉车等,用于在施工现场运输材料和设备。

⑤检测设备:包括索力测试仪、位移监测仪等,用于对施工过程中的缆索张力和桥梁变形进行实时监测。

⑥辅助工具:如手拉葫芦、钢丝绳、卡环等,用于辅助施工过程中的各种作业。

施工机具使用要点如下:

①安全检查:所有施工机具在使用前必须进行严格的安全检查,确保其性能良好,无安全隐患。

②操作规范:操作人员必须熟悉机具的性能和操作方法,严格按照操作规范进行作业,避免误操作导致安全事故。

③维护保养:定期对施工机具进行维护保养,确保其处于良好的工作状态,延长使用寿命。

④合理选型:根据工程需求和现场条件,合理选择施工机具的型号和规格,以提高施工效率和安全性。

⑤记录与管理:对施工机具的使用情况进行详细记录,包括使用时间、操作人员、维护情况等,以便于管理和追溯。

通过合理选择和使用施工机具,可以确保缆索支撑桥梁换索工程的顺利进行,提高施工效率和质量,同时保障施工安全。在实际施工过程中,还应根据具体情况灵活调整机具的使用策略,以适应不同的施工环境和需求。

以夷陵长江大桥为例,斜拉索按照"三塔同步、单塔对称"的更换宗旨进行施工,基于此,结合方案设计,每塔布置6台JM5卷扬机、2台JM3卷扬机、1台JM1卷扬机,形成起重牵引系统。

2)材料投入

合理的材料投入是确保工程质量和进度的关键因素。

(1)主要材料。

①缆索材料:包括新斜拉索、吊杆等,这些材料需具备高强度、耐腐蚀等特性,以确保桥

梁的安全和稳定性。

②连接件与固件:用于连接和固定缆索的各种部件,如锚具、夹具等,这些部件应具有良好的力学性能和耐久性。

③防护材料:用于保护缆索免受环境侵蚀的材料,如防锈漆、防腐涂料等。

④施工辅助材料:包括施工所需的临时设施材料、安全防护用品等。

(2)材料投入策略。

①质量把控:在采购材料时,应严格把控质量关,确保所有材料均符合相关标准和规范。对于关键材料,应进行质量抽检,确保其性能达标。

②合理储备:根据施工进度计划,合理储备所需材料,避免因材料短缺而影响工程进度。同时,要避免过度储备造成的资源浪费。

③环保与可持续性:在选择材料时,应优先考虑环保、可回收或可降解的材料,以减小工程对环境的影响。

④材料管理:建立完善的材料管理制度,包括材料的采购、验收、存储、发放等环节,确保材料的合理使用和管理。

夷陵长江大桥斜拉索更换项目拟投入材料见表4-1。

夷陵长江大桥斜拉索更换项目拟投入材料　　　　表4-1

序号	项目名称	材料规格	单位	数量	备注
1	斜拉索(组件)	钢绞线	塔	3	含智能索、减振装置、锚具等
2	防护棚架	钢结构	套	6	
3	塔顶吊架	钢结构	套	3	中塔、边塔结构不同
4	塔外吊篮	ZL630	套	3	
5	塔内施工平台	脚手架	套	3	
6	交通疏解设施	—	套	2	
7	施工围挡	标准化	项	1	全桥封闭

3)劳动力配置

(1)配置原则。

①合理性原则:根据工程规模、施工进度和技术要求,合理配置不同工种和技能的劳动力,确保各项任务得到有效执行。

②灵活性原则:随着工程进度的推进,及时调整劳动力配置,以满足不同阶段的施工需求。

③安全性原则:确保劳动力配置符合安全生产要求,避免因人力不足或过剩而引发的安全风险。

(2)劳动力配置最佳实践。

根据施工进度计划,制定详细的劳动力计划,明确各阶段所需劳动力的工种、数量和技能要求。为确保工程的连续性和稳定性,应建立劳动力储备机制,以应对突发情况或施工进度调整。定期对劳动力进行技能培训和安全教育,提高其专业技能和安全意识。

4)施工总平面布置

施工总平面布置是缆索支撑桥梁换索工程中的重要环节,关系到施工现场的整体规划和布局,直接影响施工的效率和安全。

(1)布置原则。

①安全性原则:确保施工现场的安全是首要考虑的因素。布置时应遵循安全规范,预防潜在的安全风险。

②功能性原则:根据施工需要,合理划分不同功能区域,确保各项施工活动能够有序进行。

③效率性原则:优化布置,减少材料、设备和人员的运输距离,提高工作效率。

④灵活性原则:考虑到施工过程中可能的变化,布置应具有一定的灵活性,便于调整。

(2)布置内容。

①施工区域划分:根据施工流程,将施工现场划分为不同的区域,如材料堆放区、加工区、作业区、办公区和生活区等。

②水电布置:规划施工现场的供水和供电系统,确保施工用水用电的安全和便利。

③道路与交通布置:规划施工现场的道路系统,确保施工车辆和机械设备的通行顺畅,同时设置交通标志和警示设施。

(3)注意事项。

①符合规范要求:施工总平面布置应符合国家和地方的施工安全规范、环保法规等要求。

②考虑环境因素:布置时须考虑风向、雨水排放等环境因素,确保施工现场的环境整洁和作业条件良好。

③与施工进度相协调:施工总平面布置应与施工进度计划相协调,随着施工的推进进行必要的调整。

④充分利用空间:在有限的施工现场内,应充分利用空间,避免资源浪费。

4.3 施工组织设计文件编制

在缆索支撑桥梁换索工程中,编制详细的施工组织设计文件是确保施工顺利进行的关键步骤。该文件应全面覆盖施工过程中的各项技术、安全、质量及进度管理要求,并为现场施工提供具体指导。

4.3.1 概述

施工组织设计文件需结合工程特点、技术难点、施工环境等因素,明确施工目标、原则、

方法及措施。以夷陵长江大桥斜拉索更换工程为对象,施工组织设计重点应考虑以下几点:
①施工目标:确保施工安全、质量、进度和环保目标全面达成。
②施工原则:遵循"安全第一、质量为本、科学组织、文明施工"的原则。
③施工方法:结合桥梁结构特点和现场条件,确定合理的换索施工顺序和关键技术措施。
④施工措施:包括人员配置、机具准备、材料供应、安全保障、应急预案等方面的具体安排。

4.3.2 施工进度计划

根据工程规模和施工难度,制定详细的施工进度计划,明确各阶段的任务、时间节点和责任主体。施工进度计划应考虑天气、交通管制、材料供应等不确定因素的影响,并制定相应的应对措施。

4.3.3 施工工艺技术

按施工工序逐项介绍具体的施工方法,包括施工前的准备工作、工序施工工艺流程、施工顺序、相关示意图、相关技术参数、主体结构及辅助材料的进场检查要求、临时结构使用安全要求、质量验收标准、施工控制要点及注意事项、常见问题的预防措施等。

4.3.4 质量保证措施

为确保换索施工质量,应制定严格的质量保证措施,主要包括:
①原材料质量控制:对缆索、锚具、连接件等关键材料进行严格检验和验收。
②施工过程监控:加强施工过程中的质量监控和检验,确保每道工序符合规范要求。
③质量检查与验收:对完工的缆索进行全面检查和验收,确保其性能和质量满足设计要求。

4.3.5 安全生产与文明施工

安全生产和文明施工是施工组织设计中不可或缺的内容。应制定详细的安全生产责任制和应急预案,确保施工过程中的安全;同时,加强施工现场管理,保持环境整洁,做到文明施工。

4.3.6 工程实例

一般而言,斜拉索更换、吊杆更换工程均属于危险性较大的分部分项工程,因此,其施工组织设计(方案)须按照《危险性较大的分部分项工程安全管理规定》(住房和城乡建设部令 2019 年第 47 号)相应章节进行编制。以下列举某斜拉桥斜拉索更换工程施工组织设计(方案)大纲,如图 4-2 所示,吊索更换类似,不再赘述。

第1章　工程概况	4.3.1　施工前准备
1.1　地理位置	4.3.2　工序工艺流程
1.2　桥梁结构	4.3.3　施工工艺
1.2.1　总体布置	4.4　斜拉索安装施工
1.2.2　斜拉索	4.4.1　施工准备
1.2.3　主梁	4.4.2　工序工艺流程
1.2.4　主塔	4.4.3　施工工艺
1.2.5　桥墩	4.5　施工平台搭建
1.2.6　支座	4.5.1　防护棚架
1.2.7　桥面系	4.5.2　塔顶吊架
1.3　桥梁编号与构件划分	4.5.3　塔内脚手平台
1.4　桥梁病害	4.5.4　塔外吊篮
1.5　主要工程数量表	4.5.5　可提升式型钢平台
1.6　施工条件	4.5.6　质量验收
1.6.1　周边环境条件	4.6　相关技术参数
1.6.2　地质气象水文条件	第5章　施工安全保证措施
1.7　工程重难点及相应解决措施	5.1　组织保证措施
1.7.1　重难点分析	5.1.1　安全管理目标
1.7.2　相应解决方案	5.1.2　管理组织机构
第2章　编制依据	5.1.3　安全质量管理保证体系
2.1　编制范围	5.2　技术保证措施
2.2　编制依据	5.2.1　安全保证措施
2.2.1　设计图纸及合同	5.2.2　质量保证措施
2.2.2　相关法律、法规、规范性文件、标准、规范	5.2.3　文明施工保证措施
2.3　编制原则	5.2.4　环境保护措施
第3章　施工计划	5.2.5　季节施工保证措施
3.1　施工进度计划	5.3　监控监测保证措施
3.1.1　总体施工顺序	第6章　施工管理及作业人员配备和分工
3.1.2　关键线路	6.1　施工目标要求
3.1.3　关键节点控制	6.2　施工组织机构
3.2　材料配置计划	6.2.1　组织机构框图
3.3　设备工装配置计划	6.2.2　组织机构职责
3.3.1　进退场原则	6.2.3　组织管理制度
3.3.2　进退场计划	6.3　施工场地布置
3.3.3　配置计划	6.4　管理及作业人员配置
第4章　施工工艺技术	第7章　验收要求
4.1　总体施工概述	7.1　验收程序
4.2　总体工艺流程	7.2　验收内容及标准
4.3　斜拉索拆除施工	7.3　验收人员

图 4-2

4 换索工程施工

第8章　应急处置措施	9.1.5　卷扬机吊装工况计算
8.1　应急组织机构及职责	9.1.6　旧索整体放张工装结构计算
8.2　应急响应程序	9.1.7　可提升式型钢平台受力验算
8.3　应急物资设备准备	9.1.8　受力状态下斜拉索拆除验算
8.4　应急处置方案	9.1.9　塔顶吊架拆除验算
8.4.1　高处坠落应急处置措施	9.2　相关施工图纸
8.4.2　机械伤害应急处置措施	附图1：总体平面布置图
8.4.3　突发性触电火灾应急处置措施	附图2：桥面防护棚架布置图
8.4.4　起重吊装应急处置措施	附图3：中塔塔顶吊架布置图
8.4.5　斜拉索安拆应急处置措施	附图4：边塔塔顶吊架布置图
8.4.6　安全事故救护单位	附图5：塔内脚手平台布置图
第9章　计算书及相关施工图纸	附图6：边塔塔内可提升式型钢平台布置图
9.1　计算书	附图7：塔外吊篮悬吊支架布置图
9.1.1　防护棚架结构计算	附图8：旧索整体放张工装布置图
9.1.2　塔顶吊架结构计算	附图9：新索整体张拉工装布置图
9.1.3　塔内脚手平台结构计算	附图10：单根张拉布置图
9.1.4　塔外吊篮悬吊支架结构计算	附图11：总体工期横道图

图4-2　施工组织设计(方案)大纲目录

4.4　临时设施设计

4.4.1　概述

在缆索支撑桥梁换索工程中，施工临时设施的设计对于保障施工顺利进行、提高工作效率及确保施工安全具有重要作用。

1) 设计原则

①安全性原则：临时设施的设计应首先考虑安全性，确保结构稳定，能够承受预期的施工荷载，并防止因设施问题导致的安全事故。

②实用性原则：设施设计应符合施工实际需求，提供必要的工作空间、存储空间和通道，便于施工人员操作和材料设备的运输。

③经济性原则：在满足安全性和实用性的前提下，应尽量降低设施成本。

④灵活性原则：考虑到施工过程中可能的变化，临时设施的设计应具有一定的灵活性，便于根据施工进展进行调整或扩建。

2) 设计要点

①符合规范要求：临时设施的设计应符合国家和地方的建筑施工安全规范，确保设施的安全性和合规性。

②考虑环境因素:在设计过程中应充分考虑风、雨、雪等环境因素对设施稳定性的影响,并采取相应的防护措施。

③与施工方案相协调:临时设施的设计应与整体施工方案相协调,确保设施能够满足各施工阶段的需求。

④定期检查与维护:施工期间应定期对临时设施进行检查和维护,确保其始终保持良好的工作状态。

3)主要内容

①施工平台与支撑架:根据桥梁结构和施工需要,设计稳定可靠的施工平台和支撑架系统,为施工人员提供安全的作业环境以及保证工程有序进行。

②工艺设备与固定设施:为确保缆索安装过程中的稳定性,须设计必要的工艺设备结构和固定装置,以解决相应问题和防止缆索在施工过程中发生移位或松动。

缆索支撑桥梁具体涉及的大型临时设施主要有:

(1)斜拉索更换。

①防护棚架:针对桥塔施工安全范围进行施工防护。

②塔顶吊架:主要用于塔顶材料运输、斜拉索安拆以及消防水箱布设。

③塔外吊篮:采用成品电动吊篮,具有构造简单、拆装便捷,可有效提升施工效率。

④塔内施工平台:采用(悬挑)脚手支架或可提升式型钢架作为塔内作业操作平台。

(2)吊索/杆更换。

①梁底兜吊平台:吊索底端施工作业使用。

②主缆吊挂平台:吊索顶端换索施工作业使用。

③拱圈脚手平台:利用脚手架局部围蔽形成拱上作业平台。

4.4.2 防护棚架

防护棚架主要用于保护施工区域和社会人员安全,防止高空坠物等意外事故发生,设计时应考虑棚架的承重能力、稳定性及耐久性,确保其能够满足施工需求。

1)设计要点

(1)设计原则。

①安全性原则:棚架的设计应确保施工期间的安全,能够承受预期的施工荷载,并具备足够的稳定性和抗风能力。

②实用性原则:棚架应便于施工人员操作和材料设备的运输,同时要考虑施工过程中的通行和作业空间需求。

③经济性原则:在满足安全性和实用性的前提下,应优化设计方案,降低成本,提高经济效益。

(2)结构特点。

根据结构用材和桥址环境条件,防护棚架可采用钢管组合架或者型钢等。防护棚架可采用模块化设计,便于安装、拆卸和运输,提高施工效率;根据施工需要,防护棚架的高度和宽度可进行适当调整,以满足不同施工场景的需求。

(3)材料选择。

①强度与耐久性:选用高强度、耐腐蚀的材料,以确保防护棚架的使用寿命和安全性能。

②轻量化:在满足强度和稳定性的前提下,尽量选择轻量化材料,以减小对桥面的压力。

③易加工性:材料应易于加工和连接,方便施工人员进行安装和拆卸。

(4)安全性能。

桥面主塔处防护棚架的安全性能至关重要,应满足以下要求:

①防风能力:棚架应具有足够的防风能力,确保在恶劣天气条件下仍能保持稳定。

②承重能力:棚架应能承受施工人员、设备和材料的重量,确保施工过程中的安全。

③防护措施:棚架应设置必要的安全网、护栏等防护措施,防止施工人员坠落或物体掉落伤人。

(5)使用寿命和维护保养。

为了提高防护棚架的使用寿命,应定期进行维护保养。

①定期检查:对棚架进行定期检查,确保其结构稳固、连接可靠。

②防腐处理:对钢结构棚架进行防腐处理,以延长其使用寿命。

③及时维修:发现棚架有损坏或变形时,应及时进行维修或更换损坏部件。

2)设计实例

(1)某三塔斜拉桥在斜拉索更换施工期间需要在桥塔两侧范围人行道和施工通道搭设防护棚架,采用钢管脚手支架沿桥梁纵向16.7m+7m+16.7m=40.4m、横向4.5m范围搭设通道防护棚架,长度满足《建筑施工高处作业安全技术规范》(JGJ 80—2016)中关于交叉作业坠落防护的半径要求。防护棚架顶部通过竹胶板和竹笆形成双层防护,同时竹笆顶部加铺薄铁皮,起到缓冲和防护作用,详见图4-3。

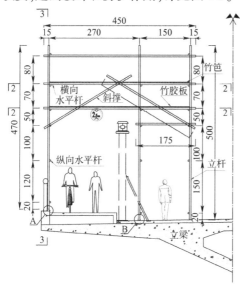

图4-3 防护棚架布置实例(一)(尺寸单位:cm)

(2)某单塔斜拉桥采用钢管、型钢及贝雷片形成临时防护棚,单塔沿桥梁纵向两侧设置,钢管下部通过锚栓锚固于桥面,如图4-4所示。

图 4-4 防护棚架布置实例(二)

4.4.3 塔顶吊架

塔顶吊架用于吊装和安装斜拉索等重型构件。设计时应根据斜拉索的规格、重量及吊装高度等因素,确定吊架的结构形式、尺寸和承重能力,并考虑其安装和拆卸的便捷性。

1)设计要点

①结构安全性:吊架必须能够承受预期的吊装荷载,并保证足够的稳定性和强度。
②操作便捷性:吊架设计应考虑施工的便捷性,方便吊装作业和材料的转运。
③适应性:吊架应能适应不同尺寸和重量的吊装物,以及不同的施工环境。
④可拆卸性:为了便于运输和存储,吊架应设计为可拆卸结构,方便组装和拆卸。

2)设计实例

(1)对称性塔顶吊架。

如图 4-5 所示,对称性塔顶吊架设计采用支撑立柱、纵梁、横梁、斜撑及吊梁形成桁片式悬吊支架,以最大斜拉索吊重 17.5t 考虑,单个塔顶沿横向布置有 4 个桁片结构。立柱底部设置锚固点,锚固通过塔顶植入化学锚栓和设置钢板形成,锚固点与纵向型钢之间横向设置槽钢连接。经有限元验算,吊架结构强度、刚度、稳定性均满足施工及设计规范要求。

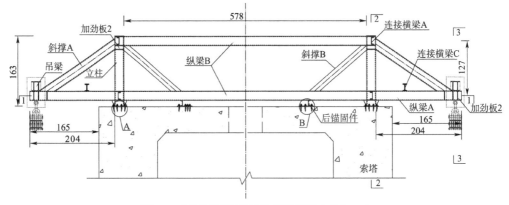

图 4-5 对称性塔顶吊架结构布置图(尺寸单位:cm)

(2)非对称性塔顶吊架。

某三塔斜拉桥边塔塔顶一侧存在既有挡土墙,为此,新制塔顶吊架采用了不对称桁架结构,即用支撑立柱、纵梁、横梁、斜撑及吊梁形成悬吊支架,各构件均采用焊接连接。立柱底部设置锚固点,锚固通过塔顶植入化学锚栓和设置钢板形成,单个立柱点布置了6根化学锚栓,如图4-6所示。

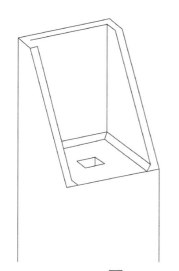

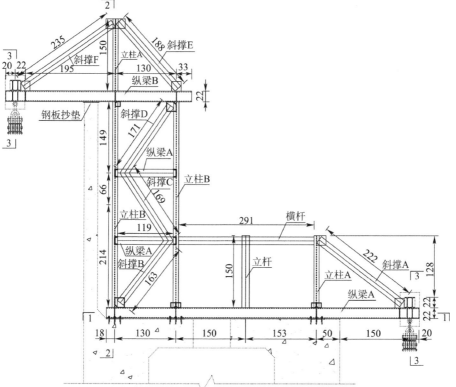

图4-6 非对称性塔顶吊架结构布置图(尺寸单位:cm)

(3)吊架安装与使用。

①安装准备:检查吊架各部件是否完好,准备必要的安装工具和材料。

②组装吊架:按照设计图纸和安装说明,逐步组装吊架的各个部件。

③固定与稳定:确保吊架在主塔塔顶固定牢靠,并检查稳定装置是否有效。

④吊装作业:在确认吊架安全稳固后,进行吊装作业,注意吊装过程中的平衡和稳定。

(4)安全注意事项。

①安全检查:在使用前,必须对吊架进行全面细致的安全检查,确保其结构完整、连接可靠。

②荷载限制:严格遵守吊架的荷载限制,不得超载使用。

③人员培训:操作人员必须接受专业培训,熟悉吊架的结构、性能及安全操作规程。

④恶劣天气应对:在恶劣天气(如大风、暴雨等)条件下,应暂停吊装作业,并采取必要的防护措施。

⑤定期检查与维护:定期对吊架进行检查和维护,确保其始终处于良好的工作状态。

4.4.4　塔外吊篮

塔外吊篮用于施工人员在高空作业时的移动和作业。这种吊篮通常由专业制造商生产,以成品形式供应,便于现场快速安装和使用。设计时应考虑吊篮的承载能力、稳定性及安全性能,确保其能够满足施工人员的作业需求,并配备必要的安全防护装置。

1)设计要点

(1)吊篮结构与组成。

①吊篮框架:采用高强度钢材焊接而成,具有足够的承载能力和稳定性。框架设计轻巧且坚固,能够适应桥梁外侧的复杂施工环境。

②吊索系统:包括钢丝绳、滑轮和固定装置等。钢丝绳具有高强度和耐磨性,确保吊篮在升降过程中的平稳性和安全性。滑轮和固定装置则用于调节和固定吊篮的位置。

③安全防护装置:包括安全网、防护栏等,用于保护工人免受意外伤害。这些装置能够有效防止施工人员从吊篮中坠落,并确保在施工过程中的人员安全。

④支撑机构:是连接吊索系统与吊篮框架的关键部件,确保吊篮在升降过程中的稳定性和安全性。支撑机构经过精心设计,能够适应不同桥梁结构和施工需求。

(2)吊篮的安装与使用注意事项。

①安装前准备:对施工现场进行详细勘察,了解桥梁结构特点和施工环境。选择合适的吊篮型号和规格,确保满足施工要求。

②安装过程:严格按照安装说明和操作规范进行安装,确保吊篮的平衡和稳定。安装完成后进行试运行,检查运行是否平稳、无异常。

③使用注意事项:在使用过程中密切关注天气情况,遇到恶劣天气及时停止施工。施工人员须佩戴齐全的安全防护用品,确保人身安全。同时,合理管理和存放施工材料,避免超载或失去平衡。

(3)吊篮的维护与检查。

施工过程中,应对吊篮进行详细的检查和维护工作,确保其处于良好的工作状态。定期检查钢丝绳、滑轮等易损件的使用情况,及时更换磨损严重的部件。同时,对安全防护装置进行定期检查和维护,确保其有效性。

2)设计实例

某三塔斜拉桥单塔南北侧对称各设置一套吊篮,如图4-7所示,吊篮由吊篮悬吊支架及成品1.6m吊篮组成,考虑安装难度,吊篮悬挑纵梁采用上下拼接结构。

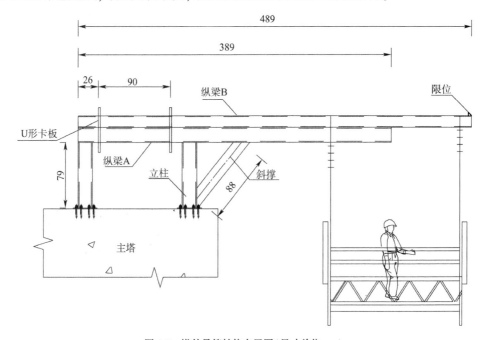

图4-7 塔外吊篮结构布置图(尺寸单位:cm)

4.4.5 塔内施工平台

塔内施工平台是施工人员进入塔内进行作业的重要设施,设计时应根据塔内空间大小、施工人数及作业内容等因素,确定平台的尺寸、布局及承重能力,并考虑其安装和拆卸的便捷性。一般来讲,塔内施工平台以(悬挑)脚手架或者可提升式钢平台两类方式为主,其中盘扣脚手架,因其结构稳定、安装便捷、承载能力强等特点而被广泛使用。

1)设计要点

(1)脚手平台(盘扣)。

①结构特点:盘扣脚手架由立杆、横杆、斜杆等组成,通过插销式连接方式确保杆件之间的牢固连接。其设计采用了圆盘和插销的结构,使得脚手架的搭建更加灵活多变,适应不同的施工需求。

②安全性能:盘扣脚手架的连接方式确保了结构的稳定性和安全性,横杆、斜杆与立杆的连接牢固,能够承受较大的施工荷载。脚手架的立杆底部通常配有可调底座,能够根据施

工地面的平整度进行调整,确保脚手架整体的稳定性。

③便捷性与高效性:盘扣脚手架的组装和拆卸相对简便,可以大大提高施工效率。脚手架的部件标准化、模块化,便于运输和管理。

④安装注意事项:须对脚手架材料进行检查,确保其质量符合标准,无损坏或变形现象。严格按照安装规范进行搭建,确保每根杆件的连接都牢固可靠。在搭建过程中,要保持脚手架的垂直度和水平度,避免出现倾斜或扭曲现象。安装完成后,须进行全面检查,确认脚手架的稳定性和安全性。

⑤安全与防护措施:在脚手架的外侧和开口处设置安全网或挡板,防止人员和物料坠落。脚手架上方应设置防护栏杆,确保施工人员的安全。施工人员在高空作业时,必须佩戴安全带,并确保安全带与稳固的锚点连接。施工人员须穿戴符合安全标准的防护用品,如安全帽、防滑鞋等。

⑥维护与检查:定期对脚手架进行检查和维护,确保其处于良好的工作状态。对于发现的问题和隐患,应及时进行处理和修复,确保施工安全。在恶劣天气或长时间使用后,应对脚手架进行全面检查,确保其稳定性和安全性不受影响。

(2)可提升式型钢平台。

可提升式型钢平台是一种在主塔塔内施工中常用的临时设施。该平台由型钢构成,具有结构稳定、承载能力强、可重复使用等特点。它可以根据施工进度进行升降,适应不同高度的工作需求,提高施工效率。

①结构与组成:可提升式型钢平台主要由型钢焊接或螺栓连接成框架,确保结构的稳固性;提升系统包括电动葫芦、钢丝绳等,用于平台的升降操作;周围设置安全网和防护栏杆,防止人员和物料坠落。

②优势:灵活性,可根据需要调整高度,适应不同的施工环境;安全性,具备稳固的结构和安全防护措施来确保施工安全;经济性,型钢平台可重复使用,降低施工成本。

③安装与提升注意事项:安装前检查型钢材料质量,确保无损坏;准备必要的安装工具和设备。按照设计图纸和规范进行组装,确保连接牢固;进行安全检查,确认无误后方可投入使用。提升前检查提升系统和钢丝绳的安全性;确保平台上无杂物,避免提升过程中发生意外;提升过程中保持平稳,避免急剧升降。

④维护与检查:定期对平台进行安全检查,确保结构稳固;施工人员须佩戴安全带,并遵守安全操作规程。定期对型钢平台进行防锈处理;检查连接部件是否松动或损坏,及时维修更换。

3)设计实例

(1)脚手平台。

某三塔斜拉桥边塔塔内平台采用盘扣脚手架,如图4-8所示,纵向立杆间距为0.6m+1.2m+0.6m,横向立杆间距为0.9m+1.2m,脚手架在转角处设置竖向斜杆,与塔壁接触面按照3步3跨布置连墙件,连墙件采用顶托穿入水平钢管进行顶紧,立柱底端与型钢接触位置焊接钢筋,使得钢管穿入,起到限位作用。脚手架中部设置吊装口,吊装口四周采用防火网竖向通常围蔽,同时考虑架体较高,在竖向范围按照施工需要加设水平剪刀撑,提高脚手

4 换索工程施工

架稳定性。

另外,因中塔塔内存在既有电梯,底部无落地条件,因此脚手架搭设在既有电梯顶部 MC3 和 MC4 之间,如图 4-8 所示,通过型钢在电梯顶搭设脚手架支撑平台(称底部支撑型钢平台),支撑平台利用 M16mm×190mm 化学锚栓与塔壁身锚固连接,脚手架顶部设置槽钢密铺,然后再满铺脚手板形成塔内施工平台。

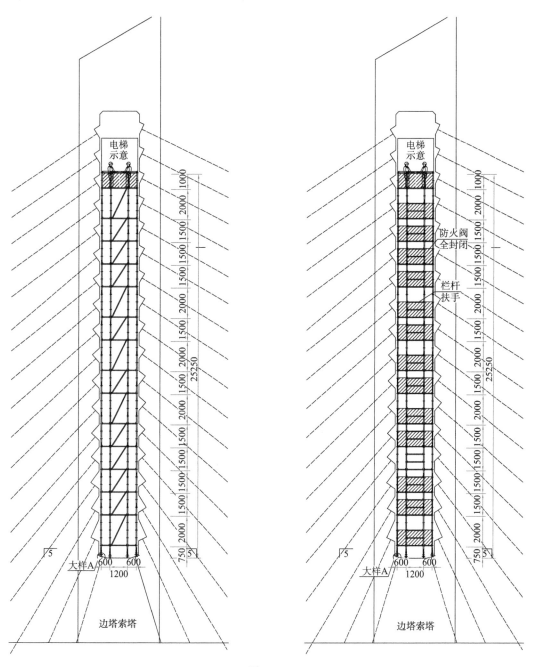

图 4-8

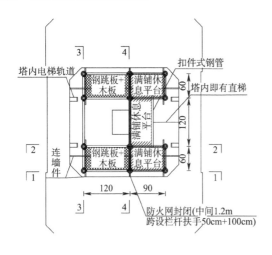 

图 4-8 脚手平台结构布置图(尺寸单位:cm)

底部采用支撑型钢平台布置于塔柱内侧,沿塔柱横向布置 4 根工字钢 I22b,间距为 0.7m、1.0m、0.7m,工字钢通过锚板和化学螺栓锚固于塔壁,经查阅竣工图纸,支撑平台选择在 MC4 锚头下缘位置布置,可完全避开塔壁预应力(预应力保护层 30cm,钻孔深度仅 13cm),型钢平台表层除吊装口外满铺钢跳板,防止杂物掉落至电梯,对其产生不利影响。底部型钢布置图如图 4-9 所示。

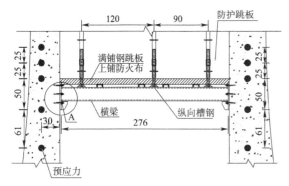 

图 4-9 底部型钢布置图(尺寸单位:cm)

(2)可提升式型钢平台。

某三塔斜拉桥斜拉索更换工程主要施工内容包括对全桥斜拉索进行更换,边塔斜拉索进行更换施工时由于塔内存在电梯,电梯到顶状态时停放位置位于 SC15 斜拉索塔端锚头处,该索号以上无法继续利用既有盘扣脚手架作为(SC18 除外)斜拉索更换作业平台,须搭设提升式型钢作业平台作为边 SC16~SC17 斜拉索更换施工作业平台。如图 4-10 所示。可提升式型钢平台采用栓接结构,临时挂设于塔壁四周锚固点。

4.4.6 梁底兜吊平台

悬索桥梁底兜吊平台是专为悬索桥钢丝绳吊杆更换而设计的临时施工设施。该平台位于悬索桥梁底,为施工人员提供安全、稳定的工作环境,以便进行吊杆的更换作业。

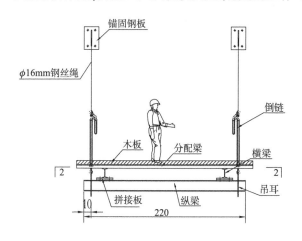

图 4-10 可提升式型钢平台结构布置图(尺寸单位:cm)

设计要点:平台由高强度钢材构成,以确保足够的承载力和稳定性。设计专门的兜吊装置,用于固定和支撑待更换的钢丝绳吊杆。平台能够适应不同长度和直径的钢丝绳吊杆更换需求。配备安全防护栏、安全网等设施,确保施工人员安全。

应用实例:钢丝绳吊杆因腐蚀、疲劳等原因需要更换时,需要搭建兜吊平台。梁底兜吊平台实例采用整体式设计,以便施工时采用起重机整体起吊至吊索牛腿位置安装。如图4-11所示,该兜吊平台设计高度298cm,宽度274cm,厚度(横桥向)189cm。分上、下两部分。兜吊平台上部为吊挂部分,设置扁担梁、托梁、垫梁、立柱等组件。在斜撑顶部设置吊耳一对,在托梁端部设置锚固螺栓孔,用以连接锚固螺栓,锚固吊挂支架。

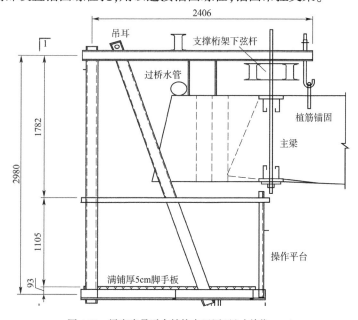

图 4-11 梁底兜吊平台结构布置图(尺寸单位:mm)

兜吊平台下部为施工平台,满铺5cm厚脚手木板。四周围护角钢扶手、整个平台的下层除面向加劲梁的一面半高布置防护网外,其余三面全部布置防护网。

4.4.7 主缆吊挂平台

索桥主缆吊挂平台是专为悬索桥钢丝绳吊杆更换而设计的临时施工设施,设计时需综合考虑结构强度、稳定性、安全性以及施工的便捷性。

1)设计要点

①结构强度与稳定性:平台应采用高强度材料构建,以承受施工人员、工具及材料的重量。设计时须进行详细的力学分析,确保平台在各种工况下的稳定性和强度。

②安全性:平台应设置安全护栏、安全网和防滑措施,防止施工人员坠落。考虑设置紧急救援装置,以应对突发情况。

③易用性与便捷性:平台设计应便于安装、拆卸和运输,以提高施工效率。考虑模块化设计,便于根据施工需要进行灵活组合和调整。

④适应性:设计时应考虑不同悬索桥主缆的直径和间距,确保平台能够适配各种规格的桥梁。平台应能够适应不同天气条件下的施工需求。

2)设计实例

(1)固定式吊挂平台。

在索夹前后方各安装一个吊挂平台。如图4-12所示,吊挂平台由钢带抱箍、爬梯、底部平台等组成。钢带抱箍与主缆间垫橡胶垫,每个抱箍由2个半圆组成,2个半圆采用螺栓连接。爬梯与抱箍间采用栓接,底部满铺脚手板并用铁线捆扎牢固。

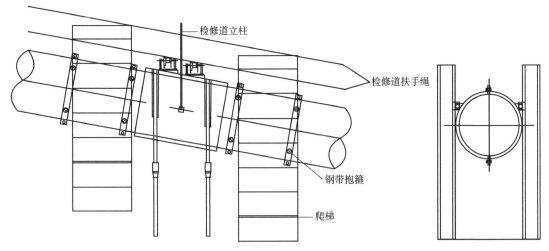

图4-12 主缆固定式吊挂平台结构示意图

构造要求:按照主缆实际尺寸加工抱箍,高度方向须满足站人和作业的需求。吊挂平台用钢带、型钢在地面加工成构件。安装时,先将抱箍安装到位,再将爬梯平台安装在抱箍上固定。平台四周设扶手,布置防护网,底部满铺脚手板并用铁线捆扎牢固。用起重机起吊爬梯平台顶端,起吊时栓接溜绳,将吊挂平台提前安装到位。

(2)自动牵引式作业小车平台。

主缆上施工平台采用一种扶手绳自动牵引式作业小车,如图4-13所示,作业小车利用主缆扶手钢丝绳作为轨道,车架滚轮安装在扶手钢丝绳上,车架上安装驱动电机(卷扬机),驱动电机能够牵引车架滚轮在扶手钢丝绳自动式行走。车架上铰接位于车架左右两侧的吊篮,吊篮自由下垂并使主缆位于两侧吊篮的中部,施工操作人员在两侧吊篮内进行作业,保护主缆防护涂层不会被破坏,且吊篮具有下挂载人空间,作业安全系数高。

图4-13 主缆自动牵引式作业小车平台图示

①施工平台制作。

平台采用场外加工成半成品,制作高度、单侧平台宽度、两侧平台中间宽度等均根据现场操作空间确定,以方便操作为原则。施工平台走行轨道采用悬索桥主缆扶手绳。施工平台走行滚轮采用尼龙棒材料,专业加工厂加工,半幅形状似锥形,滚轮横向设置滚轮销轴,销轴两端头车丝。滚轮通过滚轮销轴与滚轮连接器双螺母固定,滚轮连接器通过销轴与横梁采用双螺母加固固定。施工平台滚轮示意如图4-14所示。

上横梁根据扶手绳间距确定加工长度,其作用是将两侧滚轮间距固定,上横梁通过螺栓与滚轮连接器固定。

如图4-15所示,施工平台架体为方钢框架型结构,在加工厂集中加工,平台顶部布置卷扬机,卷扬机固定在平台顶部横梁中心位置,车架的平面尺寸根据作业空间确定。

施工平台采用方钢框架型结构,顶部通过铰接与车架连接固定,铰接使平台始终处于竖直状态。平台高度、宽度等参数根据作业内容及空间确定。平台侧面及四周均采用铁丝网防护,以确保施工安全。

施工平台结合项目具体情况设计制造,确保结构安全。出厂前进行静、动荷载试验,正式使用前做好堆载和空载试验,测试不同工况下平台的状态和扶手绳承载情况,做好平台出厂质量控制及验收工作。

图 4-14 施工平台滚轮结构图示

图 4-15 施工平台结构示意图

施工平台在结构制造时,对电焊质量严格检查,制造完毕后,须经过载荷试验和整机操作检验合格,平台上除施工必需的小型工具外,严禁堆放杂物,避免超重,小型工具系绳由作业人员随身携带,平台的设备采用绳索捆扎牢固。

②安装。

为确保作业安全,作业平台安装前,须对全桥扶手钢丝绳及护栏立柱进行专项检查,如有需要及时张拉扶手绳。

作业平台框架结构构件在专业加工厂集中加工,施工现场安装,安装顺序为:上桁架安装—侧面框架安装—卷扬机安装—前后临时横向锚固系统安装—牵引绳及安全绳安装。

安装时在主跨最低点进行安装,卷扬机安装时注意方向,牵引绳自由端朝向上坡端,牵引绳自由端安装在扶手绳前端牵引横杆上,单次牵引距离不宜过长。为保证作业平台使用安全,平台应设置安全锁及安全绳。安全锁是作业平台的防滑装置,固定在平台的上桁架上,左右对称布置2个;安全绳自由端安装在扶手绳前后端固定横杆上,前端固定横杆与牵引绳牵引横杆错开设置,错开间距2m。当卷扬机的钢丝绳突然断裂或其他故障导致平台自由滑落时,安全锁立即自动启动,瞬间将平台锁定在安全绳上。

牵引绳及安全绳自由端均安装在扶手绳前端固定横杆上,牵引绳自由端单次牵引最大距离为70m,安全绳长80m。作业平台前端设置1个牵引横杆及1个固定横杆,后端设置1个固定横杆,牵引绳自由端设置在前端牵引横杆上,安全绳自由端固定在前后端固定横杆上,安全绳通长范围包含平台单次牵引最大范围,固定横杆及牵引横杆采用与扶手绳同直径的钢丝绳,通过专用卡环固定。

4.4.8 拱圈脚手平台

拱桥拱圈脚手平台是专为拱桥吊杆更换而设计的临时施工设施。该平台旨在为施工人员提供一个稳定、安全的工作环境,以便进行吊杆的检修与更换。

1) 设计要点

①承载能力:平台应能承受施工人员、工具及材料的重量,同时考虑一定的安全系数。对平台的各部件进行详细的力学分析和计算,确保其承载能力满足施工要求。

②安全性:设置安全护栏、安全网和防滑措施,以防止施工人员坠落或滑倒。考虑在平台上设置紧急救援设备,以备不时之需。

③易用性与灵活性:平台设计应便于安装、拆卸和运输,以提高施工效率。采用模块化设计思路,方便根据拱桥的不同形状和尺寸进行调整和组合。

2) 设计实例

以某拱桥拱圈脚手平台设计为例:脚手架顶部与拱肋交叉点为起止端在此范围内搭设操作平台,如图 4-16 所示,平台内部框架四周固定在拱肋上,并延伸搭设出平台外部框体,平台两侧自钢拱肋顶部以下为人员施工通道,施工通道两侧搭设安全网,平台底板满铺模板并铺设阻燃防水布。

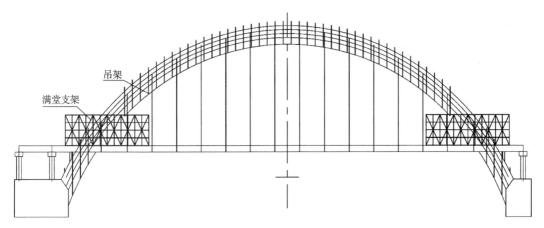

图 4-16 拱圈脚手平台布置图

4.4.9 拱下梁底作业平台

1) 移动式梁底缆索平台

如图 4-17 所示,在两侧拱脚或者支座垫石位置设置连接固定装置,并用钢丝绳连接两侧,利用固定端预设的张拉装置对钢丝绳进行张拉收紧,以钢丝绳为滑索挂设挂篮,挂篮通过 4 个角点设置滑轮挂设在悬索钢丝绳上,动力由岸边循环卷扬机牵引挂篮自由移动提供,实现作业人员在梁底移动作业。

2) 移动式 C 形梁底操作平台

操作平台采用起重车进行安装,安装到位后,人员下至操作平台上将平台远端用钢丝绳悬挂在横梁上,后方设置 1600kg 混凝土块压重。操作平台先在外场按照图纸尺寸进行下料并焊接而成,安装完成后再挂防护网及保险绳。平台周围挂安全网并用钢丝绳兜住底部作为安全保险绳,详见图 4-18。

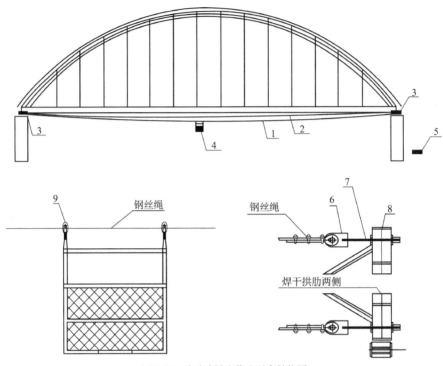

图 4-17 移动式梁底作业平台结构图

1-悬索钢丝绳;2-滑索钢丝绳;3-连接固定装置;4-挂篮;5-循环卷扬机;6-耳极;7-连接杆;8-固定装置;9-滑轮

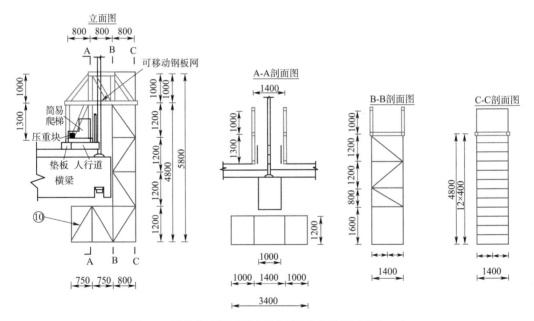

图 4-18 移动式 C 形梁底操作平台结构示意图(尺寸单位:cm)

4.5 旧索拆除

旧索拆除是换索工程中的关键步骤之一,根据斜拉索、吊索等的外露长度、结构长度以及规格不同,可采用不同的拆除技术。本节主要介绍平行钢绞线拉索体系拆除方法,辅以介绍平行钢丝斜拉索拆除工艺。

4.5.1 旧索索力卸载技术

1)减振装置解除

斜拉索旧索放张前,首先应拆除梁端、塔端减振装置。减振装置螺栓拧除后,采用简易撬棍使减振装置与索导管脱离。塔端减振装置拆除工作属于高空作业,施工效率有限,为保证安全,应尽量缩短操作时间,将塔端法兰装置和减振装置同时拆除,拆除主要通过氧割加热法兰装置螺栓,使用物理方法解除,落至桥面后再将减振装置与法兰装置分离。

2)索力测量

斜拉索拆除前,以27孔型号为例,通过YDCS160-150千斤顶采用单根张拉法通测锚具中心19根钢绞线索力,现场记录油压表读数。根据标定报告中计算方程式 $Y = 0.30967X + 0.55627$ [Y-油表(传感器)压力度数,MPa;X-输出力值](仪器编号2023.11.2747示例),计算每根钢绞线索力输出值,取平均值作为该根斜拉索初始索力值,计算结果应及时反馈给监控单位。

3)放张拆除

(1)单根放张。

单根放张工序与斜拉索安装时单根张拉工艺互为逆工序。首先,在张拉端对需要拆除的钢绞线进行穿顶操作,然后施工人员开启油泵,使千斤顶伸出活塞抵在索力放松工具上,继续供油至千斤顶将该根钢绞线的夹片拉脱离锚杯。取出夹片后,缓慢放松千斤顶,使钢绞线逐渐下放。当千斤顶的累计行程大于设计放张量时,停止索力放松,此时,安装临时夹片并稍微打紧,然后设置软牵引连接待拆钢绞线,单孔锚上夹片作为保险措施。在完成塔端放张后,进行梁端的钢绞线切割工作,切割点选择在梁端将军帽位置,切割后人工抽拉至桥面。单根放张原理及示例见图4-19。

(2)整索放张。

某三塔斜拉桥斜拉索张拉端钢绞线外露量建造时仅预留了20~30cm,而长索索力放张量需要65cm才能达到无应力状态,因此无法通过传统单根索力卸载方式逐根拉索拆除。另外,张拉端旧锚板外露螺牙长度极短,旧锚板直径仅比锚垫板开孔尺寸仅小2mm,匹配制安张拉筒方式也无法实施放张作业,拆除作业极为困难。

经过专项研究,基于平行钢丝斜拉索拆除工艺,以"整束放张"为攻克目标,提出利用外露钢绞线作为过渡,设计一种换索锚具和连接头结构,配合千斤顶和放张撑角,形成特制"整束放张工艺装备",其结构示意如图 4-20 所示,通过往返驱动千斤顶实现持续放张—张拉循环,达到整索索力卸载至无应力状态,从而拆除斜拉索。

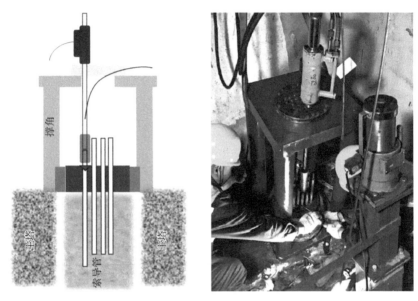

图 4-19　单根放张原理及示例

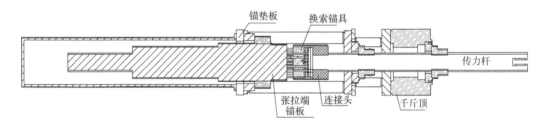

图 4-20　整束放张工艺装备示意图

①放张工装安装流程如下:

A. 检查旧索锚杯规格,选择合适规格的特制锚具及张拉杆倒运至塔内安装。安装张拉杆时,要将张拉杆全部旋入工作锚具锚杯的内螺纹。

B. 通过 1.5t 成品电动葫芦起吊撑角至锚头处,在锚头上部混凝土设临时吊点,通过 1t 倒链安放大撑角至设计位置,然后安装工作锚具、连接头。

C. 利用大撑角与千斤顶预留连接套安装千斤顶、小撑角,旋放垫片、张拉螺母,如图 4-21 所示。

D. 安装张拉杆、油泵,安装前对张拉杆、张拉螺母螺纹上的油污、脏物进行擦拭及除锈,保证各工件能顺利旋动,如图 4-22 所示。

E. 张拉设备安装好之后,检查各工件连接是否可靠。确保脚撑安放在稳固平面上,脚撑、张拉螺母、锚垫板等处受压面均为面接触,同时检查压力表和千斤顶是否按照校准报告配对使用。

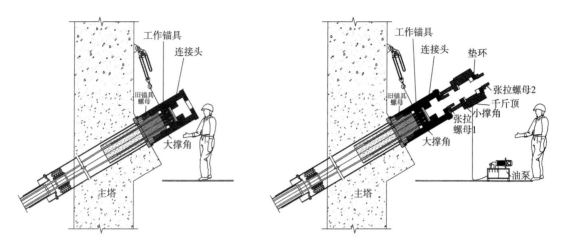

图 4-21 大撑角、千斤顶、小撑角安装示意图

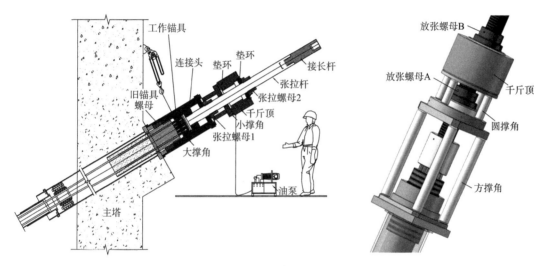

图 4-22 整体放张其余构件安装示意图

②整体放张作业流程如下：

A. 首先启动油泵，将锚头螺母拉松 1cm，然后缓慢卸压，完成后再次顶起 1cm，重复 3 次，排除索导管内减振装置阻力对实测索力产生的影响。消除影响后，重新张拉斜拉索至锚固螺母相对锚垫板将动未动时，记录油表索力值，作为拆除工况下索力初始值，然后落顶。如果发现初始张拉力与频谱法测得的索力值相差较大，停止张拉，并上报设计及监控方。

B. 初始索力记录值复核无误后，再次启动油顶，进行超张拉，张拉时通过张拉螺母 1 与张拉杆形成旋紧结构，然后分 4 阶段张拉，每个阶段的张拉力分别为初始索力的 50%、80%、100% 及超张拉至螺母脱离锚垫板，操作设备张拉到达每阶段索力时，应暂停持荷 5min，等待技术人员的下一级张拉力指令。

C. 张拉到试验索力并使锚固螺母松动后，旋松锚固螺母至其与锚杯端部齐平。如遇到螺母拧不动、锚头取不下来等情况，通过除锈剂和柴油渗透法＋特制卡板物理敲击法解除螺母，必要时做好防火措施，使用氧气乙炔切割。

a)除锈剂:充分渗透至构件间隙内部,松懈锈蚀,使螺栓拆卸更容易,并提供润滑。

b)柴油渗透+特制卡板物理敲击法:利用旧螺母预留孔,采用钢板下料半圆形卡板,卡板外凸点与旧螺母预留孔镶嵌,卡板扳手部位通过物理敲击,实现螺母缓慢旋出目标。

D.第一次放张:与前述操作相反,通过千斤顶回油实现斜拉索整体放索一定距离,旋紧张拉螺母2,然后拧除锚头螺母和垫板,如图4-23所示。

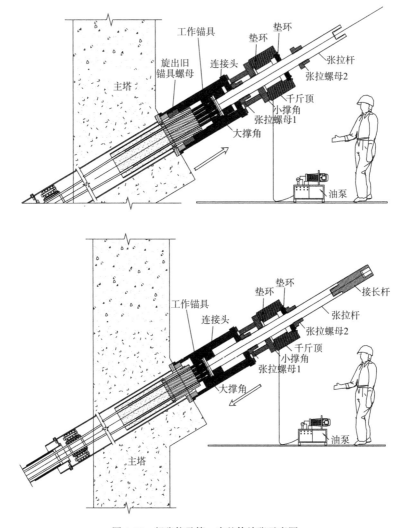

图4-23 超张拉及第一次整体放张示意图

E.第二次放张:将张拉螺母1旋出至小撑角处,千斤顶出顶,使得张拉螺母1受力;然后旋出张拉螺母2至松弛,准备进行第二次放张。

F.依次循环,如图4-24所示,通过千斤顶前后端的张拉螺母来回倒顶,完成放张退索。整个放索过程分5级,每一级索力分别为初始索力的80%、60%、40%、20%及直至斜拉索索力卸载。在每一级放张到位后持荷5min,测量锚杯或张拉杆向索导管内回缩量,确保两根索每一级放张的索力和轴向回缩量长度一致。

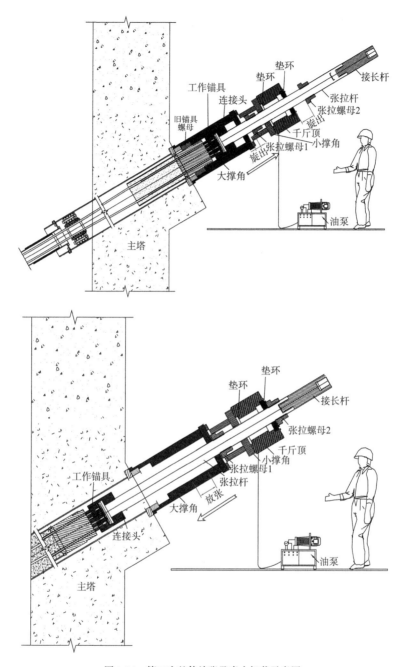

图 4-24 第二次整体放张及索力卸载示意图

4.5.2 斜拉索拆除技术

1) 短索整体拆除技术

(1)梁端切割:对于较短的斜拉索,为提高工效,采用整体拆除的方法,即首先使用专用工装将斜拉索整体放张卸载,如图 4-25 所示,索力卸载后,在距梁端索导管上端口 4~6m 处的斜拉索上安装哈弗夹,索体与哈弗夹之间加垫长度不小于8mm的多层夹布传送带,防止索体受损,哈弗夹连接梁端20t牵引系统。在确认自牵引点以下索体的索力已完全卸载的情况下,在索导管上端出口用气割将斜拉索体逐丝割断,解除下锚头的连接。

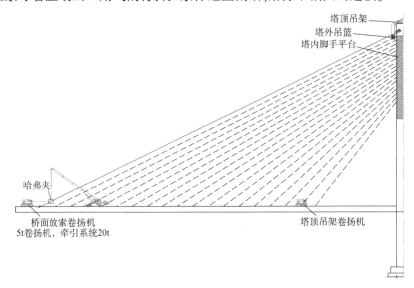

图4-25 梁端切割示意图

如图4-26所示,启动20t牵引系统,将索体向塔端牵引,牵引时主塔下方禁止站人,牵引至待拆拉索以最小距离接近主塔处,使得桥面放索卷扬机钢丝绳松弛。

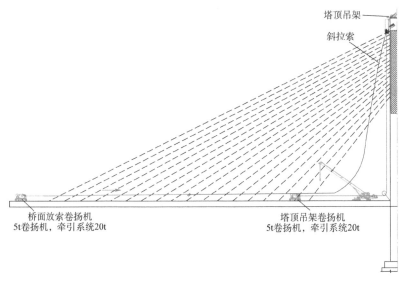

图4-26 梁端拉索牵引至塔端示意图

(2)塔端切割卸落:为防止哈弗夹在下放斜拉索时滑脱,应设置防坠措施,即同时安装2道哈弗夹,2道哈弗夹间间隔1m,确保两根软吊带间的夹角小于10°,在拆除上游侧斜拉索时,除了使用上游侧卷扬机下放斜拉索之外,同时使用下游侧卷扬机钢丝绳固定。检查确定吊具连接牢固之后,启动塔顶吊架卷扬机,使用提升系统,点动控制提升5~10cm,将索体向上略微提升,在索导管附近适当位置整体切割拉索,点动慢速下放提升系统钢丝绳,直至斜拉索安全回落至桥面结束。

2)长索单根钢绞线逐根拆除技术

对于较长的斜拉索,由于整体拆除难度较大,采用单根钢绞线逐根拆除的方法。先对斜拉索进行整体放张处理,然后在桥面破除HDPE管,使用专用夹具将单根钢绞线夹持后逐一切断,实现整体斜拉索拆除目标。

(1)斜拉索HDPE破除抽离:如图4-27所示,在防水罩以上适当位置环切HDPE管,开孔并安装卸扣。使用吊带将卸扣与桥面叉车相连,叉车受力的同时,操作人员使用砂轮机破除HDPE管,达到抽离目标。

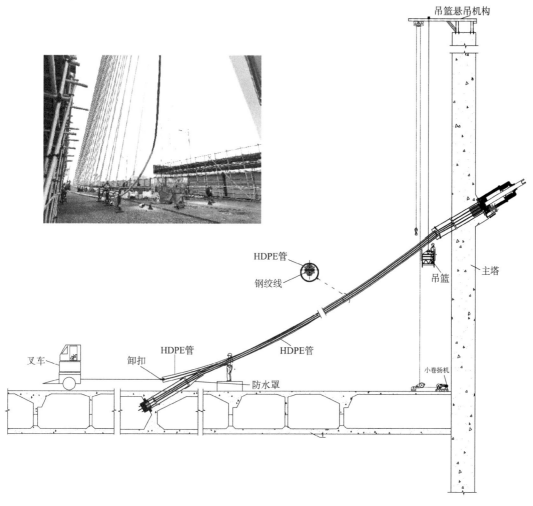

图4-27 桥面斜拉索外护套管破除示意图

(2)钢绞线单根切割:如图4-28所示,选择自上而下、由内向外的顺序,破除PE保护层露出钢丝。安装保险式开口单孔锚,连接于卷扬机钢丝绳上,反拉收紧后切割钢绞线。卷扬机缓慢松绳,使钢绞线回落至桥塔根部,重复此过程直至完成全部钢绞线桥面切割。

(3)钢绞线整体塔下切割:在桥面以上约50cm处进行第二次整体切割,确保钢绞线竖直分散,避免后续塔端切割时钢绞线缠绕在一起。

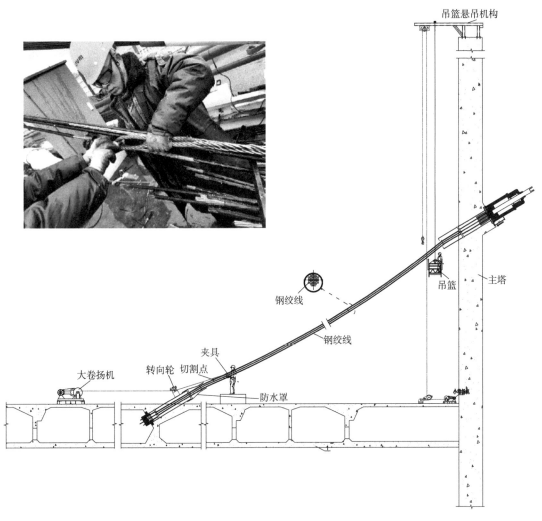

图 4-28 钢绞线单根切割示意图

(4)塔外分组切割:启动吊篮上升至塔外索导管处,安装保险式开口单孔锚,5 根钢绞线为一组,分批吊装下落至桥面,见图 4-29。

(5)施工注意事项:使用专用工具破除 HDPE 管,应操作平稳,避免对内部钢绞线造成损伤。确保切割过程中人员安全,佩戴必要的防护装备。切割完毕后,及时清理切割面,确保平整无毛刺。对切割后的钢绞线进行质量检查,确保无损伤或断裂现象。

3)斜拉索带力切割拆除技术

某三塔斜拉桥斜拉索更换过程中,局部斜拉索因塔端受限空间或者设计偏差导致无法完全放张,比如拉索旧锚头尺寸局部存在与原设计不符的情况(5 号边塔 SC13 索张拉端锚具尺寸与相同规格锚具设计尺寸不一致,实际直径为 34.9cm,锚垫板开孔直径为 31.5cm),或塔内空间狭小,大吨位穿心式 OVM550 千斤顶难以使用(如边塔 15~18 号索),再或其他塔内不可预知情况等。

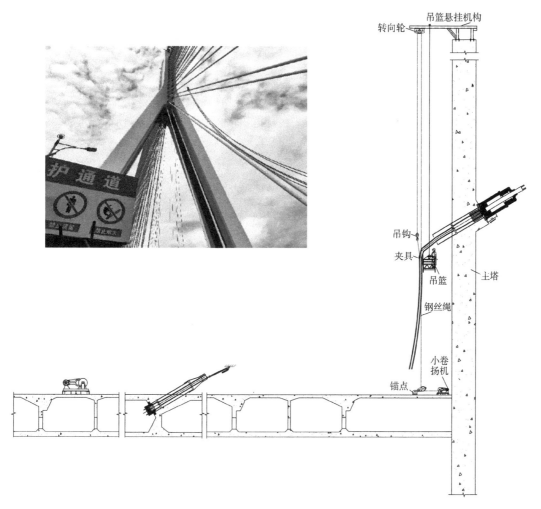

图4-29 塔外分组切割吊装示意图

针对此进行专项研究,研发设计了"斜拉索钢绞线受力状态下切割拆除技术"。具体方法如下。

(1)加强单孔锚设计。

根据现场施工需要,设计本次采用的单孔锚,由单孔锚夹具主体、螺栓、开口式单孔锚、夹片等四部分组成,如图4-30所示,材料为45号钢,经有限元受力验算满足施工要求。

图4-30 加强单孔锚三维图示

(2)卷扬机安装。

卷扬机采用型号为 JM5,钢丝绳为 φ16mm、极限抗拉强度为 1770MPa,后方通过 2t 倒链、前端焊接钢板与相邻索导管连接固定。

(3)HDPE 护套管拆除。

在完成塔内索力部分卸载后,将塔内人员撤离,并在桥面将斜拉索 HDPE 外护套管拆除,先将下端护套管环形切断,再由下至上将护套管裁开后由叉车向后拖拽拆除。

(4)滑车组安装。

滑车组采用双门滑车,滑车组饶绳采用 6×37 纤维芯、φ20mm、极限抗拉强度为 1770MPa 钢丝绳,通过 15t 卸扣固定于待拆除斜拉索索导管上。

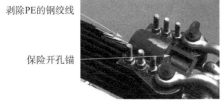

图4-31 开口单孔锚连接示例图

(5)钢绞线与加强单孔锚连接。

选取最外侧单根钢绞线,剥除其大约 100cm 的 PE 护套,便于开口单孔锚与钢绞线连接。PE 护套剥除后,安装加强单孔锚,并在其后方加装一个开口锚作为保险装置,如图 4-31 所示。

通过 8.5t 级卸扣、φ14mm、极限抗拉强度 1770MPa 钢丝绳连接测力传感器、双门滑车组,再通过 φ16mm、极限抗拉强度 1770MPa 钢绞线连接卷扬机,如图 4-32 所示。

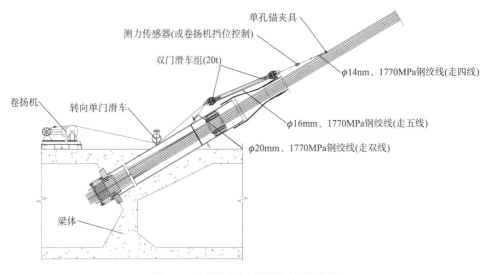

图4-32 单根受力状态下拆除布置示意图

(6)钢绞线单根拆除。

在现场指挥命令下,卷扬机操作员对钢绞线进行点动式反拉,当首根测力传感器显示数值达到计算索力的 1.1 倍(或后续卷扬机档位达到计算索力)时,制动卷扬机,安排人员对下方松弛状态的钢绞线予以切除。

钢绞线切除完成后,在现场指挥的命令下,对反拉的钢绞线进行缓慢卸力。完成卸力后,再通过单孔锚将卸力后的钢绞线与叉车连接,拆除加强单孔锚,由叉车完成最后受重力作用的钢绞线下放。

(7)注意事项。

①平行钢绞线斜拉索单根受力状态下拆除的方法无相关资料参考,安全风险系数较大,无现场指挥不可盲目施工。

②桥面单根切割时,下拉索下方及辐射范围内严禁人员进入。

③桥面切割人员须佩戴好护目镜,防止碎屑飞溅,对眼睛造成伤害。

4)斜拉索零应力切割拆除技术

为便于斜拉索后期维养,选用少量斜拉索单根钢绞线验证了采用零应力切割拆除技术,该技术无须安装大吨位卷扬机及滑车组,仅通过简易工装(液压式精密夹具)实现拉索拆除。

(1)用手持式切割机将斜拉索的外护套管切割、拆除,切割时注意不能损伤斜拉索的钢绞线;然后拆除防水罩、减振装置、索箍等附属部件。

(2)在距离桥面索导管口2~3m部位,用汽车起重机或叉车配合将最上层一根钢绞线抬高约11cm,垫入厚度为10cm的硬质木块,使该钢绞线与其他钢绞线分隔开,作为拆索施工的工作空间。

(3)如图4-33所示,组装各试验机具。

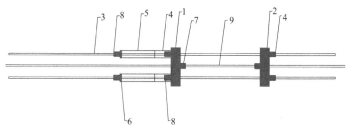

图 4-33 零应力切割工装图

1-锚固基座;2-螺杆;3-张拉钢筋;4-支撑筒;5-千斤顶;6-垫板;7-保险单孔锚;8-特制高强度螺母、夹片等;9-待割段钢绞线

(4)钢绞线拆除。

按照组装图依次安装夹持装置(锥形孔大头方向朝内)、精轧螺丝钢、精轧螺丝钢螺母、撑脚、穿心式千斤顶。千斤顶连接油泵,将2台千斤顶活塞空打出10cm,拧紧精轧螺丝钢螺母。同步加载至每台千斤顶张拉力为50kN,油表读数12MPa,2台千斤顶总的受力为10t;拧紧转换螺母;用角磨机在两个夹持装置之间位置将钢绞线割断。切割前须用软吊带在切割两端各10cm位置处将钢绞线缠紧,防止钢绞线散丝伤人。对于张拉伸长量大于1个千斤顶行程的钢绞线,需要通过转换螺母临时锚固,千斤顶多次运行才能将钢绞线索力卸载完成,操作实例见图4-34。

5)平行钢丝斜拉索拆除技术

(1)索力及高程测定。

换索施工之前须采用频谱法对全桥索力进行测量,初步掌握全桥索力情况。在条件允许的情况下,可以用千斤顶、压力传感器测量全桥索力,如图4-35所示。更换每根斜拉索前,先测量需更换索的索力、桥面高程及更换索前后邻近的3根索索力和桥面高程,再进行拉索拆除和安装。

图 4-34　场内试验及现场实践图示

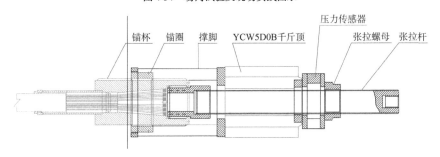

图 4-35　测定索力示意图

(2)拆除施工步骤。

步骤一：在塔端对称的两根索上锚头张拉端位置安装张拉设备。依次在锚杯上安装张拉杆、张拉杆锚固副螺母、张拉撑架、550t 千斤顶、张拉杆锚固螺母等。

步骤二：根据频谱法测得索力，分级张拉斜拉索至锚固螺母相对锚垫板将动未动时的启动索力，记录索力值，并与频谱法测得的索力值比对。

步骤三：旋松锚固螺母，将锚固螺母旋至与锚杯顶面齐平。

步骤四：拆除短索时，缓慢泄压回顶，直接将斜拉索放张至无应力状态；拆除较长索时，在长张拉杆后端接长短张拉杆，短张拉杆后端旋入锚固螺母。

步骤五：接长张拉杆完成后，继续放张一个行程。

步骤六：倒顶，锁定张拉杆锚固螺母，千斤顶泵站回油卸压，旋出张拉杆后锚固螺母，待一个行程卸压完成后，旋紧张拉杆后锚固螺母后，油泵开启，旋松张拉杆锚固螺母。

步骤七：继续放张直至索力无应力，如图 4-36 所示。

步骤八：安装梁端锚固点，桥面牵引系统卷扬机钢丝绳通过锚固点转向与安装在距离梁端 4～6m 处的哈弗夹连接，卷扬机启动牵引斜拉索向梁端方向运动，卸载下锚头锚固力。利用旧索锚头，安装带耳板新临时锚环，用钢丝绳和倒链牵引哈佛夹。

在梁面上钻设 $\phi40mm$ 孔洞，利用精轧螺纹钢锚固卷扬机。

步骤九：拆除梁下下锚头锚固螺母，此时牵引系统向塔端牵引，桥面汽车起重机将下锚头沿索导管牵引至桥面;若锚固螺母锈死无法拆除,则在桥面索导管上端口处用气割将斜拉索逐丝割断,索体梁下部分单独倒运至梁面。

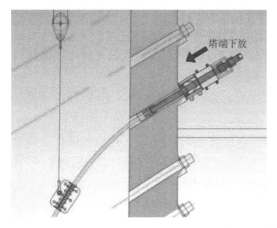

图 4-36 塔端放张图示

步骤十:在距塔端索导管下端口 1～2m 处安装 10t 软吊带,软吊带连接塔顶提升系统。

步骤十一:塔顶提升系统卷扬机点动,拆除塔端锚固螺母,提升系统卷扬机点动将拉索放出索导管。

步骤十二:操作塔顶提升系统,匀速缓慢下放上锚头及剩余索体至桥面;同时在梁端用牵引卷扬机牵引下锚头,保持旧索顺直。

步骤十三:完成旧索拆除过程,将旧索切割分段后运出现场,如图 4-37 所示。

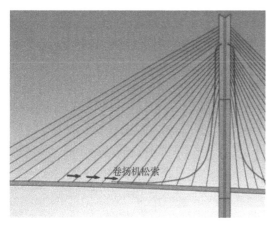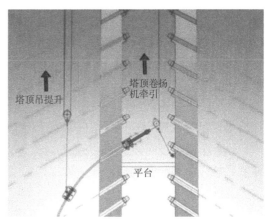

图 4-37 塔端锚头放出图示

(3)拆除旧斜拉索施工工艺。

在更换斜拉索施工前,对现场技术管理人员、施工作业人员进行技术交底。在更换斜拉索施工过程中,施工作业人员应该按照施工技术交底规定的施工操作步骤和操作规程进行操作,不得擅自更改施工步骤和施工工艺。

①锚头清洗除锈。

A. 在塔内升降平台上清除锚杯连接装置的表面杂物,拆除上下端的防水罩和保护罩。

B. 拆除上下端减振器，把锚杯内防腐油脂用棉纱擦洗干净，有锈蚀的部位用锉刀处理。在上端锚杯外螺牙上用丙酮擦洗，然后沿牙的螺旋方向用柴油渗透到螺母与锚杯的配合位置，静置24h后对该斜拉索进行放张。

②斜拉索放张。

A. 安装张拉杆前，将张拉杆、张拉螺母上螺纹的油污、脏物擦拭除锈，保证各工件能顺利旋动。

B. 检查旧索锚杯规格，选择合适规格的张拉杆倒运至塔内安装。安装张拉杆时，要将张拉杆全部旋入锚杯的内螺纹。

C. 安装反力撑架、张拉杆、接力螺母、千斤顶。张拉设备安装好之后，检查各工件连接是否可靠。确保脚撑安放在稳固平面上，脚撑、张拉螺母、锚垫板等处受压面均为面接触。

D. 安装千斤顶、油泵，安装好后检查压力表和千斤顶是否按照校准报告配对使用。

E. 以频谱法测得的索力为依据，单塔对称同时进行拉索分级松张。卸索时，以斜拉索索力和锚头回缩量双控、每次1~5cm同步放松（具体数值按分级索力减小的对应回缩量确定）做为双控指标。放松时密切注意两侧松张的索力、变形保持同步，以保证索塔两侧不产生偏载，受力平衡。

F. 分3阶段张拉对称的两根索，每个阶段的张拉力分别为测试索力的50%、80%、100%，操作设备张拉到达每阶段索力时，应暂停持荷5min，等待技术人员的下一级张拉力指令。

G. 张拉对称的两根索到最后一阶段接近测试索力时，观察锚固螺母是否与锚垫板产生松动（采用位移传感器贴片观测）。当位移传感器报警时，提升锚固螺母与锚垫板产生松动，此时的索力为该根斜拉索的启动索力。记录启动索力值并与索力测试值比对。如果发现张拉力与频谱法测得的索力值相差较大，停止张拉，并上报设计及监控方。

H. 在张拉到测试索力的80%之后，应谨慎操作，使压力表读数缓慢上升，直至启动索力。

I. 张拉到启动索力并使锚固螺母松动后，旋松锚固螺母至其与锚杯齐平。长索在张拉杆后接长短张拉杆，通过张拉杆前后端的锚固螺母来回倒顶，完成放张退索。

J. 千斤顶缓慢回油，分5级将斜拉索索力放张。在每一级放张到位后持荷5min，测量锚杯或张拉杆向索导管内回缩量。确保两根索每一级放张的索力和轴向回缩量长度一致。

③拆除上、下锚头。

A. 在距梁端索导管上端口4~6m处安装哈弗夹。在索体与哈弗夹之间加垫≥8mm的多层夹布传送带，防止索体受损。哈弗夹连接梁端20t牵引系统。

B. 启动20t牵引系统，将索体向梁端牵引，卸载下锚头锚固螺母的锚固力。操作人员站在梁面下悬挂移动挂篮上，观察锚固螺母。发现锚固螺母出现松动，锚固螺母与锚垫板间脱开2~4mm，则通过对讲机发出信号，指示牵引系统操作人员停止牵引。

C. 拆除锚固螺母，向塔端牵引下锚头，将下锚头锚杯连带索导管中的索体沿索导管牵引上桥面。若锚固螺母锈死无法拆除，则在通过观察牵引点与索导管上端口之间的索体，确认自牵引点以下索体的索力已完全卸载的情况下，在索导管上端出口用气割将斜拉索体逐丝割断,解除下锚头的连接。

D. 操作人员站在塔外吊架上,距塔端索导管下端口 1~2m 处安装 2 道哈弗夹。为防止哈弗夹在下放斜拉索时滑脱,2 道哈弗夹间间隔 1m。安装软吊带,软吊带连接到哈弗夹上,确保 2 根软吊带间的夹角小于 10°。

E. 检查确定吊具连接牢固之后,启动塔顶提升系统,点动控制提升 5~10cm,将索体向上略微提升,使得上锚头锚固螺母和锚垫板(或细张拉杆锚固螺母和千斤顶、垫板)之间至少松脱 2mm,解除锚固螺母的锚固力。

F. 拆除锚固螺母和千斤顶、张拉杆、撑架等张拉设备。完全解开上锚头和张拉端锚垫板之间的连接。张拉杆上连接塔内牵引,在塔外提升系统下放索体时在索导管内同步下放上锚头,以免上锚头在索导管内卡死。

G. 点动慢速下放提升系统钢丝绳,直至上锚头、张拉杆完全露出索导管下端。在张拉杆上缠绕软吊带,挂导链,然后将塔内牵引解开,松动导链使锚头垂下,高度低于提升系统的吊点。

④放索。

A. 启动塔顶提升系统,匀速缓慢将索体下放到桥面。为保护旧索索体,不宜弯折,使用梁端牵引系统动力牵引。

B. 在下放索体过程中,索体最下端快要垂落到桥面时,在索体下放置单轴小车,让索体下落在单轴小车上,防止索体直接接触地面。随后在索体下放的过程中,每隔 4~5m 设置一套单轴小车。

4.5.3 吊索拆除技术

对悬索桥而言,吊索是薄弱环节,其使用寿命远低于桥梁的设计使用年限,这也意味着应当及时更换吊索。

1)吊索更换的原则

(1)在吊索更换过程中,确保桥梁结构安全,对结构应力及线形的影响较小。

(2)吊索更换期间不得大幅提升原吊索索力,保证原吊索安全。

(3)临时索尽量能够重复使用,保证换索方案经济性。

(4)吊索更换利用原有箱梁临时吊点,要保证吊点安全。

2)吊索更换方法

(1)吊索更换索力、线形控制。

在吊索更换作业中,需要对旧索进行卸载,并安装新索进行张拉与锚固。在此过程中,会对周围的吊索索力、桥面形状以及缆梁之间的距离产生一定影响。为确保桥梁的稳固与安全,必须确保换索前后索力与桥面线形维持原状,除非有特定的索力调整需求。为实现这一目标,对索力及桥面线形的精细控制和实地监控至关重要。

在更换吊索之前,选择在气温较低、车流量较少的夜晚对全桥的吊索索力进行详尽的测量。这不仅能帮助了解全桥吊索索力的整体状况,及时察觉异常,同时也能为之后的索力比对提供基准数据。在换索过程中,采用高精度的测量设备来记录旧索的初始索力,这将作为新索安装和张拉的重要参考,从而确保新旧索的索力保持一致。此外,在换索作业前后对桥面线形、缆梁间距、相邻吊索的索力以及桥梁结构的应力进行全面监控,以保障换索作业不会对桥梁的整体状态造成不利影响。

(2)新旧吊索的卸载与加载策略。

①卸载与加载策略的确定:需结合具体桥梁的特性确定吊索的卸载和加载方法。这些特性有缆索体系、锚固系统的特点等(例如吊索的样式、间隔、索力大小、索夹的设计、是否有临时吊耳以及锚固的形式)。

②临时索的选择与应用:临时索的类型取决于其承受的力、长度以及使用频次。其在主缆和梁端的锚固方式可能有所不同,设计时应重点考虑其安装与拆卸的便捷性、重复利用性以及受力状况。

③工装设计与加卸载方法:索力的卸载方法会因桥梁结构的不同而有所变化。对于短索,由于其卸载时索体变形较小,缆梁间距的变动也较小,因此可以采用单吊点的临时索来进行卸载。对于长索而言,若采用单点改变缆梁间距的方式进行卸载,会导致缆梁间距的显著变化。这不仅需要临时吊耳承受极大的索力,还可能对桥梁的线形和整体受力造成不利影响。因此,长索的卸载通常采用多吊点方式、单点反力顶推或局部卸载等方法。

(3)新索的防扭转措施。

①吊索材料与特性:悬索桥的吊索主要由平行钢丝或钢丝绳构成。

②扭转的影响:在安装过程中,吊索若发生扭转,会导致非弹性变形。这种非弹性变形在吊索更换时会影响其实际长度,进而对缆梁间距和桥梁的整体受力状态产生影响。

③安装时的扭转风险:若吊索在安装时已存在扭转并在此状态下进行锚固,且未采取有效的防扭转措施,那么在后续运营中,受外部荷载的作用,吊索可能发生进一步的扭转。这种扭转会改变吊索的长度,影响其和结构的受力分布,从而对桥梁结构造成潜在的不利影响。

鉴于上述影响,吊索安装过程中必须充分考虑并实施防止扭转的有效措施。

4.5.4 吊杆拆除技术

20世纪90年代起吊杆拱桥开始在我国广泛应用,但限于当时的技术水平以及后期使用上的不当,近年来不断有吊杆因为锈蚀、疲劳等原因出现破损,为了确保拱桥吊杆的正常使用,对这些旧桥的吊杆更换工作势在必行。

吊杆更换施工流程如下:施工准备(现场复核、钢结构加工)→临时兜吊安装、张拉→旧索拆除→新索安装、张拉→临时兜吊拆除、转运。

(1)施工准备:施工前在现场组织技术人员踏勘,打开锚箱盖,对各种类型的吊杆进行检查,复核锚杯尺寸、高度、螺距、上下锚垫板尺寸、上下锚定螺母尺寸、索导管直径等各种加工参数。

(2)临时兜吊安装:在拱肋焊接抗滑块,并将高强度纤维软吊带及上横梁安装在拱肋上,桥面扁担梁拼接安装后用精轧螺纹钢与拱端上横梁进行连接,桥下人员通过梁底作业平台将桥下扁担梁用张拉吊杆进行连接,并将张拉设备安装就位。

安装油路及油泵连接可编辑控制器(PLC)同步顶升控制系统,安装好后检查压力表和千斤顶是否按照校准报告配对使用。正式张拉前应进行预紧张拉,每根临时吊杆预紧张拉5kN。分级张拉时采用同步顶升千斤顶对临时吊杆施加顶升力的方式。

张拉以临时吊杆索力和千斤顶位移双控,每次移动1~2mm同步张拉。操作设备张拉到达每阶段索力时,应暂停持荷,等待技术人员的下一级张拉力指令,并按指令要求进行卸载。

(3)旧索拆除施工。

在旧索锚杯内安装补芯,并用钢丝绳进行连接,检查确定吊具连接牢固之后,将索体向上略微提升,使得上锚头锚固螺母和锚垫板之间松脱,解除锚固螺母的锚固力,采用人工拆除锚固螺母。

下放旧索,使索体向梁端移动,使得下锚头锚固螺母和锚垫板之间松脱,卸载下锚头锚固螺母的锚固力,采用人工拆除下锚固螺母。向拱肋端牵引索体,将下锚头锚杯连带索导管中的索体沿索导管牵引上桥面。

慢速下放吊钩钢丝绳,直至上锚头露出索导管下端。匀速缓慢将索体下放到桥面,下锚头需放置在展索小车上,在旧索下放的过程中人工配合牵引系统将旧索在桥面理顺,然后切割成小段,运出施工现场。

(4)索力测试及高程检查。

单根吊杆更换完成后,监控单位对吊杆索力及梁体高程、拱肋线形进行检查。根据监控检测结果确定是否需要进行调索。如果需要,则根据监控指令进行调索。新吊杆调索(如需要)张拉完成后进行下一根吊杆更换施工。

全桥吊杆更换完成后,监控单位对全桥吊杆索力、梁体高程、拱肋线形检查。根据检查结果确定是否需要调整索力。如果需要,则根据监控指令调整索力。另对全桥临时吊杆的孔进行修复。

每对索更换完成后、全桥吊杆索更换完成后均需进行索力测试。测试方法采用频率法和千斤顶油压表读数共同控制。除了对更换索的索力进行测试外,还需对其相邻的前后各1对吊杆的索力进行测试。

4.6 新索安装

新索安装是换索工程的最后一步也是最为重要的一步,安装过程中应严格按照设计要求和技术规范进行操作,确保新索的安装质量和性能满足设计要求。

4.6.1 斜拉索安装

1)斜拉索钢绞线下料

根据施工现场实际情况及索长,在工地现场下料。下料时要求丈量准确,尽量减少下料误差,同时要有必要的保护措施,严防 PE 护套受损。PE 下料采用"首根超长下料"方式校核其他钢绞线长度,同时其他钢绞线富余下料,安装完成后按照设计外露长度要求切除多余部分;PE 护套采用石棉布通铺钢绞线长度范围桥面进行保护,避免硬接触。

(1) 下料长度计算。

①下料长度公式如下:

$$L = L_0 + A_1 + A_2 + L_1 + L_2 + L_3$$

式中:L_0——张拉端、固定端锚垫板之间距离;

L_1——固定端预留长度;

L_2——张拉工作长度;

L_3——挂索工作长度;

A_1——固定端锚具厚度;

A_2——张拉端锚具厚度(根据调整长度决定)。

由于挂索张拉要求,张拉端、固定端 PE 护套必须根据计算长度剥除。除此之外,钢绞线下料时应考虑温差修正值:

$$L_t = L \times 1.2 \times 10^{-5} (t_{下料} - 16.8℃)$$

式中:L——钢绞线长度。

②剥除长度按下式进行计算:

$$固定端: L_固 = L_4 + A_1 + 50$$

式中:L_4——固定端预留长度。

$$张拉端: L_张 = A_2 + L_2 + L_3 + \Delta L + 50$$

式中:ΔL——单根张拉伸长量。

(2) 下料过程。

①下料施工选在施工现场进行,在地面放样下料,同时进行校核。下料时应注意如果发现钢绞线 PE 护套有破损,应及时进行修补,若破损严重,则应弃用此段钢绞线;下料时,随时对钢绞线长度进行复查,保证下料长度准确无误。

②张拉端、固定端 PE 护套剥除:用专用刀剥除,剥除时不得误伤钢绞线;钢绞线 PE 护套剥除后,用专用清洗济清洗钢绞线两端油脂,清洗时注意保护钢绞线表面涂层,清洗后将钢绞线复原,对端头进行处理,供挂索时牵引使用。

2) 锚具安装

(1) 施工准备。

①将锚具进行清理,保持外观的清洁,并清理锚垫板、预埋管内杂物。

②用钢绞线试穿,检查锚具锚孔、密封板孔位是否对齐。

③检查索导管是否干净无污染,清理索导管内壁防止杂物影响锚固质量。

④张拉端锚固位置调整,要求有效可调长度全落在螺母下。

⑤如有未使用的锚孔,应做相应封堵以防止注浆时泄漏。

(2) 锚具安装。

根据施工要求将斜拉索锚具吊装至安装位置并安装锚具,将锚板上的孔调整到规定位置,然后用锁紧装置(施工辅助装置,按施工项目需要自行设置)将锚具固定到锚垫板上(图4-38)。

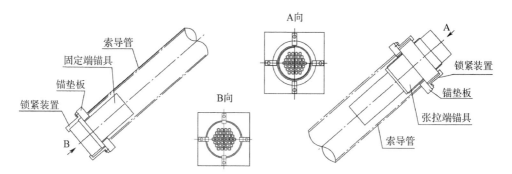

图 4-38 斜拉索锚具安装固定示意图

3) HDPE 护套管焊接

(1) HDPE 护套管焊接流程,见图4-39。

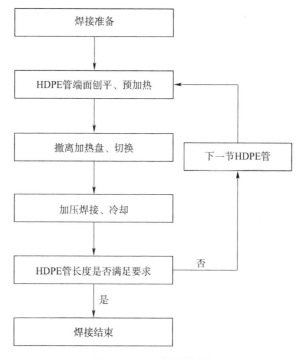

图 4-39 HDPE 管焊接流程

(2) 工艺步骤。

对中:将 PE 管安装在焊机中,当直径 $D < 200$mm 时所产生的外径错边量 d 最大为 1mm;当 $D \geq 200$mm 时外径错边量 d 最大为 2mm。

夹紧:将 PE 管置于滚筒托架位置,放于对接机上,留足 10~20mm 的切削余量;根据所焊制的管材、管件选择合适的卡瓦夹具,夹紧管材,为铣切做好准备。

铣刀:铣切所焊管段、管件端面杂质和氧化层,保证两对接端面平整、光洁、无杂质。当

PE管直径$D<200$mm时,间隙D_w应控制在0.3mm内;当直径$D>200$mm时,间隙D_w应控制在0.5mm之内。铣削好的端面不得用手触碰或被油污等污染,必须佩带干净的手套进行操作。

加热:HDPE管焊接时,根据管材规格确定焊接条件,焊接时注意防火,尤其是钢绞线PE护套。

切换:达到吸热时间后,迅速打开夹具,取下加热板。取加热板时,应避免与熔融的端面发生碰撞。若已发生碰撞,应在已溶化的端面彻底冷却后,重新开始整个熔接过程。切换的时间应控制在6s以内,见图4-40。

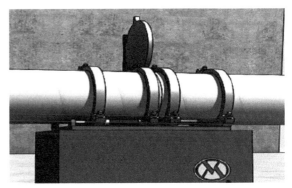

图4-40 加热板加热、切换取出

热熔对接:闭合夹具,使熔接面进行对接,应在6s内将压力均匀升至0.2MPa,并以此压力保持对接5~10min。

冷却:将压力降为零,打开夹具,取下焊好的管子(管件),放置于指定位置完全冷却至室温。

检查:对焊口外观进行检查。检查方法有游标卡尺及进行目测。

检查项目:翻边平滑、均匀、对称;环的宽度$B=(0.35~0.45)e$,环的高度$H=(0.2~0.25)e$;错口量$<0.1e$;其中e为护套管壁厚。

合格判定标准:外观检查符合以上要求后,按焊口的10%翻边切边检查,若端面质密均匀无孔洞,可判定所有焊缝合格并记录在表格中。

4)HDPE管及第一根钢绞线安装施工

与拆除相反,钢绞线挂设按照"自上而下、由外向内"原则进行逐根穿索,首根拉索需超张拉一定值,保证外护套HDPE管顺直。钢绞线安装前,对斜拉索导管内壁和法兰装置进行除锈和防腐处理。

(1)工艺步骤。

步骤一:第一根钢绞线从梁端锚具穿出,并穿过HDPE套管。

步骤二:HDPE管两端安装抱箍,如图4-41所示。

步骤三:吊装HDPE套管和第一根钢绞线端部,见图4-42。

步骤四:利用塔内牵引钢丝绳,牵引第一根钢绞线穿过塔端锚具。

步骤五:固定HDPE套管,如图4-43所示。

图 4-41　HDPE 管抱箍安装图示

 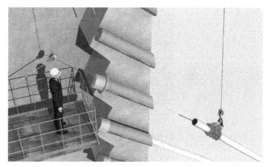

图 4-42　HDPE 塔端牵引安装图示

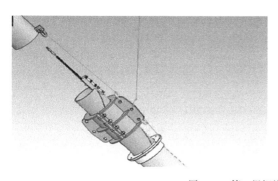 

图 4-43　第一根钢绞线安装及张拉图示

步骤六:安装第一根钢绞线两端夹片,张拉至设计值。

(2)HDPE 管吊装注意事项。

①在 HDPE 管搬运及吊装过程中,采取铺垫的方式,防止 HDPE 护管刮伤、碰伤,如损伤严重应及时修复。

②严禁 HDPE 管弯折直径小于 $30D$（D 为直径）。

③注意起吊速度,防止 PE 管突然加速滑行。

④注意保护辅助钢绞线的 PE 层,防止刮伤。

⑤起吊时严禁站在 PE 管的下方。

⑥HDPE 管吊装中谨防吊装脱落、对桥面造成局部伤害。

5)钢绞线单根挂索

(1)工艺步骤。

桥面连接:按所需长度切断钢绞线,将 PE 剥除并将两端中心丝镦头;然后用连接器连接好,通知启动穿索机上索。

塔顶穿索机启动:收到桥面启动穿索机指令后,通知塔外人员将钢绞线端头放进 HDPE 护套管内,然后启动机器。

塔端穿索:塔外操作人员待钢绞线上端接头上穿到索道管口后通知穿索机停机,待临时锚固后将钢绞线连接器解除;将塔端钢绞线头与塔内的牵引线连接好并通知塔内牵引操作。

梁端解索:塔端牵引到位后,梁端人员通过连接头将牵引线与钢绞线端头连接好,将钢绞线穿过锚具,收到塔内通知安装夹片,并通知塔内张拉,准备单根张拉,如图 4-44 所示。

图 4-44 塔端牵引穿索图示

(2)注意事项。

①注意钢绞线 PE 护套的保护,在转向、管口处、桥面要用橡胶进行铺垫。

②用电筒对预埋管、HDPE 管内进行检查,严防打绞、旋转、扭曲现象发生。

③塔外和桥面牵引钢绞线时要保持联系,孔位要对应统一,不能错孔。

④桥面、塔外人员要注意观察,牵引绳不能和已穿好的索打绞,挂好的索之间不能打绞。

⑤索体 PE 层破损不能超过 1%,破损、划痕处要进行修补。

⑥施工期间发现斜拉索风振振动或主梁风振现象时,及时与设计单位沟通,查明振动原因。

6)钢绞线单根张拉

如图 4-45 所示,每根索的钢绞线均逐根挂索后即用 YCDS160-150 千斤顶进行张拉。单根张拉时,要对张拉油压、张拉力、传感器读数、初值油压、测量初值、测量终值及回缩值等进行记录。单根索力以放张时螺母初动力为控制值,同时参考竣工时的成桥索力。

(1)操作工艺。

张拉支座安装:蜂窝板撑杆下端与张拉端锚具孔连接紧固,无缝隙;撑杆上端穿入蜂窝板后,戴上固定螺母,反复拧紧,见图 4-46。

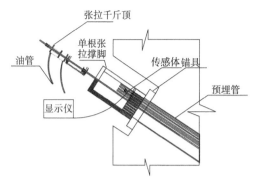  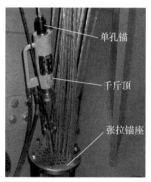

图 4-45 单根张拉示意图

图 4-46 张拉支座图

索力传感器、单孔锚具安装：张拉端钢绞线安装夹片临时锚固后,一般安装于锚具孔的第二排第一根钢绞线,如图 4-47 所示。

 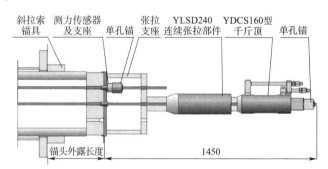

图 4-47 张拉布置图(尺寸单位:mm)

张拉空间要求：确保张拉钢绞线从张拉支座处外露长度不少于 1.45m。

张拉前检查工作：张拉端钢绞线穿过锚具孔后,检查钢绞线外露长度满足张拉要求,将两半式工作夹片塞入该锚具孔进行临时锚固。

固定端夹片安装要求：均匀敲打夹片,锁紧钢绞线,确保端面持平紧固。

(2)操作步骤。

①张拉前,将千斤顶油路、传感器与油泵连接,通电试机。

②超张拉力张拉控制,张拉到控制油压后,锁紧单孔工具锚,千斤顶卸荷。

③张拉第二根钢绞线,采取监测传感器数值,与张拉力进行比较,当张拉力与监测传感器数值一致时,油泵稳压,锚固后卸压,完成第二根钢绞线的张拉。

④后续每根钢绞线的张拉力,根据监测传感器变化值进行控制。

⑤整束钢绞线的最后一根张拉完成后,拆除第1根钢绞线上的传感器,并按当时变化值进行补张拉锚固。

(3)技术要求。

在单根张拉过程中,两侧应同时均衡分级进行加载,力求两端伸长值的不均匀值应控制在设计允许范围之内。同一幅夹片两片之间的高差控制在1mm以内,不同幅之间的高差控制在0.5mm以内。张拉操作时,油压值差值应小于0.5MPa。单根索间的索力差小于控制索力的2%。不同索间的索力差小于控制索力的1%。实测张拉伸长值与理论伸长值的误差应在±6%以内。

(4)注意事项。

①两端取得联系确认可以张拉后才能进行张拉。

②在单根挂索时,控制各挂索点的挂索进度,两束索的总索力差不大于20t,同时挂索,每束索相差不超过2根。

③操作人员在张拉时要随时敲紧夹片。

④安装夹片时必须保证外露量一致、平整而且缝隙均匀,高度必须保证达到相应控制值。

⑤张拉时油压控制要均衡,在油压达到控制油压时要缓慢进油,达到控制油压后要保压1min,保证油压数值的准确。

⑥要确认工作夹片安装好后才能卸压。卸压应均衡进行。卸压完后要检查夹片的锚固质量。

(5)单根张拉方法(等值张拉法)。

①等张法原理:如图4-48所示,第一根钢绞线①施加拉力F_1,第二根钢绞线②施加拉力F_2,在施加拉力F_2过程中,F_2增大,F_1减少,当$F_2 = F_1$时,完成第二根钢绞线张拉,按此方法循环直至完成所有钢绞线施工,使得每根钢绞线受力均匀。

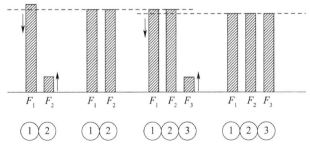

图4-48 等张法原理图

②施工索力控制方法:如图 4-49 所示,在第一根钢绞线上安装索力传感器,张拉第一根钢绞线①锚固后读取传感器读数 f_{1-1},安装第二根钢绞线②张拉至 f_{1-1} 锚固后读取第一根钢绞线传感器读数 f_{1-2},安装第三根钢绞线③张拉至 f_{1-2} 锚固后读取第一根钢绞线传感器读数 f_{1-3},重复以上步骤直至一束钢绞线单根张拉结束。

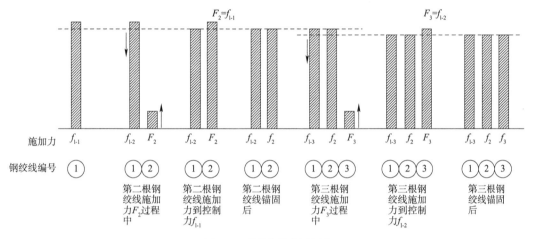

图 4-49　等值张拉法原理图

f_n-锚固力;f_{1-n}-传感器;F_n-施加力

张拉完成以后,利用张拉支座配合专用顶压器对钢绞线夹片进行逐根顶压,保证夹片锚固效果。

7)整体张拉及调索

钢绞线束索力调整采用大吨位千斤顶进行调整,整体张拉安装顺序如下:撑脚→千斤顶→张拉筒→内衬套→张拉螺母。

(1)整体张拉操作步骤。

①安装固定好整体张拉组件。

②开动油泵,分级张拉,达到 100% 控制油压后,保持压力 5min,旋紧张拉端锚具工作螺母进行锚固。

(2)整体张拉注意事项。

所有张拉千斤顶张拉前按规定进行标定,并配备相应的测力传感器,以控制千斤顶的张拉力。张拉机具长期不使用时,在使用前全面校验;当千斤顶的使用超过规范规定的使用时间或者张拉次数,或使用期间出现异常情况,均需要进行一次校验,以确保测力的准确。

斜拉索锚固时不宜在锚环与承压板间加垫,需要加垫时,其垫圈材料和强度应符合承压要求,并应设成 2 个密贴带扣的半圆环。

张拉设备的起吊装置应安全可靠。安装顺序为:先设置撑脚,再安装穿心千斤顶,最后安装工具锚,如图 4-50 所示。撑脚就位后为防止其错位应采取可靠措施将撑脚与索道管锚垫板连接。安装工具锚时因为张拉端锚头外的钢绞线束数较多且相互交错杂乱,应首先安装梳形板将其理顺,然后逐根穿进工具锚相应的孔眼内上好夹片准备张拉。

在每个张拉端锚具的外侧有一螺母旋在锚具上,通过旋转螺母可以调整一定的拉伸量,张拉伸长量在此范围时可通过张拉千斤顶后旋转螺母达到所需伸长量。张拉伸长量超过此范围需拔出钢绞线时,采用单根张拉千斤顶进行张拉调整伸长量为宜。

图 4-50　整体张拉示例

4.6.2　吊索安装

1)安装前准备

在吊索安装前,必须对桥梁结构进行全面检查,确保结构安全,无裂缝、锈蚀等损伤。同时,检查新吊索的质量,确保其符合设计要求,无损伤、变形等缺陷。根据设计图纸和现场实际情况,确定吊索的安装位置。标记出吊索的锚固点和连接点,确保安装的准确性。准备好所需的安装设备和工具,如吊装设备、紧固工具、测量仪器等。确保设备性能良好,工具齐全。

2)吊索安装步骤

(1)展索。

新索均是成盘包装运输至现场,索体内存在扭转应力,因此在索体安装前必须展索释放应力,使吊索在安装时处于无应力自然状态,进而使索体安装工程得以安全进行。

展索具体施工步骤为:将成盘索体放置在索盘上,汽车起重机起吊索体锚头,同时推动索盘,当汽车起重机提升锚头至一定高度后,将其放置于展索小车上,如图 4-51 所示。用桥面卷扬机牵引系统其中一台卷扬机与锚头附近索体相连接,启动卷扬机,牵引索体向锚固点位置移动,在牵引过程中每个 2m 在索体下放置一个展索小车。

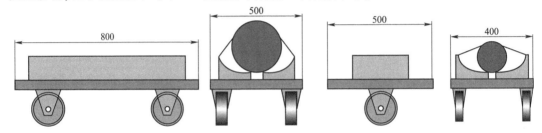

图 4-51　展索小车图示(尺寸单位:mm)

(2)挂索。

新索挂设方法同旧索拆除,对于短索 $1/2L<20m$(L 为索长),为了节省时间,采用 QY25t 汽车起重机将旧索吊起通过大臂伸臂和摆动将新索放置于主缆上。对于长索 $1/2L>20m$,采用卷扬机牵引系统安装。短索安装实景照片如图 4-52 所示。

长索安装卷扬机牵引同旧索拆除步骤。新索体在桥面展开 12m,剩余索体位于索盘内。用旧索拆除时索体牵引绕过主缆的卷扬机和新索锚头附近索体连接,启动卷扬机收紧卷扬机钢丝绳牵引索体至主缆索夹位置,在牵引过程中人工转动索盘,使索体展开。当新索体锚头被牵引至主缆索夹位置时,停止卷扬机,此时主施工平台上作业人员将新索锚头抬体绕过主缆,卷扬机继续收紧钢丝绳,新索体被牵引至梁端锚固点。当新索体两端锚头均通过钢梁锚固板后,安装新索夹具拧紧螺栓,在梁底安装锚垫板、拧紧锚固螺母。

(3)索体张拉。

待同个吊点的 2 根钢丝绳均安装完成后,在 4 个锚头内安装接长螺杆,安装定制的穿心千斤顶,检查油泵及同步张拉系统,开始新索张拉。张拉时采用张拉力和伸长值双控,张拉力控制为主,伸长值校核。

新索张拉控制索力为相对应旧索拆除时的启动索力,张拉过程采用伸长值和张拉力双控,加载采用逐级加载,按张拉控制力的 25%、50%、75%、100%。每加载一级稳压 2min,检查张拉系统是否正常并测量记录一次压力值和伸长量。在张拉过程稳压时拧紧锚固螺母,如图 4-53 所示。

图 4-52 挂索图示

图 4-53 吊索安装示例图

安装完成后,对吊索进行全面检查,确保其位置准确、紧固牢靠。如有需要,使用测量仪器进行调整,确保吊索的垂直度和水平度符合要求。

3)安装注意事项

使用吊装设备将新吊索吊装到预定位置。在吊装过程中,要保持吊索的平衡,避免碰撞和损伤。

将吊索的锚固端对准之前标记的锚固点,确保吊索位置准确。

使用紧固工具将吊索紧固在锚固点上。紧固时要保证力度均匀,避免造成吊索变形或损伤。

对于跨中部分短索,由于索长较短,在吊索更换前无法通过频谱法或者其他方法测量该部分吊索的索力值,这部分吊索的原始索力须综合考虑理论索力、竣工索力、邻近吊索索力确定,并在吊索卸载时测量索力与取值比较,选取合适的吊索索力。

对于长索要注意主塔边上吊索的索力偏差,并在吊索更换时要考虑同一吊点索力偏差较大的情况,需要对吊索索力进行适当的调整。长索由于长度较长,无法采用汽车起重机进行吊装,需要在现场布置卷扬机进行牵引。对于新旧吊索锚头过主缆,要设计专门的滚动过缆装置,且必须轻巧,便于工人在主缆上操作。

在安装过程中,要严格遵守安全操作规程,确保施工人员的人身安全。对吊索的质量进行严格把关,确保其符合设计要求和相关标准。同时,要使用精确的测量仪器进行定位和调整,确保吊索安装的准确性。安装完成后,要做好相关记录和验收工作,确保吊索安装质量符合要求。

4.6.3 吊杆安装

1) 吊杆检验

(1) 吊杆材料检验。

材质检查:确认新吊杆的材质是否符合设计要求,如是否采用规定的钢材或其他指定材料。

质量指标:对新吊杆进行质量检测,包括强度、锈蚀情况、硬度、等级等质量指标,确保符合相关标准和规范。

(2) 吊杆尺寸与规格检验。

长度检查:根据设计图纸和规范,检查新吊杆的下料长度是否符合要求。

直径与壁厚:对新吊杆的直径和壁厚进行测量,确保其满足设计和使用需求。

(3) 吊杆外观检验。

表面检查:检查新吊杆表面是否存在裂纹、变形、脱漆等情况,确保吊杆外观完好。

防护层检查:如吊杆采用双层 HDPE 或其他防护材料,需检查防护层是否完整、无破损。

(4) 吊杆连接件检验。

锚具与锚垫板:检查新吊杆的锚具和锚垫板是否完好,无锈蚀、变形等情况,并确认其与吊杆的配合是否紧密。

预埋钢管:清理锚孔后,检查预埋钢管是否畅通,无堵塞、锈蚀等情况。

2) 处理索导管

吊杆锚杯外径与索导管的内径相差很小,挂索时极易产生位置偏差,从而造成锚杯外丝扣和吊杆 PE 保护套的损伤,因此吊杆挂设前应对拱肋、梁端的索导管进行全面的检查,对索导管内的焊渣、毛刺等进行打平磨光,并在索导管口放置橡胶皮避免摩擦索体。

3) 展索

新索在桥面展开,拆除外包装和螺母,安装新索并连接钢丝绳,启动卷扬机,电动牵引新索至索导管前。

4）梁端穿索

向梁端牵引吊杆,此时应由专人指挥,使吊杆保持铅垂,牵引锚头接近索导管入口。当将锚杯牵引到梁面索导管口时,暂停牵引,人工配合调整锚杯倾角,使其与索导管轴线一致。

牵引吊杆,在牵引的过程中通过锚杯前端的倒链配合调整锚杯姿态,使锚杯在自重作用下穿过索导管。当锚杯全部进入索导管时,在索导管上端孔口铺设橡胶皮或麻布袋,严防磨损锚杯及 PE 护套。

锚杯穿出锚垫板,用牵引系统牵引锚杯至其外露出锚垫板 5~10cm,停止牵引,然后继续将锚杯牵引至设计位置,旋紧锚固螺母。

5）拱肋端穿索

检查索导管内径,在上、下孔口位置铺垫薄橡胶皮,防止在穿索过程中磕碰锚杯,磨损吊杆 PE 护套。启动拱肋倒链牵引绳,点动牵引。

在穿索的过程中,必须全程保证进入孔内的吊杆角度和索导管角度一致。因此在穿索的过程中需要不断调整吊杆的姿态。

通过操作起重机和拱肋牵引系统,相互配合将吊杆上锚头穿入索导管内,锚杯穿出锚垫板,用牵引系统牵引锚杯至其外露出锚垫板 5~10cm,停止牵引,然后继续将锚杯牵引至设计位置,准备安装千斤顶。

6）吊杆千斤顶安装

根据吊杆索力配备相应的千斤顶。另行配置相应规格的撑脚、拉杆、补芯等。

7）吊杆张拉

(1)施工准备。

张拉前,撤离桥面上的汽车起重机、叉车、运输车等机械设备,清除不使用的工具和材料(如滑轮组等),减少桥面荷载。

检查吊杆是否与索导管相碰,防止张拉时擦伤吊杆保护层。

吊杆张拉前应进行技术交底,确认本次索的张拉力和伸长量,检查张拉千斤顶位置是否居中并调整固定,检查千斤顶配套设备的编号,以便确认该千斤顶标定的曲线。

吊杆张拉前各种记录表格应准备齐全。

吊杆张拉前要求各项安全措施都已具备完善,并经检查合格。

(2)吊杆张拉。

吊杆张拉时,应根据监控领导小组下达的张拉指令分级张拉。每一级按索力张拉的同时,做好伸长量记录。张拉顺序按设计要求进行,张拉所需千斤顶、油泵、油表应配套标定、配套使用,张拉记录应完整齐全。

吊杆张拉以设计规定的张拉应力值或监控领导小组的指令值控制,伸长量作为校核。

张拉过程中,要详细记录油表读数、索力、伸长量、索头相对锚垫板的位置,便于相互校核,张拉前后应量取索头与锚垫板的相对位置;张拉过程中分级记录油表读数、索力及伸长量。吊杆张拉前后,必须对桥梁和拱肋的应力和变位进行监控,测量索力时应在温度均匀时进行,一般情况应在日出前测量完毕。

临时兜吊拆除、转运:张拉完成后拆卸张拉设备和配套部件,将兜吊系统逆序拆除,拆除完成后可按照吊杆更换顺序将临时兜吊安装在临近吊杆,如图4-54所示。

图4-54　吊杆索张拉现场图

8)调索

调索应遵循的原则为:使张拉后索力与换索施工前原索力一致。

完成换索张拉后,测量全桥所有吊杆的索力,对偏差原目标索力超过±5%的索进行调索。调索时兼顾临近3根索索力和相应位置线形值。

调索前做好索力检测和其他各种观测的准备工作。调索按预定级次的相应张拉力,计算出相应的吊杆伸长量为锚杯的调整依据,电动油泵进油或回油逐级调整索力。如果是降低索力,则先进油拉动吊杆,使锚固螺母能够松动,按对应伸长量旋开锚固螺母即可降低吊杆索力。

本章参考文献

[1] 沈锐利.缆索承重桥梁[M].北京:人民交通出版社股份有限公司,2021.
[2] 中华人民共和国交通运输部.公路缆索结构体系桥梁养护技术规范:JTG/T 5122—2021[S].北京:人民交通出版社股份有限公司,2021.
[3] 中华人民共和国交通运输部.公路桥梁加固施工技术规范:JTG/T J23—2008[S].北京:人民交通出版社,2008.
[4] 中华人民共和国国家质量监督检验检疫总局,中国国家标准化管理委员会.斜拉桥钢绞线拉索技术条件:GB/T 30826—2014[S].北京:中国标准出版社,2014.

施工监控与质量管理

5.1 施工监控概述

5.1.1 施工监控的背景

为了确保索体更换工作的安全性和高效率,通常会采用先进的监测与控制技术,对缆索承重桥梁的结构状态进行实时监控。通过对实际状态与设计标准的对比分析,可以及时采取措施进行调整,以确保更换后的桥梁线形达到设计要求,并尽可能接近理想状态。目前,国内外在桥梁的施工、成桥以及运维阶段都实施了监测和控制,以评估桥梁结构的安全性和可靠性,特别是对于大跨径的缆索承重桥梁而言,施工监控在新建和养护维修等各个施工阶段都有着至关重要的作用。

桥梁施工监控涉及在施工过程中对桥梁结构的受力、变形和稳定性等关键参数进行监测和分析。依据这些监测数据,可以对施工过程进行必要的调整和控制,以确保桥梁结构在施工期间及建成后的安全性、稳定性,以及各项性能指标满足设计要求。施工监控是桥梁施工中的一项核心工作,对于保障施工质量、结构安全和实现设计目标具有重要意义。

5.1.2 施工监控的发展

1)国外发展历程

20世纪50年代初期,第一座现代斜拉桥——瑞典斯特罗姆松德桥梁建设过程中首次应用施工监控技术,主要目的是调整拉索索力及控制主梁高程。20世纪50年代末,德国Leonhardt首次提出了"倒退分析法"。该方法从桥梁最终的理想状态逆向分析至各个施工阶段,有效减少了误差,保障了施工质量。此后,"倒退分析法"逐渐发展成为桥梁施工控制的核心理论方法,并为桥梁监控系统的建立提供了理论支撑。到了1978年,美国在建造帕斯克—肯尼威克大桥时也采纳了这一方法,对桥梁施工进行了有效的控制,取得了显著的成效。

日本在桥梁施工监控理论的应用上走在了前列。由于其多变的地形地貌,需要大量桥梁来跨越河流和山谷,因此在现代桥梁建设技术上发展迅速,技术先进。在20世纪80年代初,日本在建造日野预应力混凝土连续梁桥时,建立了一套较为完善的应力和挠度观测系统,利用计算机和网络技术对相关参数进行分析,并根据分析结果指导现场施工。

20世纪80年代末,日本在建造埼玉县秩父市斜拉桥和横滨海湾斜拉桥时,成功地运用了计算机联网传输技术,建立了一个自动监控系统,用于调整拉索索力过程中的实时控制。这个系统在施工过程中实现了设计参数与实测参数的快速对比验证,对于确保施工的安全性、精确度和加快工程进度起到了关键作用。该系统由自动数据采集、精度控制和结构计算分析组成。此后,日本还开发了一种适用于斜拉桥的双重施工控制系统,该系统能够在现场自动完成测试、分析和控制的整个流程。

2)国内发展历程

国内早期的工程建设中,桥梁项目数量稀少,大跨径桥梁更是少见。彼时所建桥梁普遍呈现出跨径小、规模不大、受力简单的特征。由于受到的影响因素有限,早期桥梁很少出现因施工监控工作不到位而致使桥梁无法顺利合龙或者施工质量不符合规范要求的状况。也正因如此,相较于国外,国内桥梁施工监控领域的发展起步较晚。

随着国内经济步入高速发展阶段,施工监控技术也随之飞速发展。同济大学最早在国内形成施工监控系统理论的,于20世纪80年代后期开展施工监控技术的全面研究并形成了完善的监控系统,成功将该理论运用于桥梁实际工程。随着时间的流转,桥梁施工技术宛如一个持续进化的生命体,一直处于发展与革新的进程之中。在此过程中,大跨径桥梁建设逐渐成为桥梁工程领域的核心关注点。大跨径桥梁因其结构复杂、施工难度高的特性,对施工精度和质量提出了更为严格的要求。在这样的背景下,人们逐渐清晰地认识到,只有使实际施工状态最大限度地贴近设计的理想状态,才能够保证桥梁的质量与性能。

目前在我国桥梁施工监控研究中主要集中以下几点:①桥梁施工的控制方法;②桥梁施工结构控制方法;③桥梁施工控制误差调整理论和方法。根据不同桥梁类型选择合适的桥梁施工监控方法,主要方法包括自适应施工控制方法、BP神经网络系统预测控制方法、灰色理论模型控制方法、无应力状态控制法等。

3)现状

现阶段,在其他国家除了对桥梁在施工过程中的变形和受力等方面的控制予以高度重视以外,对桥梁在成桥以后的服役状态的监测工作也非常重视,在桥梁结构的梁体中埋设监测点(布设应变片)进行长时期地观测、预报和分析,方便随时了解投入使用中的桥梁健康状况,防止结构破坏和安全事件的发生。

在缆索承重体系桥梁换索施工监控方面,国外同样投入了大量资源与精力开展相关研究与实践。一些发达国家已形成较为成熟的换索施工监控技术体系,在传感器应用、数据分析模型以及远程监控系统等方面具有先进的技术手段,能够实现对换索过程中结构受力、变形的精准监测与控制,有效保障换索施工的安全与质量,并且为后续桥梁的长期服役性能提供可靠数据支持。

国内缆索承重体系桥梁换索施工监控领域仍面临诸多挑战。例如,对于复杂的大跨径缆索承重桥梁,换索施工过程中的多参数协同监测技术尚不完善;在数据处理与分析方面,如何快速准确地从海量监测数据中提取有效信息并用于施工决策仍有待进一步研究;此外,针对换索后的桥梁长期性能评估与预测方法也还不够成熟。

总体而言,当前桥梁监控技术,特别是换索监控技术正处于一个关键的瓶颈时期。现有的监控理论和监测方法在应对日益复杂的桥梁工程需求时显得力不从心,急需在研究方面取得新的突破。在最近几年,随着科技的飞速发展,智能监控技术在桥梁工程监控领域(施工监测和在役桥梁健康监测)已经得到了广泛的应用。但是,缆索承重体系桥梁由于其自身具有结构复杂、规模庞大、施工流程烦琐以及布设监测点极为不便等特殊特点,传统的一般监控技术在对其进行监测与控制时,已难以满足实际需求。鉴于此,在对桥梁结构实施监控的过程中,必须借助新型传感器的埋设(例如图像识别传感器、光纤传感器等)以及运用更为先进的信号处理技术等手段来开展监控工作。同时,还需要建立针对在役桥梁的全面监测监控系统,将这些元素有机整合,整体构成智能桥梁监控体系。这样的智能监控体系能够显著提高工程控制的科学性,增强其可操作性,简化操作流程并提升监控的精密程度。可以说,这是未来几十年内桥梁工程监控技术发展的主要方向,对于提升我国桥梁建设、保障桥梁安全稳定运行具有至关重要的意义。

5.1.3 施工监控的意义

桥梁施工监控在现代桥梁建设中具有至关重要的意义,以当前广泛应用的大跨径桥梁——缆索承重体系桥梁的换索工程为例,施工控制对该项目的高效、安全、优质实施起到重要作用,也为同类型后续其他桥梁的拉、吊索更换工程起到标杆及参考意义,主要体现在以下几个方面。

1)确保结构安全

桥梁作为交通基础设施的重要组成部分,其结构安全是首要考量因素。在施工过程中,由于材料特性、施工工艺、环境条件以及人为因素等的影响,桥梁结构的实际受力和变形状态可能与设计预期存在偏差。

通过施工监控,可对拉、吊索更换过程中每级卸载或张拉的结构状态进行实时识别(监测)、调整(控制)、预测,可以及时发现潜在的安全隐患,如结构局部应力过大、变形异常等,为采取针对性的措施提供依据,从而确保设计目标安全、顺利的实现。

施工监控有助于保证桥梁施工完成后的质量和性能达到设计要求。通过对拉、吊索更换施工过程中的结构受力及变形进行监测控制,使施工中的结构处于安全状态,并与施工过程结构理想状态相吻合,最终实现换索后结构的理想状态。这不仅能够保证桥梁的承载能力和稳定性,还能提高桥梁的使用性能,如行车舒适性,延长桥梁的使用寿命。

2)验证理论模型

施工监控所获得的实测数据,可以用来验证桥梁设计所采用的理论和计算模型的准确性和可靠性。通过将实测数据与理论计算结果进行对比分析,可以发现设计理论和计算模型中存在的不足之处,为今后同类桥梁的设计和施工提供参考和改进依据。

3)优化施工工艺

施工监控数据可以为施工工艺的优化提供依据。通过对监测数据的分析,可以评估不同施工工艺和施工方法的效果,及时发现施工中存在的问题和不足,为改进施工工艺、提高施工效率及质量提供支持。此外,施工监控还可以帮助合理安排施工进度,避免因施工误差或结构异常导致的返工和工期延误,确保项目按时完工。

4)降低工程成本

通过施工监控及时发现和解决施工中的问题,可以避免因质量问题导致的返工和材料浪费,减少不必要的工程支出。同时,合理的施工监控方案可以在保证工程质量的前提下,优化资源配置,降低施工成本。

5)提供数据支撑

施工监控过程中所积累的桥梁结构在施工阶段的受力和变形数据,可以为桥梁建成后的运营和维护提供重要的基础资料。这些数据可以帮助运营管理部门了解桥梁的初始状态和性能,为制定科学合理的运营维护方案提供依据,延长桥梁的使用寿命。

6)促进技术发展

施工监控过程中积累的大量数据和实践经验,为桥梁设计理论的完善、施工技术的创新以及相关规范标准的制定提供了重要的基础资料。通过对施工监控成果的总结和分析,可以推动桥梁工程领域的技术进步,促进桥梁建设行业的可持续发展。

5.1.4 施工监控的原则

缆索承重体系桥梁换索施工监控是确保桥梁施工质量和结构安全的重要手段,在实施过程中需要遵循以下原则:

1)系统性原则

桥梁施工是一个复杂的系统工程,施工监控应将桥梁结构、施工过程、施工环境等作为一个整体系统进行考虑。从施工前的方案制定、监测点的布置,到施工中的数据采集、分析与反馈,再到施工后的总结评估,都需要全面、系统地进行规划和实施。

对于大跨径缆索承重体系桥梁的换索施工监控,不仅要监测主梁的变形和应力,还要对桥塔的位移和应力、拉索的索力变化等进行监测,同时考虑温度、风荷载、施工器械荷载等环境因素的影响,形成一个完整的监控体系,以全面了解桥梁结构在施工过程中的状态变化。

2)可靠性原则

施工监控所获取的数据和信息必须准确可靠,这是进行有效监控和决策的基础。监测仪器和设备应具有足够的精度和稳定性,并按照规定的周期进行校准和检验。监测人员应具备专业的知识和技能,严格按照操作规程进行数据采集和处理,确保数据的真实性和可靠性。

比如,在使用应力传感器监测混凝土结构的应力时,需要选择合适的传感器类型和安装位置,并进行正确的安装和防护,避免外界干扰对监测数据的影响。同时,对监测数据进行多源数据验证和对比分析,如采用不同类型的传感器或监测方法对同一参数进行监测,以相互验证数据的可靠性。

3) 可控性原则

施工完成后的主梁线形应达到设计目标要求,结构受力控制在材料允许范围内。而对于大跨径缆索承重体系桥梁应实行"高程、索力双控"模式,以主梁高程控制为主,以索力控制或调整为辅。

4) 及时性原则

施工过程中的结构状态变化迅速,施工监控必须及时获取数据、分析处理、反馈结果,以便及时调整施工方案和施工参数,保证施工的顺利进行和结构的安全。

例如,在缆索承重体系桥梁换索施工中,每一根拉索更换施工完成后,应尽快对梁段的高程、应力等进行监测和分析,及时发现可能出现的问题,如梁段高程偏差过大、应力超限等,应及时通知施工单位进行调整,避免问题的积累和扩大。

5) 适应性原则

桥梁施工监控方案应根据桥梁的结构特点、施工方法、施工环境等因素进行制定,并具有一定的灵活性和适应性。在施工过程中,如遇到设计变更、施工条件变化、突发事件等情况,监控方案应能够及时进行调整和优化,以满足施工监控的需要。

6) 经济性原则

在满足施工监控目标和要求的前提下,应尽量降低监控成本,提高监控效率。通过合理选择监测仪器和设备、优化监测点的布置、减少不必要的监测项目和监测频率等措施,实现监控成本的有效控制。

例如,对于一些常规的桥梁结构,可以采用相对简单、经济的监测方法和设备;对于关键部位和重要参数,可以采用高精度、高可靠性的监测仪器和设备,在保证监控效果的同时,降低监控成本。

对于缆索体系承重桥梁换索施工监控而言,其基本原则如下:

(1) 在索体更换工作完成之后,主梁的线形应满足设计所提出的要求,并且结构的受力状况应当被严格控制在规范所允许的数值范围之内,以维持桥梁的整体稳定性和安全性。

(2) 在新索的张拉过程中,应当推行"高程、索力双控"的模式。

(3) 在更换的过程当中,如果察觉到主梁的高程、索力出现了较大的偏差或者显著的变化,应立即停止施工。同时迅速查明原因,并实施相应的整改措施。只有在完成整改且确认无误之后,才能够继续开展施工工作。这一原则能够及时发现并解决施工中的异常情况,避免问题进一步恶化,从而保障施工的质量和安全。

(4) 应当充分考虑昼夜温差对换索产生的影响。在实际操作中,尽量选择在温度较为均匀的凌晨至日出前这一时间段进行换索量测,以减少温度变化带来的测量误差,提高量测数据的准确性和可靠性。

(5)换索施工过程中,主梁在空间中的受力分布并非均匀一致,不同部位可能会受到不同程度的影响,因此应充分考虑主梁结构的空间效应,以确保换索施工的顺利进行和桥梁结构的长期稳定。

5.2 施工监控主要工作内容

施工监控是确保桥梁施工过程安全、施工质量与性能符合设计要求的重要手段,它的主要工作内容包括施工监控计算、施工监测以及施工控制这三个主要方面。

5.2.1 施工监控计算

换索施工监控计算与新桥设计计算存在着显著差异。在新桥的设计计算过程中,对于那些对最终结果影响相对较小的施工阶段,在一定程度上是可以忽略的。然而,换索施工监控的计算必须严格依据施工组织设计,对施工步骤和流程进行精细的拆分。这是因为在换索施工的过程中,每一个步骤的细微变化都有可能对结构的受力状态和稳定性产生重大的影响。只有精确地掌握结构在各个施工阶段的最不利状态,才能够实现有效的施工控制。在某些情况下,甚至需要对既定的施工方案进行优化调整,以确保结构的受力始终处于合理的范围之内。

对于换索过程中不进行线形调整的桥梁,新索张拉索力与旧索保持一致,监控计算的主要目的是确保索力卸载过程中的结构安全;而对于在换索过程中需要进行线形调整的桥梁,需要通过调整新索张拉索力使线形产生变化,因此监控计算显得尤为重要。在调整线形的情况下,每更换一根斜拉索或吊索,其索力的变化都会使其周边索体的索力重新分布,所以需要对每个施工阶段的初始索力进行迭代,得到全桥换索完成后准确的桥梁线形。

缆索承重体系桥梁换索施工监控计算的内容主要包含索力、变形、主塔偏位、拱脚位移等方面,不同类型桥梁的换索在监控计算上的侧重点也存在细微差别。监控计算的目的包含但不限于以下4点:

①掌握结构在拆索工况下的状况,清晰知晓施工过程中桥梁结构的受力和变形情形。
②确定结构的最不利位置,为后续监控测点的合理布设提供有力支撑,保证能够精确监测到关键部位的变化。
③验证施工方案的可行性与安全性,确保施工过程符合设计要求。
④为施工中的控制措施提供精准的理论数据,促使施工操作更具科学性和可控性。

对于系杆拱桥和悬索桥的吊索更换作业,随着工程技术的不断发展和实践经验的积累,临时兜吊法已得到较为广泛的应用与普及。在实际的吊索更换过程中,得益于临时兜吊系统的有效设置,当进行吊索更换操作时,原本由待更换吊索所承担的内力会转移至临时吊索。这种内力转移机制具有重要意义,它能够显著降低更换吊索过程对桥梁结构整体产生的影响。因为大部分内力被临时吊索所承接,使得桥梁主体结构在施工过程中所受的扰动相对较小,从而保障了桥梁结构在吊索更换期间的稳定性和安全性,临时兜吊系统如图 5-1 所示。不过,这并不意味着可以忽视对整个施工过程的监控与计算。恰恰相反,在此过程中,监控计算的核心内容主要集中在临时兜吊系统的各个构件上。这是由于临时兜吊系统在吊索更换过程中承担着关键的力学传递作用,其稳定性和安全性直接关系到整个施工过程的顺利进行以及桥梁结构的安全。只有确保临时兜吊系统的每一个构件都处于良好的工作状态,具备足够的强度、刚度和稳定性,才能有效地承受内力转移带来的各种荷载作用,防止在施工过程中出现构件变形、失稳甚至破坏等不利情况。

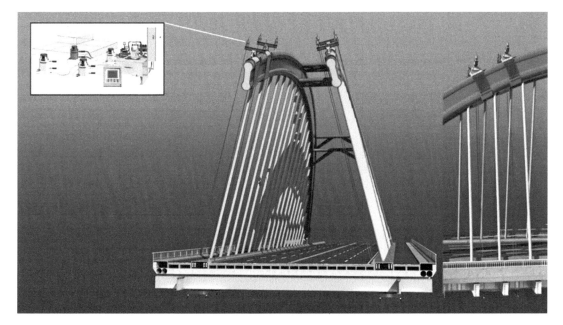

图 5-1 临时兜吊系统示意图

然而,斜拉桥由于没有布设空间,难以设置临时兜吊系统,这就意味着在拉索拆除后,引起的内力重分布需要由桥梁结构本身来承受。这种情况下,桥梁结构的各个部分将面临内力的重新调整和分配,对桥梁结构的力学性能和稳定性提出了更高的要求。监控计算过程中需要更加密切地关注桥梁结构的响应,包括主梁的变形、拉索索力变化、主塔偏位以及主梁应力变化等,以确保在拉索更换过程中桥梁结构的安全可靠,避免因内力重分布而导致结构出现不可预见的问题,影响桥梁的正常使用和寿命。

以夷陵长江大桥换索施工为例,当进行拆索操作时,结构往往会朝着不利方向发展;而在新索安装及张拉阶段,结构则会向有利方向发展。基于此,施工监控计算的重点在于对拆索工况的精确计算,以便全面掌握结构的最不利状态及施工过程中各工况最不利位置。选取其中塔 M23 号长索更换的斜拉索拆除计算结果为例进行说明。

M23 号斜拉索拆除后主梁线形变化、斜拉索索力、主塔偏位及梁底应力如图 5-2 ~ 图 5-10 所示。

(1)主梁线形变化。

图 5-2　M23 号斜拉索拆除主梁线形计算结果

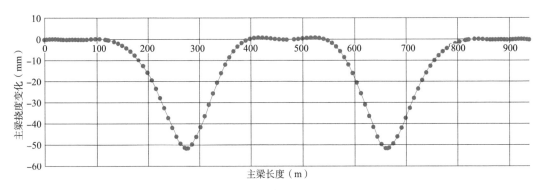

图 5-3　M23 号斜拉索拆除主梁线形变化

(2)斜拉索索力。

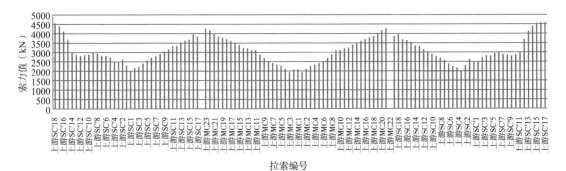

图 5-4　M23 号斜拉索拆除上游侧索力分布

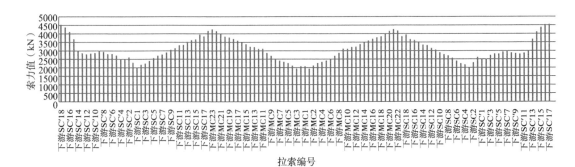

图 5-5　M23 号斜拉索拆除下游侧索力分布

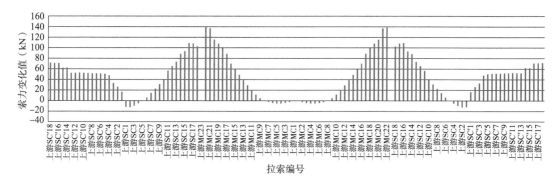

图 5-6　M23 号斜拉索拆除上游侧索力变化

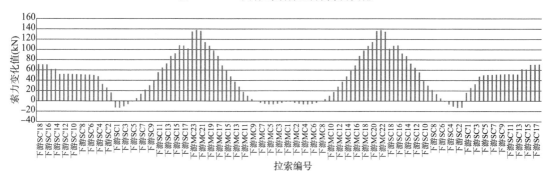

图 5-7　M23 号斜拉索拆除下游侧索力变化

(3) 主塔偏位。

图 5-8　M23 号斜拉索拆除主塔偏位计算结果

(4) 主梁应力。

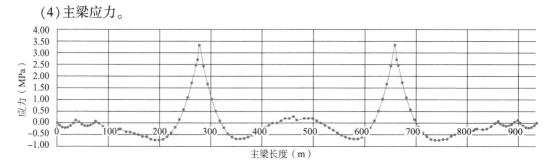

图 5-9　M23 号斜拉索拆除梁底应力变化

通过结果分析可以看出,在夷陵长江大桥的换索施工中,换索位置与结构的不利位置密切相关。更换索附近的主梁区域,容易由于索力的变化而产生较大的线形变化、应力变化,同时拆索侧会发生主塔偏位,这些变化位置将成为结构的不利位置。在实际的换索施工中,需要针对这些可能的不利位置进行重点监测和控制,以确保换索施工的安全和结构的稳定性。

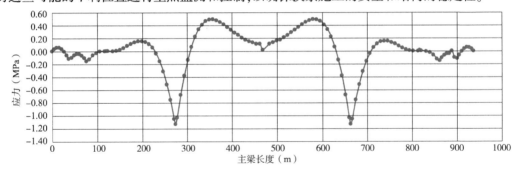

图 5-10 M23 号斜拉索拆除梁顶应力变化

此外,在夷陵长江大桥换索施工过程中发现,监控实测线形与理论计算线形存在较大差距。监控单位对此现象进行了计算分析,以边塔 SC15、SC′15 索更换为例,当同步拆除边塔 SC15、SC′15 索时,其线形变化如图 5-11 所示。

图 5-11 同步拆除 3 号塔及 5 号塔 SC15、SC′15 索主梁线形变化示意图

当仅拆除 3 号边塔 SC15、SC′15 索时,其线形变化如图 5-12 所示。

图 5-12 单独拆除 3 号塔 SC15、SC′15 索主梁线形变化示意图

根据计算结果可知,当 3 号塔与 5 号塔拉索同步更换时,其主梁的最大下挠值与最大上挠值均比单独更换时的值更小。监控实测线形与理论计算线形存在较大差距的原因在于两边塔拉索未进行对称更换,无法实现抵消中塔偏位的效果,从而导致中塔向边跨侧发生偏位,相应的梁体线形也随之增大。若仍继续不对称更换施工,容易对桥梁最终整体线形造成影响。后续施工单位调整了施工进度,确保了两边塔的同步更换实施。

由此分析可知,施工监控的计算是缆索体系承重桥梁换索实施的理论基础,换索施工应基于理论计算实施。

5.2.2 施工监测

施工监测的测点布置是根据施工监控计算的结果来确定的,以确保能够准确、全面地监测桥梁结构的关键部位和参数,为施工控制提供可靠的数据支撑。然而,由于受力特点的不同,各类桥型在换索时所监测的侧重点也有所不同。

1)系杆拱桥吊索更换监测内容

对于系杆拱桥吊索更换监测内容主要包括拱肋变形监测、拱脚变形监测、桥面线形监测、吊索索力监测、应力监测、温度监测等。

(1)拱肋变形监测。

拱肋是系杆拱桥的主要承重结构,其变形情况直接反映了结构的受力状态和稳定性。通过在拱肋上布置变形监测点,使用精密的测量仪器如全站仪、水准仪等,对拱肋的变形进行监测,可以及时发现拱肋的异常位移,为采取相应的施工控制措施提供依据。

(2)拱脚变形监测。

拱脚是拱肋与桥墩(台)的连接部位,承受着巨大的推力和弯矩。对拱脚变形的监测可以了解拱脚的受力状态,及时发现潜在的问题,如拱脚位移、裂缝等,确保结构的安全。

(3)桥面线形监测。

桥面线形是衡量桥梁使用性能和主梁受力情况的重要指标。通过在桥面上布置线形监测点,使用水准仪等测量设备,对桥面的高程进行监测,可以及时发现桥面线形的变化,保证桥梁在施工过程中和成桥后的线形符合设计要求。

(4)吊索索力监测。

吊索索力是系杆拱桥结构内力的重要组成部分。通过在吊索上安装索力传感器,如振弦式索力传感器、光纤光栅索力传感器等,实时监测吊索索力的变化,可以了解吊索的受力情况,及时发现索力异常变化,避免因换索产生吊索索力不均匀而导致结构的破坏。

(5)应力监测。

应力监测可以直接反映结构内部的受力情况。通过在施工过程中结构的关键部位布置应力传感器,如应变片、应变计等,实时监测结构的应力变化,可以及时发现应力集中和超应力现象,采取相应的措施保证结构的安全。

(6)温度监测。

温度对桥梁结构的受力和变形会产生重要影响。通过在桥梁结构上布置温度传感器,实时监测结构的温度变化,可以为施工控制提供必要的温度修正参数,保证施工控制的准确性。

2)斜拉桥拉索更换监测内容

对于斜拉桥拉索更换,监测内容除了包括上述系杆拱桥的一些通用监测内容外,还包括斜拉索索力监测、主塔变形监测、塔梁锚固区应力监测等。对于存在体外索的混凝土主梁斜拉桥,还应对体外索进行监测。

(1)斜拉索索力监测。

斜拉索是斜拉桥的重要受力构件,其索力的变化会直接影响到桥梁的结构性能。通过在斜拉索上安装索力传感器,实时监测斜拉索索力的变化,可以及时了解索力的变化情况,调整施工工艺,保证桥梁的结构安全。

(2)主塔变形监测。

主塔是斜拉桥的主要承重结构,其变形情况反映了主塔的受力状态。通过在主塔上布置变形监测点,使用全站仪等测量设备,对主塔的位移、倾斜等变形进行监测,可以及时发现主塔的异常变形,确保主塔的安全。

(3)锚固区裂缝监测。

塔梁锚固区是斜拉桥受力的关键部位,承受着巨大的应力。通过观察塔梁锚固区在换索过程中的裂缝变化情况可掌握其施工过程中的受力情况,保证结构的安全。

3)悬索桥吊索更换监测内容

对于悬索桥吊索更换,监测内容除了主塔变形、吊索索力等通用监测内容以外,还包括主缆线形监测。

主缆是悬索桥的主要承重结构,其线形的变化会影响到桥梁的结构性能。通过在主缆上布置线形监测点,使用全站仪等测量设备,对主缆的高程和跨中垂度进行监测,可以及时了解主缆的线形变化情况,保证桥梁的结构安全。

从上述各类桥型换索的监测内容来看,所监测的主要参数可以概括为以下两类。

(1)变形。

变形是控制结构总体的重要指标,直接影响到桥梁的外观、使用和受力性能,包括主梁变形、主缆变形、拱肋变形和主塔偏位等。例如,桥面线形不平顺可能会导致车辆行驶时产生颠簸,增加车辆对桥梁的冲击力;主缆或拱肋的线形偏差可能会导致结构受力不均匀,引发局部应力集中,从而影响结构的稳定性。主塔偏位过大可能会使塔梁锚固区产生过大的应力,导致锚固区混凝土开裂;主塔偏位还可能会影响斜拉索或吊索的索力分布,进一步影响桥梁的结构性能。

(2)索力。

索力是结构内力的重要控制指标,索力的大小直接影响到桥梁的结构内力分布。如果索力不均匀或过大,可能会导致桥梁结构的局部破坏。例如,斜拉索或吊索索力不均匀可能会使加劲梁或拱肋受力不均匀,导致局部应力过大;索力过大还可能会使索体本身应力幅增加,容易产生疲劳损伤,降低索体的使用寿命。

5.2.3 施工控制

对于缆索承重体系桥梁,索力与线形之间存在着密切的关系,索力的变化会直接影响到桥梁的线形。

在换索工程开始前,需要对结构整体线形、索力等参数进行测量,以掌握结构的初始状态。

在换索过程中,需要在施工监测的基础上,通过将采集到的数据与理论值进行对比分析,实现索力和线形的精确控制,一旦发现实际数据与设计值存在偏差,就需要及时查明原因,调整相应的施工工艺和索力张拉值。

在换索工程完成后,再次对结构整体线形、索力等参数进行测量,确保换索后桥梁的结构性能和线形符合设计要求,检查结构整体控制的效果。

对于索力等值替换、线形不调整的缆索体系桥梁换索,施工控制的难度相对较低。在这种情况下,只需要保证新索的索力与原索力相等即可基本满足结构的受力要求,对施工过程中的控制要求相对较低。目前已有的换索实施案例,基本都采用索力等值替换的方式。

对于通过换索调整线形的缆索体系桥梁换索,施工控制的难度相对较大。在这种情况下,从理论到实施,都通过精准控制索力的变化来实现对桥梁线形的调整,这就对施工监控的理论计算及监测实施都提出较高的要求。

总之,施工控制是桥梁换索施工中的关键环节,需要严格按照设计要求和施工规范进行操作,确保桥梁的施工质量和结构安全。

5.3 施工监控工作方法和目标

5.3.1 施工监测方法

缆索承重体系桥梁在换索过程中,需要对线形、拉、吊索的索力、主塔偏位、关键部位的应力等进行同步监测,以确保桥梁结构在整个换索过程中处于一个安全的状态。每种监测参数应当采取合适的监测方法来满足不同桥梁的不同监测要求。目前缆索承重体系桥梁常用的监测方法如下:

1)线形监测

缆索承重体系桥梁线形监测的方法目前有水准高程法、机器人监测法、倾角仪法、激光投射法、GPS法、连通管法、毫米波雷达法、光纤光栅传感技术法和机器视觉智能测量仪法。

(1)水准高程法。

水准高程法是指通过测量固定测点的前后高程变化来反映桥梁的挠度变化。实际操作过程中,根据监测方案及频次要求,使用水准仪、三脚架和钢钢尺等仪器或者人工对桥面固定测点进行水准高程测量。目前常用的精度较高的Dini03级电子水准仪,其每千米往返测得的偶然中误差为0.3mm。水准高程法的优点是技术普及且廉价;其缺点是需要中断交通、人工测量每个点的高程,费时费力且实时性较差。但由于其操作简单和廉价,水准高程法在测量要求不高的情况下得到广泛的应用。水准高程法现场检测如图5-13所示。

图5-13 水准高程法

(2)机器人监测法。

机器人监测法(图 5-14)是在水准高程法的基础上,通过控制系统按照设定的测量规则来驱动全站仪,自动进行高程监测。该方法有效地减少了人工读数的不便和烦琐,其优点是能快速监测和智能自动化;缺点是受环境影响较大,不能同时监测多个测点且成本较高。

(3)倾角仪法。

倾角仪法是在桥面上沿桥梁轴线方向依次布设多个倾角仪,根据梁体的约束条件,由监测点的倾角值换算得到桥梁线形曲线的方法。该法的最大优点是不需要现场基准,操作方便,而且倾角仪不受雨、雾等影响,环境适应性好。该法的缺点是过于依赖倾角值到挠度值转换时所取的数学模型,且没有一个统一的、适用性好的换算方法,监测精度一般只能达到5%。倾角仪传感器测点布置如图 5-15 所示。

图 5-14 机器人监测法

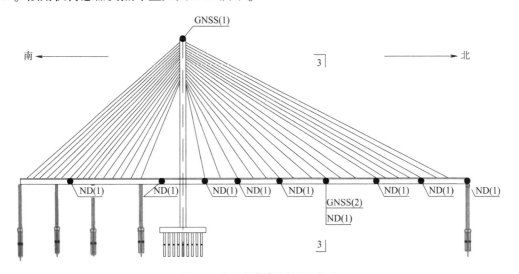

图 5-15 倾角仪传感器布置示意图

(4)激光投射法。

激光投射法的原理是利用激光的准直性,在固定点安装发射源,在桥梁上的测点位置处安装目标靶,通过计算激光在目标靶上的投影变化来推算挠度变化的一种方法。该方法的优点是测量速度较快,监测精度可达 0.1mm;缺点是成本较高,且固定点和监测点之间需保证通视;另外若桥梁现场环境复杂,水雾、尘埃对激光干扰较大时,监测数据容易失真。

(5)GNSS 法。

GNSS 法的原理是将移动站设置在桥梁挠度的监测点上,将基准站(图 5-16)设置在固定不动的参考点上,监测时移动站和基准站同时观测同步卫星,以此来确定移动站相对基准站的位置,从而得到监测点的挠度变化。GNSS 法的优点是不受通视条件、距离和高差的限制,可直接实时获取监测点的三维绝对坐标,并满足全天候自动数据采集的要求。该法的缺点是 GNSS 接收机的成本较高,而且动态监测的精度较低,一般在厘米的量级。所以 GNSS

法更适用于挠度变形量特别大的大跨径悬索桥和斜拉桥,如广东的黄埔大桥(主跨1108m悬索桥)、江苏的江阴长江公路大桥(主跨1385m悬索桥)等,就是采用GNSS法进行桥梁线形的监测。

图5-16　GNSS基准站

(6)连通管法。

连通管法是利用连通管内液面水平的原理,沿梁体布设连通管道,通过监测点处连通管内液位的变化,换算得到桥梁线形的变化,其监测原理示意图如图5-17所示。该法原理简单、经济、实现方便,具有监测范围大、精度高、不受现场恶劣环境的影响、可以实现多点同步监测的优点,近年来受到了广泛的重视。连通管法中液位的获取是关键技术,相继有学者尝试了超声波、电感技术、光电探测技术、液气耦合原理和光纤布拉格光栅(FBG)液压传感技术、压力变送器等液位获取技术,得到了丰富的研究成果。然而,由于液体阻尼和惯性的影响,开放式连通管液面的响应相比桥梁的挠度变化有滞后现象,甚至存在液面振荡现象,致使其无法实时获取桥梁的变形数据,故一般认为连通管法仅适用于静态监测。近年来兴起的封闭连通管法,取消了开放性的液面,由压力波传递液位的变化,伴以高性能压力变送器检测液体压力的波动,使得系统的动态性能得以大幅提升,为连通管法动态性能瓶颈的解决勾勒出可行的技术路线,相关的研究正在进行中。

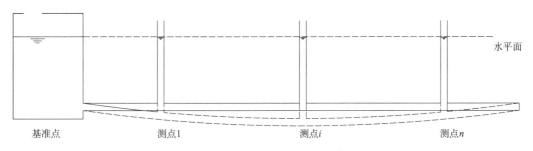

图5-17　连通管法线形监测原理示意图

(7)毫米波雷达法。

毫米波雷达发送电磁波不易受环境干扰,近些年被用于桥梁结构的线形测量,其测量基本原理如图5-18所示。

毫米波雷达分为发射端、反射端、接收端。从发射端到反射端之间的距离变化可以通过雷达信号的多次发送和接收后计算得到。毫米波雷达发射电磁波到达目标点后被反射回来,通过连续的发射和反射,获得一系列变化的相位,通过这些变化的相位按式(5-1)可以计算出目标点的振动变化位移。

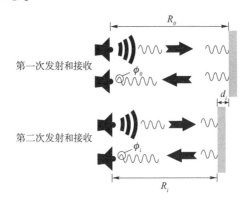

图 5-18 毫米波雷达法线形监测原理示意图

$$\phi_i = \frac{4\pi}{\lambda}R_i \tag{5-1}$$

式中：λ——雷达工作波长；

R_i——第 i 次测量时雷达与观测点的距离；

ϕ_i——第 i 次测量的干涉相位。

毫米波雷达法监测桥梁线形具有很高的距离分辨率，能够同时监测多个目标的速度和距离，且能连续跟踪目标，具有全天候、低功耗、非接触以及高效率等优点；其缺点是精度较低，易受桥梁恶劣的现场环境影响，实测误差较大。

（8）光纤光栅传感技术法。

目前新兴的桥梁线形监测方法还有基于光纤光栅传感技术的监测方法。光纤光栅本质上就是一段纤芯中具有折射率周期性变化结构的光纤，可直接测量温度、应变，并能将其转化为压力、加速度、振动、位移、湿度等参数。光纤光栅传感技术的基本原理如图 5-19 所示。

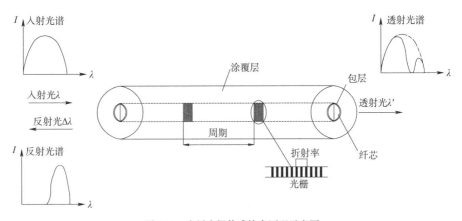

图 5-19 光纤光栅传感技术原理示意图

基于光纤光栅传感技术的桥梁线形监测方法则是在桥梁结构上沿桥长方向均匀布设光纤，并涂胶固化，安装过程中需保证光纤与梁体结构紧密贴合。随后利用光纤光栅传感技术监测出桥梁结构各位置处的应力变化，并将其与"应变-位移"算法模型相结合，计算桥梁的整体位移。线形监测的基本原理如图5-20所示。

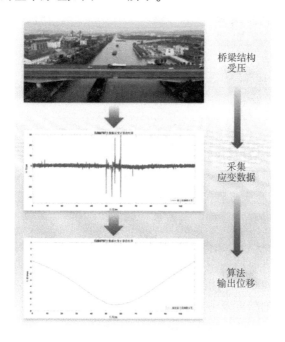

图5-20 光纤光栅传感技术法线形监测工作示意图

(9)机器视觉智能测量仪法。

机器视觉智能测量系统采用物联网技术及智能灾变识别算法将图像数据转化为变形数据,实现对桥梁线形的超高精度非接触式实时测量,达到对结构物健康状况全天候监测的目的。内含嵌入式计算模块,可对记录的靶标图像进行畸变处理,校正靶标位移,提高结构物位移的监测精度;同时采用动态局部视窗算法,解决了运算复杂和计算量大的问题,从而使得所有的监测数据都能够在本地微型嵌入式计算模块中运行计算。机器视觉测量仪及靶标布置示例如图5-21所示。现场测量仪及靶标如图5-22所示。

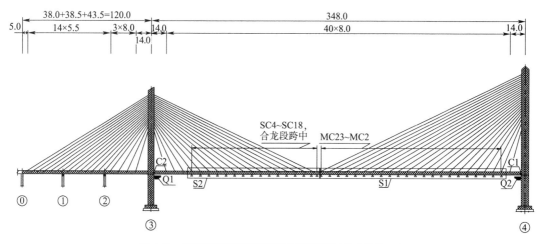

图5-21 机器视觉测量仪及靶标布置示意图(尺寸单位:m)

图 5-22 机器视觉测量仪及靶标现场照片

机器视觉智能测量系统由机器视觉智能测量仪、靶标、机器视觉调试软件、云平台组成,其基本原理是在桥梁关键截面布设光电靶标,在塔墩等位移变化小的位置处布设机器视觉智能测量仪,通过测量仪全天候不间断地获取靶标的图像信息,再通过其内置的高精度图像处理算法,实时反应靶标的位移(即监测点的位移)并上传至云平台。

该方法的优点是精度高、成本效率高、比较灵活、安装方便、自动化程度高、能实时连续的监测某点的位移值并可以回溯指定数据;其缺点是对环境和光照比较敏感,当机器视觉测量仪与靶标间距离超过 400m 后,精度会显著下降。

每种线形监测方法的精度及适用范围等对比表 5-1 所示。

线形监测方法对比 表 5-1

监测方法	精度	适用范围	数据稳定性	安装时间	价格
水准高程法	短距离精度可达毫米级	短距离	受测量人员操作、仪器校准、外界环境影响,稳定性一般	较短	相对较低
机器人监测法	短距离精度可达毫米级	短距离自动监测	受仪器校准、外界环境影响,稳定性一般	较短	相对较低
倾角仪法	精度一般在5%左右	雨雾影响较大区域	较差,倾角转换没有统一标准	较长	相对较低
激光投射法	精度较低	通视条件良好	受尘埃、水汽、小飞虫影响,容易失真	较短	相对较高
GNSS法	精度较低,厘米级	大跨径悬索桥和斜拉桥	动态监测时波动较大	较短	相对较高
连通管法	精度较高	静态监测	动态监测数据延迟高	较短	相对较高
毫米波雷达法	精度较低	全天候连续监测	易受环境影响导致误差较大	较短	相对较低
光纤光栅传感技术法	精度较高	连续高密度监测	稳定性较好,但工程应用较少	较长	相对较高
机器视觉智能测量仪法	精度较高	测量距离400m以下实时动态监测	可实时处理,剔除温度影响	较短	相对较高

对于斜拉桥,适用的线形监测方法为水准高程法、机器人监测法、倾角仪法、激光投射法、GNSS 法、光纤光栅传感技术法及机器视觉智能测量仪法。如夷陵长江大桥,大桥主跨 348m,梁底未安装检修车,桥下整体通视条件良好,3 个墩身处均设置有钢平台,且平台上有

独立于施工的电源;夷陵长江大桥斜拉索更换工程为国内首次三塔混凝土梁斜拉桥钢绞线斜拉索换索,故其在换索过程中的线形监测必须保证高精度和实时连续的要求。基于上述原因,该项目线形监测采用了机器视觉智能测量仪法。以该项目更换 4NMC18U 号、4SMC18U 号,5SC12D 号、5SC′12U 号,3SC12D 号、3SC′12U 号这三对斜拉索为例,其线形监测数据如表5-2 所示。

夷陵长江大桥换索过程中主梁变形数据对比表　　　　表 5-2

更换斜拉索编号	4NMC18U 号、4SMC18U 号			
最大变形对应拉索位置	4NMC18		4SMC18	
工况	实测值(mm)	理论值(mm)	实测值(mm)	理论值(mm)
卸载后	-45.41	-47.27	-45.12	-47.27
张拉后	46.75	50.86	46.99	50.86
更换斜拉索编号	5SC12D 号、5SC′12U 号		3SC12D 号、3SC′12U 号	
最大变形对应拉索位置	5SC13		3SC13	
工况	实测值(mm)	理论值(mm)	实测值(mm)	理论值(mm)
卸载后	-40.42	-48.59	-47.26	-48.59
张拉后	45.72	52.22	49.9	52.22

该项目在更换 4NMC4D 号、4SMC4D 号这对斜拉索时,同步采用了光纤光栅传感技术法进行了换索过程中的线形监测,光纤光栅传感技术法实测线形变化如图 5-23 所示,光纤光栅传感技术法和机器视觉智能测量仪法的线形监测数据对比如表 5-3 所示。图中的实测变形数据未剔除温度影响,表中的实测变形均是剔除温度影响后的数据。

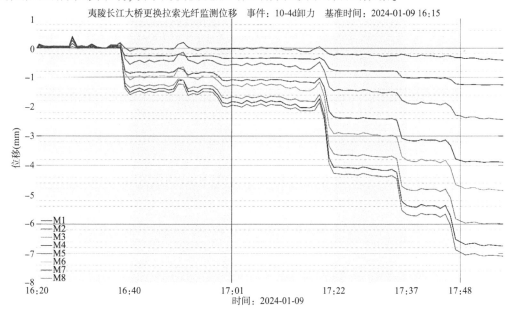

图 5-23　光纤光栅传感技术法实测变形图

夷陵长江大桥机器视觉智能测量仪法与光纤光栅传感技术法
实测主梁变形数据对比表（单位：mm）　　　　　表5-3

斜拉索编号	最大变形位置	工况	机器视觉测量仪法实测变形	光纤光栅传感器法实测变形	理论变形
4NMC4D号、4SMC4D号	4SMC5	卸载	-10.69	-7	-11.4
		张拉	11.46	7.28	11.68

对于悬索桥，适用的线形监测方法为机器人监测法、激光投射法、GNSS法、毫米波雷达法、光纤光栅传感技术法以及机器视觉智能测量仪法。

对于系杆拱桥，适用的线形监测方法为水准高程法、倾角仪法、连通管法、光纤光栅传感技术法。如某中承式钢管混凝土系杆拱桥，主跨为260m，因其跨径较小、精度要求高等原因采用水准高程法分别在桥梁左右两侧布置测点，测量吊杆更换前后高程。吊杆更换前后各吊点高程变化量统计结果如表5-4所示。

某系杆拱桥换吊杆过程中主梁变形数据对比表　　　　　表5-4

测点编号	位置	高程（m）		差值（mm）
		更换前	更换后	
N2-1	左	7.7055	7.7063	0.8
	右	7.6865	7.6874	1.0
N2-2	左	7.7691	7.7691	0.0
	右	7.7530	7.7539	1.0
N2-3	左	7.8403	7.8413	1.0
	右	7.8547	7.8556	0.8
N2-4	左	7.9031	7.9040	0.9
	右	7.9177	7.9181	0.4
N2-5	左	7.9478	7.9487	0.9
	右	7.9678	7.9679	0.2
N2-6	左	8.0000	8.0013	1.4
	右	8.0161	8.0171	0.9
N2-7	左	8.0513	8.0532	1.9
	右	8.0741	8.0756	1.5
N2-8	左	8.1216	8.1225	0.9
	右	8.1349	8.1355	0.7

2)索力监测

缆索承重体系桥梁索力的监测方法目前有频率法、压力表测定法、磁通量法、毫米波雷达法、3点弯曲法和机器视觉法。

(1)频率法。

频率法是依据索力与拉(吊)索的振动频率之间存在对应关系的特点,在已知拉(吊)索长度、两端约束情况、分布质量等参数时,将高灵敏度的振动传感器绑在拉(吊)索上,拾取拉(吊)索在环境振动激励下的振动信号,经过滤波、信号放大、A/D转换和频谱分析即可测出拉(吊)索的自振频率,进而由索力与拉(吊)索自振频率之间的关系获得索力。这是一种间接方法,测定频率精度可达到0.005Hz。

对于张紧的拉(吊)索,当其垂度的影响忽略不计时,在其无阻尼时的自由振动微分方程(5-2)为:

$$EI\frac{\partial^4 y}{\partial x^4} - F\frac{\partial^2 y}{\partial x^2} + m\frac{\partial^2 y}{\partial x^2} = 0 \qquad (5-2)$$

式中:x——沿索向的坐标;

$y(x,t)$——索在t时刻垂直于索向的挠度,t为时间;

EI——索的抗弯刚度;

F——索内拉力,假定沿索均匀分布,并不随时间而变化;

m——索单位长度的质量。

假定索的两端为铰支,则该微分方程的解如式(5-3)所示:

$$F = 4ml^2\left(\frac{f_n}{n}\right)^2 - \frac{n^2 EI \pi^2}{l^2} \qquad (5-3)$$

式中:n——索自振频率的阶数(即索长度内的半波个数);

f_n——索的第n阶自振频率(s^{-1});

l——索的自由或挠曲长度。

由式(5-3)可得式(5-4):

$$f_n = n\sqrt{\frac{F}{4ml^2} + \frac{n^2 EI \pi^2}{4ml^4}} \qquad (5-4)$$

在频域里,索的频谱是一个个间距逐渐加大的谱线。而根据索长而细的结构特征(长度一般都是其直径的500倍以上),索的抗弯刚度与索长的平方相比很小。那么,在阶次n不太大的情况下,根号内的第二项比第一项要小得多,对频率的影响很小,所以谱线接近等间距。大多数情况下,可以忽略不计,则式(5-4)简化为式(5-5):

$$f_n = n\sqrt{\frac{F}{4ml^2}} = nf_1 \qquad (5-5)$$

式中:f_1——索自由振动的第一自振频率,频谱图从而完全成为等间距的谱线。

由谱线图可以准确地判断出哪些谱线是索的自振频率f_n及其自振频率的阶数n,再进一步求得索力。

用频率法进行索力测试,具有快速、方便、实用、可重复测试的特点,且精确度较高(测量结果误差在万分之一)。但频率法所确定的索力精度在很大程度上取决于索本身参数的可靠性(诸如索的弯曲刚度、索的计算长度、索的线密度等),各参数的偏差会影响到索力计算的精度。另外,索的斜度、垂度及边界条件等因素也有相应的影响。频率法现场绑扎传感器照片如图5-24所示。

(2)压力表测定法。

目前,拉、吊索均使用液压千斤顶张拉。该方法的原理就是根据千斤顶张拉油缸中的液压推算千斤顶的张拉力,并认为千斤顶的张拉力就等于拉(吊)索索力。所以,只要通过精密压力表或液压传感器测定油缸的液压,就可求得索力。通常使用0.3~0.5级的精密压力表,并事先对液压系统进行标定。此法测得索力的误差范围为1%~2%。压力表测定法的优点是简单易行,比较直观、可靠,是施工中控制索力最常用的方法。该法的缺点是所用仪器较笨重,移动不便,且经常有液压油不回零的情况,影响测量精度,且不适用于已张拉好的拉(吊)索索力测定。压力表测定索力现场照片如图5-25所示。

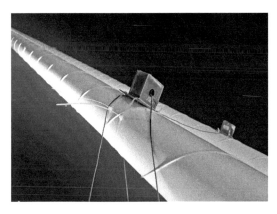

图5-24 绑扎传感器现场照片

图5-25 压力表测定索力现场照片

(3)磁通量法。

磁通量法是利用放置在索中的小型电磁传感器,测定磁通量的变化,根据索力、温度与磁通量变化的关系,推算索力。该法所用的关键仪器是电磁传感器(E-M传感器),这种传感器由两层线圈组成,除磁化拉(吊)索外,它不会影响拉(吊)索的力学及物理特性。对任一种铁磁材料,在试验室进行几组应力、温度下的试验,建立磁通量变化与结构应力、温度的关系后,即可用来测定由该种材料制造的拉、吊索索力。铁磁材料磁通量密度B与有效磁场H的关系式(5-6)为:

$$B = \mu \times H \tag{5-6}$$

式中:H——有效磁场,$H = H_{外加} + H_{内部}(M)$;$H_{内部}$为磁化程度M的函数;

B——磁通量密度;

μ——磁通量渗透系数,是应力σ、温度T、有效磁场H的函数。

材料中的应力变化时,磁滞曲线也发生变化。测定磁通量渗透系数μ可推算出拉(吊)索的应力。

磁通量法测定拉(吊)索索力为非接触法,传感器使用寿命长,可达50年,使用方便,可以做到全天候适时采样,且拉(吊)索表面的防腐层或保护塑料套管对测量结果无影响。另外该法还可以测试钢索的腐蚀状况,是钢索健康监测最具潜力的新方法。磁通量法测索力的缺点是安装在大型桥梁的传感器,尤其是铁路桥梁上面的传感器,需要着重考虑行驶汽车和火车在行驶通过桥梁时会产生大量的磁场,而磁场会严重影响磁通量传感器的测量准确性。此外,磁通量法的应用和发展可能会受到缺乏相应行业标准及计量检定规程的限制。磁通量传感器如图5-26所示。

图5-26 磁通量传感器

(4)毫米波雷达法。

毫米波雷达是基于干涉测量技术实现测试斜拉桥、悬索桥和吊索拱桥等缆索承重体系桥梁拉索、吊索受力状态的一款检测设备,其测索力的基本原理如图5-27所示。利用该方法测量时,微波雷达发射微波信号,遇到拉(吊)索后反射回来,得到相位变化;通过不断发射、反射得到一系列变化相位,从而计算出拉(吊)索的振动变化位移,经过快速傅里叶变换,得到频域特征值。位移时程曲线经过时频变换计算出振动频率或倍频特征,从而计算出拉(吊)索的索力。

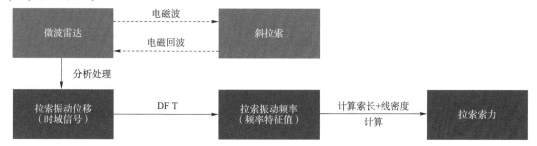

图5-27 毫米波雷达法测试索力基本原理

毫米波雷达法监测索力是利用电磁波的原理,电磁波对于拉(吊)索索体反射的信号能量较强,而对于拉(吊)索索体采用HDPE等材料的信号反射较弱,换句话来说电磁波可以穿透索体护套而直接反射索体的信号,这也是采用该方法无须在拉(吊)索上安装发射装置的主要原因。

毫米波雷达法测试拉(吊)索索力的优点是适用范围广,其不但能对长索进行测试也能对相对较短的索进行测试,具有探测性能稳定、探测距离较长、环境适应性良好的优点。其缺点是毫米波雷达的分辨率不高,这会导致其测量精度有所下降。

(5)3点弯曲法。

3点弯曲法测索力的原理是利用拉(吊)索位移 δ、拉(吊)索压紧力 P 和轴力 T 之间的关系式(5-7):

$$\delta = \frac{PL}{4T} - \frac{3P}{4TK} \tag{5-7}$$

人为施加拉(吊)索一压紧力 P,这时候拉(吊)索会产生相应的位移 δ,再根据两测点拉

(吊)索的抗弯刚度,按式(5-8)来推导出拉、吊索的拉力:

$$T = \frac{P_1 P_2 (L_1 - L_2)}{4(P_2 \delta_1 - P_1 \delta_2)} \tag{5-8}$$

式中:L——测力传感器的标准间距。

3点弯曲法测索力是一种新方法,它相对于其他方法的优点是可以消除支座条件、拉(吊)索自重、传感器质量等所带来的影响,因此在一定程度上更具有优势。但是该方法在确定位移时有一定的难度,因为拉(吊)索的随机振动会给测量结果带来一定的误差。

(6)机器视觉法。

机器视觉法是一种利用机器视觉技术和图像处理算法来测量物体受力的方法。其原理是通过获取物体表面的形变信息,通过图像处理算法计算得到物体受到的力的大小和方向。具体包括以下几个方面:①形变测量:使用摄像机或其他图像捕捉设备获取物体表面的图像,物体在受力作用下会发生形变,通过比较不同状态下的图像,可以获取物体表面的形变信息;②特征提取:从获取到的图像中提取物体表面的特征点或特征区域,这些特征可以是边缘、角点或纹理等,用于后续的形变分析;③形变分析:通过比较不同状态下特征点或特征区域的位置,计算物体表面的形变量;形变量可以是位移、拉伸、扭曲等。根据形变量的大小和方向,可以推断物体受到的力的大小和方向;④力学模型:根据物体和力的特性,建立适当的力学模型,通过将形变量与力学模型相关联,可以获得物体受力的具体数值;⑤数据处理和计算:通过对形变量和力学模型的分析,使用数学算法进行计算,得出物体受到的力的大小和方向。

机器视觉法测索力的优点是高效自动化、高精度、灵活性、节约成本等;其缺点是算法比较复杂,依赖于大量的数据,对环境和光照比较敏感以及实际应用案例较少。

每种索力监测方法的精度及适用范围如表5-5所示。

索力监测方法对比表 表5-5

监测方法	精度	适用范围	数据稳定性	操作难易度	价格
频率法	较高,误差在万分之一	快速、重复测试	依赖于准确确定索本身的参数	简单方便	相对较高
压力表测定法	高,索力控制首选	未张拉好的拉(吊)索	易受操作人员的操作水平影响	相对简单	相对较低
磁通量法	较高	磁场变化小的桥梁	长期稳定且寿命长	简单方便	相对较高
毫米波雷达法	较低	短索、长距离监测	依赖于准确确定索本身的参数	相对较难	相对较低
3点弯曲法	较低	须消除支座影响的拉(吊)索	依赖于准确确定索本身的参数	相对较难	相对较高
机器视觉法	较高	自动化全天候监测	对环境和光照比较敏感	相对简单	相对较低

综上所述,对于缆索承重体系桥梁换索过程中的索力监测,频率法依靠其快速、方便、实用和可重复测试的特点,广泛应用于各种拉(吊)索的索力测试;压力表测定法是索力测试中

误差最小的,是施工中控制索力最常用的方法;磁通量法测索力则依赖于磁场的变化,故其不适用于铁路桥梁;毫米波雷达法、3点弯曲法、机器视觉法这三种方法的精度较低、数据可靠性较差,故工程实践中很少使用。

以上5种索力监测方法均适用于斜拉桥、拱桥及悬索桥。依据不同的施工场景以及监测需求,在施工过程中会选用与之相匹配的索力监测方法。

如夷陵长江大桥,全桥共计236根斜拉索,当3个塔同时进行换索施工时,需要在较短的时间内同时测得54根斜拉索的实际索力,故方便、快捷、可重复测试是在选择测量方法上的第一需求,因此该项目换索过程中的索力监测采用了频率法。压力表测定法则主要用来获取斜拉索换索前的初始索力,磁通量法则用于换索完成后成桥状态下的长期监测。以该项目更换4NMC18U号、4SMC18U号这对斜拉索为例,其相邻索的监测数据如表5-6所示。

夷陵长江大桥换索过程中索力数据对比表(单位:kN)　　　表5-6

工况	4NMC16U号		4NMC16D号		4NMC17U号	
	实测值	理论值	实测值	理论值	实测值	理论值
卸载后	143.88	139.2	120.75	138.2	155.71	157.4
张拉后	-143.88	-149.60	-140.95	-148.50	-172.80	-168.90
工况	4NMC17D号		4NMC18D号		4NMC19U号	
	实测值	理论值	实测值	理论值	实测值	理论值
卸载后	155.71	156.3	133.05	153.5	147.11	143.1
张拉后	-155.71	-167.80	-168.68	-164.80	-140.48	-153.60
工况	4NMC19D号		4NMC20U号		4NMC20D号	
	实测值	理论值	实测值	理论值	实测值	理论值
卸载后	147.11	142.2	129.65	128	122.48	127.1
张拉后	-147.11	-152.60	-129.65	-137.40	-127.67	-136.50
工况	4SMC16U号		4SMC16D号		4SMC17U号	
	实测值	理论值	实测值	理论值	实测值	理论值
卸载后	143.88	139.2	127.56	138.2	155.78	157.4
张拉后	-143.88	-149.60	-147.73	-148.50	-157.95	-168.90
工况	4SMC17D号		4SMC18D号		4SMC19U号	
	实测值	理论值	实测值	理论值	实测值	理论值
卸载后	160.08	156.3	133.54	153.5	135.35	143.1
张拉后	-155.71	-167.80	-171.23	-164.80	-157.14	-153.60
工况	4SMC19D号		4SMC20U号		4SMC20D号	
	实测值	理论值	实测值	理论值	实测值	理论值
卸载后	135.35	142.2	129.65	127.9	115.87	127.1
张拉后	-157.72	-152.60	-129.65	-137.40	-129.65	-136.50

如某中承式钢管混凝土拱桥,在吊杆施工过程中,采用振动频率法对吊杆索力进行监控,根据监控结果进行调索,以该项目更换2、3号吊杆为例,其更换前后吊杆索力监测结果如表5-7所示。

某拱桥换索过程中索力数据对比表   表5-7

测点编号	索力(kN)			偏差(%)
	理论值	更换后左	更换后右	
N2-2	1145	1194	1146	4.09
N2-3	1145	1195	1166	2.51
N2-4	1145	1179	1161	1.51
N2-5	1145	1185	1143	3.56
N2-6	1145	1167	1203	-3.14
N2-7	1145	1119	1167	-4.27
N2-8	1145	1118	1141	-2.09
N2-9	1145	1138	1141	-0.29

如某悬索桥,在吊索施工过程中,采用压力表测定法对吊索索力进行监控,根据监控结果进行调索,以该项目更换 MS26(S)、MS26(N)、MN11(S)、MN11(N)、S18(N)、S18(S)吊索为例,其更换前后吊索索力监测结果如表5-8所示。

某悬索桥换索过程中索力数据对比表(单位:kN)   表5-8

换索位置	测点位置		实测单根钢丝绳单侧索力				
			初始状态	原吊索拆除索力		新吊索安装完成	
				索力	索力差	索力	索力差
MS26(S)	MS25	南侧	249.5	283.9	34.4	255.8	6.3
		北侧	328.8	366.3	37.5	326.5	2.3
	MS26	南侧	368.5	0.0	—	369.9	1.4
		北侧	300.1	468.6	168.5	303.0	3.8
	MS27	南侧	270.3	308.4	38.1	274.1	3.8
		北侧	310.5	345.1	34.6	307.0	-3.5
MS26(N)	MS25	南侧	259.6	292.9	33.3	266.3	6.7
		北侧	324.1	354.4	30.3	323.8	-0.3
	MS26	南侧	358.3	510.9	152.6	349.7	-8.6
		北侧	297.2	0.0	—	288.6	-8.6
	MS27	南侧	271.1	310.8	39.7	271.9	0.8
		北侧	308.4	338.8	30.4	303.8	-4.6

续上表

换索位置	测点位置		实测单根钢丝绳单侧索力				
			初始状态	原吊索拆除索力		新吊索安装完成	
				索力	索力差	索力	索力差
MN11(S)	MN10	南侧	354.7	396.9	42.2	352.4	-2.2
		北侧	304.9	346.4	41.5	310.6	5.8
	MN11	南侧	358.7	0.0	—	348.7	-10.0
		北侧	249.1	412.0	162.9	251.7	2.6
	MN12	南侧	309.9	346.3	36.4	302.6	-7.3
		北侧	358.4	398.6	40.2	358.0	-0.5
MN11(N)	MN10	南侧	350.7	389.5	38.8	351.6	0.9
		北侧	300.3	342.9	42.6	298.4	-1.9
	MN11	南侧	349.2	515.4	166.3	349.6	0.4
		北侧	252.7	0.0	—	248.7	-4.0
	MN12	南侧	292.3	325.0	32.7	289.2	-3.1
		北侧	—	—	—	—	—
S18(N)	S17	南侧	225.1	262.4	37.3	226.6	1.5
		北侧	—	—	—	—	—
	S18	南侧	307.6	457.0	149.4	308.1	0.5
		北侧	320.5	0.0	0.0	326.9	6.3
	S19	南侧	299.1	339.9	40.9	299.4	0.3
		北侧	292.1	329.4	37.3	285.9	-6.2
S18(S)	S17	南侧	220.3	262.2	41.9	221.5	1.2
		北侧	—	—	—	—	—
	S18	南侧	306.9	0.0	0.0	311.1	4.3
		北侧	327.0	509.5	182.5	330.4	3.4
	S19	南侧	281.0	328.5	47.5	289.1	8.1
		北侧	292.3	336.5	44.2	284.2	-8.1

3)应力监测

缆索承重体系桥梁应力的监测仪器目前有机械式应变计、电阻式应变计、振弦式应变计、光纤光栅式应变计。

(1)机械式应变计。

其原理是采用特制夹具将位移计(千分表)安装于结构表面。该方法简单直观且精度高,适合大量程或大标距测试。但需要人工读数,无法实现自动化测量,仅限于结构试验。

(2)电阻式应变计。

其原理是导电体在变形时,其电阻会相应发生变化。通过测量电阻变化率,从而得到结构体的应变。电阻式应变计的优点是通过配接智能应变采集仪,实现自动化测量,且灵敏度高,能够进行动态应力测试。其缺点是受导线电阻及长度以及测试环境(温度、水等)影响较大,导线连接长度一般在100m左右,传输距离较短。另外由于直接进行电信号(电阻、电压等)测量,其抗电磁干扰能力较差,导线及传感器需要较好屏蔽,同时测量仪器也需接地,以消除静电对测试结果的影响。电阻式应变计适用于桥梁动静载试验及室内结构试验等短期应力测量。在桥梁长期健康监测中,国内也有采用电阻式应变计,但相应做了改进,具体做法为:采用封装较好的电阻式应变计,在应变计附近加装放大器或A/D转换模块,从而使得数据能够实现远距离传输,但相应增加了监测成本。

(3)振弦式应变计。

振弦式应变计在土木工程领域有着广泛的应用,传感器制造技术已经相当成熟。其基本原理为:在应变计内安装一根张紧的钢弦,当传感器受压或受拉时,钢弦的频率也随之减小或增大。因此通过测量钢弦的频率间接测量结构物的应变。振弦式应变计如图5-28所示。

图5-28 振弦式应变计

振弦式应变计有如下特点:①振弦式应变计测量信号为钢弦频率,相对电阻式应变计而言,不受导线长度及电阻、结构物和仪器静电等因素影响,测试结果稳定,数据传输距离较长,甚至可达到1km左右,能够适合桥梁施工监控等野外环境。通过配接综合采集模块,可实现自动化测量。②需要对钢弦进行激振,使钢弦振动起来,才可采集其固有频率。而激发钢弦振动其输出信号是间断的,无法实现连续测量。因此振弦式应变计不适合动态测试。其数据采集时间间隔不小于10min,若采集时间过短,两次振动容易叠加造成频率失真,同时过高的采样频率很容易损坏传感器。③振弦式应变计由于其安装方便、稳定性好、价格低廉等特点,在桥梁施工监控中有着广泛的应用。④影响振弦式应变计正常工作的另一重要因素便是传感器的安装。无论是表面安装还是埋入式安装,如果在安装过程中传感器受扭或受弯,钢弦的频率可能会朝一个方向逐渐增大或逐渐减小而无法稳定,如果是表面安装还可补救,若埋入式安装则无法挽回。

(4)光纤光栅式应变计。

光纤光栅式应变计是近年来兴起的应变测量仪器。其基本原理是:当宽带光源照射光纤时,由于光栅的作用,在布拉格波长处的一个窄带光谱部分将会被反射回来,而反射波长光谱主要取决于光栅周期和有效折射率。当光栅周围的温度、应变、应力或其他待测物理量发生变化时,将导致光栅周期或者纤芯折射率的变化,从而产生光栅信号的波长位移,通过检测波长的位移情况,即可获得待测物理量的变化情况。光纤光栅式应变计如图5-29所示。

与传统传感器相比,光纤光栅式应变计有以下特点:①测量信息是波长编码的,所以光纤光栅式应变计不受光源的光强波动、光纤连接及耦合损耗以及光波偏振态的变化等因素的影响,具有较好的抗电磁干扰、抗腐蚀等特点,能够适合恶劣环境工作,且具有良好

图 5-29 光纤光栅式应变计

的数据传输能力,信号不会衰减,适合远距离传输,传感器距解调仪最远可达 5km 左右。因此光纤光栅式应变计主要应用于桥梁结构长期健康监测中。②光纤光栅式应变计可实现串联式布线,一个测量通道可串接 20 个左右传感器,能够实现动态应力测试,采样频率最高可达 100kHz。目前光纤光栅式应变计在我国尚未得到广泛的应用,光纤解调仪是制约其发展的主要因素,能够实际应用的解调仪产品不多且价格昂贵。同时光纤光栅式应变计受温度影响较大,通过增加温度补偿可有一定程度的改善,但在无形中挤占了一部分光源带宽。

每种应力监测仪器的精度及适用范围等对比如表 5-9 所示。

应力监测仪器对比表   表 5-9

监测方法	精度	适用范围	数据特点	操作难易度	价格
机械式应变计	较高	结构试验	适合大量程	需人工读数	相对较低
电阻式应变计	较高	动静载试验	数据采集速度较快	相对简单	相对较高
振弦式应变计	较高	施工监控	数据稳定;受环境干扰较小	简单方便	相对较低
光纤光栅式应变计	高	长期健康监测	抗干扰能力强;可分布式测量	相对较难	相对较高

综上所述,在桥梁动静载试验中多采用电阻式应变片,振弦式应变计常应用于桥梁施工监控中,光纤光栅式应变计则应用于桥梁长期健康监测中。斜拉桥、系杆拱桥、悬索桥的换索施工通常均采用振弦式应变计进行桥梁应力监测。如夷陵长江大桥斜拉索更换工程的应力监测采用了振弦式应变计法。以该项目更换 4NMC18U 号、4SMC18U 号、5SC12D 号、5SC'12U 号、3SC12D 号、3SC'12U 号这三对斜拉索为例,其应力的监测数据如表 5-10 所示。

4)塔偏监测

缆索承重体系桥梁主塔偏位的监测方法目前常用的主要是全站仪监测法和 GNSS 监测法。

(1)全站仪监测法。

全站仪监测法通过在主塔塔顶和塔底等关键位置安装棱镜,并通过全站仪人工或自动监测棱镜点的坐标数据,处理后得到主塔在不同方向上的位移情况。

(2)GNSS 测量法。

GNSS 测量是通过接收卫星信号,利用多个卫星与接收机之间的距离来确定接收机的三维坐标。在主塔塔顶和塔底等关键位置安装 GNSS 接收机,通过一段时间内对坐标数据的采集和处理,计算出主塔在不同方向上的位移情况。

每种塔偏监测方法的精度及适用范围等对比如表 5-11 所示。

换索过程中应力数据对比表 表5-10

工况	更换斜拉索编号			
	4NMC18U号、4SMC18U号			
	最大应力位置			
	4NMC18 下		4SMC18 上	
	实测值(MPa)	理论值(MPa)	实测值(MPa)	理论值(MPa)
卸载后	2.51	2.47	1.86	2.46
张拉后	-1.12	-2.69	-0.90	-2.68
工况	更换斜拉索编号			
	5SC12D号、5SC'12U号			
	最大应力位置			
	5SC12 下		5SC12 上	
	实测值(MPa)	理论值(MPa)	实测值(MPa)	理论值(MPa)
卸载后	0.53	2.31	-0.21	-0.82
张拉后	-0.22	-2.46	0.97	0.87
工况	更换斜拉索编号			
	3SC12D号、3SC'12U号			
	最大应力位置			
	3SC12 下		3SC12 上	
	实测值(MPa)	理论值(MPa)	实测值(MPa)	理论值(MPa)
卸载后	1.40	2.3	-0.35	-0.91
张拉后	-0.32	-2.44	0.28	0.96

塔偏监测方法对比表 表5-11

监测方法	精度	适用范围	监测数据来源	数据特点	价格
全站仪监测法	较高,可达毫米级	通视条件好且短距离	角度、距离测量数据	数据直观,可实时测量	相对较低
GNSS监测法	较低,一般在厘米级	无须通视	卫星信号接收数据	可实现全天候、实时测量	相对较高

综上所述,全站仪监测法通常适用于各种类型的桥梁主塔偏位监测,尤其是在施工过程中以及桥梁建成后的定期监测、精度要求高的场景下应用广泛;而GNSS监测法对于大型桥梁、跨越复杂地形的桥梁或者需要远程实时监测的桥梁主塔偏位且精度要求不高的场景下较为适用。

如夷陵长江大桥斜拉索更换工程为保证塔偏数据拥有较高的测量精度,采用了全站仪对塔偏数据进行监测。对于夷陵长江大桥这一斜拉桥来说,斜拉索拆除或张拉后,主塔偏位主要集中在顺桥向,施工监控也要以控制主塔的顺桥向偏位为主。而往往控制点的坐标系并不与主梁平行或垂直,这就导致采集完主塔的三维坐标后,需要进行较复杂的计算才能得出主塔的顺桥向偏位。为方便计算,更快地得出主塔的顺桥向偏位,该项目以控制点为基准点,建立X轴平行于主梁方向的虚拟坐标系。在这一虚拟坐标系下,采集的X轴数据直接相减就能得到主塔的顺桥向偏位,大大加快了塔偏数据的处理速度,为换索工况是否异常提供判断依据。

5.3.2 施工控制目标

缆索承重体系桥梁换索施工监控的总目标是换索完成后达到拉(吊)索更换设计确定的合理成桥状态。施工监控工作目标的依据主要有设计文件、《缆索支承桥梁换索技术标准》(TCCES 5—2019)、《公路养护工程质量检验评定标准 第一册 土建工程》(JTG 5220—2020)等相关规范。

其中《缆索支承桥梁换索技术标准》(TCCES 5—2019)第8.1.3节中规定,施工监控应以拉、吊索更换设计确定的合理成桥状态为目标进行控制;第8.2.7节中规定单根拉、吊索初始张拉力偏差、成桥索力偏差宜控制在理论值的±5%以内,中间过程索力偏差宜控制在理论值的±10%以内。

《公路养护工程质量检验评定标准 第一册 土建工程》(JTG 5220—2020)第6.21.2节中规定梁锚固点或梁顶高程的控制目标以满足设计要求为准,设计未要求时,为±20mm;拉、吊索在更换设计时,设计会考虑并提出保持原状态或者调整线形的要求,保持原状态即换索前后的索力和线形保持不变;调整线形即在换索过程中增大部分索的索力以达到调整全桥线形的目的。

《公路斜拉桥斜拉索更换技术规范(总校稿)》第6.1.1节中也提到了拉索更换施工监控应以拉索更换设计确定的合理成桥状态为目标进行控制。

主塔偏位和关键部位应力控制,规范中未明确规定其控制目标,依据工程实践及规范中对主梁变形控制的要求,建议暂定主塔偏位的控制目标为满足设计要求;应力监测的控制目标为不出现新增裂缝。

5.4 质 量 控 制

5.4.1 质量控制精度

在缆索承重体系桥梁拉(吊)索换索监控过程中,除了选用合适的监测方法对每种参数进行实时监测之外,对采集到的数据进行处理并判断其是否异常才是监控的关键所在。这就需要通过质量控制来达到上一节的施工控制目标。

换索监控过程中线形、索力、主塔偏位和应力的质量控制精度在规范中有明确的规定,其中《缆索支承桥梁换索技术标准》(TCCES 5—2019)第8.2.7节中规定,混凝土主梁应力增量偏差不宜超过理论增量的±15%或2MPa(取大值),单根拉索初始张拉力偏差、成桥索力偏差宜控制在理论值的±5%以内,中间过程索力偏差宜控制在理论值的±10%以内。
《公路斜拉桥斜拉索更换技术规范(总校稿)》第6.1.4节中规定混凝土主梁实测变形与计

算变形误差控制在 ±L/10000（L 为长度，当 L≤200m 时，取 ±20mm）以内，桥塔实测偏位与计算偏位误差控制在 ±H/5000（H 为高度）以内且不大于 ±30mm。

除此之外，对于钢绞线拉（吊）索而言，新索张拉完成后，不仅需要控制其整索索力偏差在 ±5% 以内，还需对单根钢绞线的索力进行抽检，控制其单根钢绞线间索力的离散偏差小于 ±2%。

单根钢绞线的索力抽检方法建议如下：随机抽取 X 根钢绞线（X 不低于拉索内钢绞线总根数的 10%），使用单根张拉千斤顶将单根钢绞线张拉至夹片刚好处于脱离状态，持荷稳定 3~5min，记录此时的索力值并回位，重复上述动作两次，将 3 次索力的平均值作为这根钢绞线的实测索力。以夷陵长江大桥斜拉索更换工程更换 4NMC18U 号、4SMC18U 号、5SC12D 号、5SC'12U 号、3SC12D 号、3SC'12U 号三对斜拉索为例，其同一斜拉索内不同钢绞线间索力偏差抽检对比如表 5-12 所示；以更换 4NMC23U 号、4SMC23U 号、4NMC23D 号、4SMC23D 号为例，其整体张拉与单根钢绞线张拉后的整索索力对比如表 5-13 所示。以更换 4NMC21U 号、4SMC21U 号为例，换索过程中拼接缝应力数据对比如表 5-14 所示。

同一斜拉索内不同钢绞线间索力偏差抽检对比表　　　　表 5-12

更换斜拉索编号	钢绞线编号	拉拔法索力(kN)	平均索力(kN)	偏差(%)	允许偏差(%)
4NMC18U 号	2-5	96.93	96.26	0.69	±2
	3-5	96.26		0	±2
	4-7	96.26		0	±2
	6-1	95.93		-0.34	±2
	7-1	95.93		-0.34	±2
4SMC18U 号	2-5	99.25	99.12	0.13	±2
	3-6	98.92		-0.2	±2
	4-7	99.58		0.47	±2
	6-2	98.92		-0.2	±2
	7-1	98.92		-0.2	±2
5SC12D 号	2-5	88.41	88.74	-0.37	±2
	4-3	88.41		-0.37	±2
	5-4	88.74		0	±2
	6-5	89.4		0.74	±2
5SC'12U 号	3-2	91.08	91.49	-0.45	±2
	4-3	91.41		-0.09	±2
	5-4	92.07		0.63	±2
	6-5	91.41		-0.09	±2
3SC12D 号	3-1	83.95	84.36	-0.49	±2
	4-3	84.61		0.29	±2
	5-2	83.95		-0.49	±2
	6-3	84.94		0.68	±2

续上表

更换斜拉索编号	钢绞线编号	拉拔法索力(kN)	平均索力(kN)	偏差(%)	允许偏差(%)
3SC'12U号	3-2	92.65	92.24	0.44	±2
	4-1	92		−0.26	±2
	5-2	92		−0.26	±2
	6-3	92.32		0.08	±2

整体张拉与单根钢绞线张拉后的整索索力对比表 表5-13

斜拉索编号	监控指令(kN)	单根张拉(kN)	整体张拉(kN)	整体张拉与单根张拉偏差(%)	允许偏差(%)
4NMC23U	4024.76	4020.1	4079.98	1.49	±2
4SMC23U	4073.59	4074.2	4100.24	0.64	±2
4NMC23D	4107.28	4112.5	4149.58	0.90	±2
4SMC23D	4022.14	4027.9	4067.27	0.98	±2

换索过程中拼接缝应力数据对比表(单位:MPa) 表5-14

工况	更换斜拉索编号			
	4NMC21U号、4SMC21U号			
	最大应力位置			
	PJ-N		PJ-S	
	实测值	理论值	实测值	理论值
卸载后	−1.1	−0.93	−2.15	−0.94
张拉后	2.80	1.06	3.30	1.06

5.4.2 监控指令流程管理

监控指令是确保施工质量、促进施工过程有序进行、指导监理工作以及纠正施工偏差的重要手段,是施工监控质量控制的重要环节。因此对监控指令的形成、复核和签发都必须有明确的管理流程。

以夷陵长江大桥斜拉索更换工程为例,该项目成立了以建设方负责人为组长,设计、监理、施工、监控方负责人为副组长,各方代表为成员的工作领导小组。其职责为组织协调建设、设计、监理、施工、监控等参建各方工作,负责研究决定重大技术问题,及时协调解决换索过程中的异常情况,监督监控指令的实施。工作领导小组下设工作办公室,由总监理工程师担任办公室主任,设计、施工、监控各方负责人担任副主任,全体监控人员、现场监理和施工相关人员为其成员。其职责为组织实施具体施工监控指令,及时向领导小组报告施工监控有关情况,完成领导小组布置的任务。监控工作流程如图5-30所示。

施工监控工作流程如下:由工作办公室提出工作要求送达控制方→控制方进行控制分

析并发出监控通知→设计方签认→监理签认→交施工方实施,并将实施结果反馈监理。如遇重大问题,需由工作办公室向领导小组报告,小组讨论研究解决办法反馈给工作办公室,再按上述步骤下发实施。监控指令签发流程如图5-31所示。

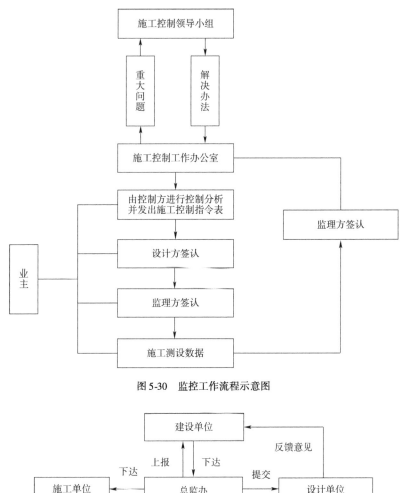

图5-30 监控工作流程示意图

图5-31 监控指令签发流程图

5.5 承载能力试验与评定

桥梁作为交通基础设施的重要组成部分,其承载能力直接关系到交通畅通和安全。随着桥梁使用年限的增加、交通流量的增长以及自然环境的影响,桥梁承载能力会逐渐下降。因此,对运营期的桥梁,尤其是换索后的缆索承载体系桥梁进行承载能力试验与评定是确保桥梁安全运营的重要手段。

5.5.1　承载能力试验的目的和意义

1)验证桥梁的实际承载能力是否满足设计要求

桥梁在设计阶段通常会根据预期的交通流量、荷载等级等因素进行承载能力计算和设计。然而,由于实际施工过程中的各种因素以及桥梁使用过程中的损伤和老化,桥梁的实际承载能力可能与设计值存在差异。而对于换索后的桥梁,其承载能力是否能够满足现状下的荷载使用要求,是每一个桥梁管养单位所关心的问题。通过承载能力试验,可以验证桥梁的实际承载能力是否满足设计要求,确保桥梁在使用过程中的安全性。

2)发现桥梁潜在的病害和损伤

承载能力试验可以对桥梁的结构性能进行全面的检测和评估,发现桥梁在使用过程中可能出现的潜在病害和损伤,如裂缝、变形、腐蚀等。及时发现这些问题,可以采取相应的措施进行修复和加固,避免病害的进一步发展,延长桥梁的使用寿命。

3)为桥梁的维护、加固或改造提供依据

根据承载能力试验的结果,可以评估桥梁的现有状况,为桥梁的维护、加固或改造提供科学依据。通过合理的维护、加固或改造措施,可以提高桥梁的承载能力和安全性,确保桥梁能够继续满足交通需求。

4)评估桥梁的运营安全性

承载能力试验可以模拟桥梁在实际运营过程中可能遇到的各种荷载情况,评估桥梁在这些荷载作用下的响应和安全性。这有助于及时发现桥梁在运营过程中可能存在的安全隐患,采取相应的措施进行整改,保障行车安全。

5.5.2　承载能力试验的类型和方法

1)静载试验

(1)试验原理。

静载试验是通过在桥梁上施加静态荷载,测量桥梁在荷载作用下的变形、应力等响应,从而评估桥梁的结构性能和承载能力。根据胡克定律,在弹性范围内,结构的变形与荷载成正比。通过测量桥梁在不同荷载等级下的变形和应力,可以推断出桥梁的刚度和强度是否满足设计要求。

(2)试验步骤。

①试验准备。

收集桥梁的设计图纸、施工记录等相关资料,了解桥梁的结构形式、尺寸、材料等信息。确定试验荷载的大小、位置和加载方式,制定详细的试验方案。

在桥梁上布置测量点,安装测量仪器,如位移传感器、应变计等。

②加载试验。

按照试验方案,逐步施加试验荷载,记录每一级荷载下桥梁的变形和应力数据。

在加载过程中,密切观察桥梁的结构变化,如裂缝的出现、扩展等。

③数据采集和分析。

采集试验过程中的测量数据,包括位移、应变、裂缝宽度等。

对数据进行整理和分析,绘制荷载-变形曲线、荷载-应力曲线等,评估桥梁的结构性能。

④卸载和恢复观测。

加载试验完成后,逐步卸载试验荷载,观察桥梁的变形恢复情况。

(3)加载方式。

堆载法:通过在桥梁上堆放重物来施加荷载,如铁块、混凝土块等。常用于人行桥等车辆无法到达、设计荷载较小的桥梁。

车辆加载法:使用标准车辆或特制的加载车辆在桥梁上行驶来施加荷载。车辆加载是静载试验中最为常见的加载方式。

千斤顶加载法:使用千斤顶在桥梁的特定位置施加集中荷载。对于有特殊要求的静载试验,可以采用千斤顶加载法。

2)动载试验

(1)试验原理。

动载试验是通过对桥梁施加动态荷载,测量桥梁在荷载作用下的动态响应,如振动频率、阻尼比等,从而评估桥梁的动力性能和承载能力。桥梁在动态荷载作用下会产生振动,其振动特性与桥梁的结构刚度、质量分布等因素有关。通过分析桥梁的动态响应,可以评估桥梁的结构完整性和稳定性。

(2)试验步骤。

①试验准备。

确定试验荷载的类型和频率,如车辆行驶、振动激励等。

在桥梁上布置振动传感器,如加速度传感器等。

②激励施加。

按照试验方案,施加动态荷载,如车辆在桥梁上行驶、使用振动器对桥梁进行激励等。

记录桥梁在激励作用下的振动响应数据。

③数据采集和分析。

采集试验过程中的振动响应数据,包括加速度、速度、位移等。

对数据进行处理和分析,计算桥梁的振动频率、阻尼比等参数。

评估桥梁的动力性能和承载能力。

现场动、静载试验示意如图 5-32 所示。

图 5-32 动、静载试验示意图

3)其他试验方法

(1)无损检测试验:如超声波检测、磁粉检测、渗透检测等,用于检测桥梁结构内部的缺陷和损伤。

(2)长期监测:通过在桥梁上安装长期监测设备,如应变计、位移传感器等,对桥梁的结构性能进行长期监测,及时发现桥梁的变化和潜在问题。

5.5.3 承载能力评定的指标和方法

1)评定指标

(1)强度指标:如混凝土的应变变化、钢筋的应变变化等,用于评估桥梁结构的强度是否满足要求。

(2)刚度指标:如梁的挠度、转角等,用于评估桥梁结构的刚度是否满足要求。

(3)稳定性指标:如压杆的稳定性、梁的侧向稳定性等,用于评估桥梁结构的稳定性是否满足要求。

(4)裂缝指标:如裂缝的宽度、长度、分布等,用于评估桥梁结构的裂缝是否超过允许范围。

2)评定方法

(1)比较法:将试验结果与设计标准、规范进行比较,判断桥梁的承载能力是否满足要求。

(2)分析计算法:根据试验数据进行分析计算,评估桥梁的结构性能和承载能力。

(3)经验判断法:结合工程经验和专家意见,对桥梁的承载能力进行综合判断。

(4)可靠度分析法:采用可靠度理论,对桥梁的承载能力进行概率分析,评估桥梁的可靠性。

5.5.4 承载能力试验与评定中需要注意的问题

1)试验方案的合理性

试验方案应根据桥梁的结构特点、使用情况和试验目的进行制定,确保试验的科学性和可行性。

2)测量仪器的准确性

测量仪器应经过校准和检定,确保测量数据的准确性和可靠性。

3)试验过程的安全性

在试验过程中,应确保试验人员和设备的安全,避免发生安全事故。

4)数据处理和分析的科学性

对试验数据应进行科学的处理和分析,避免主观因素的影响,确保评定结果的客观性和准确性。

5)评定标准的适用性

评定标准应根据桥梁的类型、结构形式、使用年限等因素进行选择,确保评定标准的适用性和合理性。

本章参考文献

[1] 潘永仁,范立础.大跨度悬索桥加劲梁架设过程的倒拆分析方法[J].同济大学学报(自然科学版),2001,29(3):1-5.

[2] 陈志伟.大跨径钢管混凝土拱桥施工控制与荷载试验研究[D].成都:西南交通大学,2011.

[3] 刘福才.高速铁路大跨度预应力混凝土连续梁桥施工监控研究[D].烟台:烟台大学,2022.

[4] 吴天鹏.基于改进BP神经网络的大跨径连续刚构桥施工控制方法研究[D].武汉:武汉理工大学,2008.

[5] 杨国帆.大跨径斜拉桥施工监控技术分析研究[D].西安:西安建筑科技大学,2019.

[6] 汤喻杰.桥梁施工监控技术研究综述[J].四川建材,2017,43(5):123-125.

[7] 魏斌,王强.大跨度桥梁挠度监测方法评述[J].中外公路,2015,35(4):56-60.

[8] 张佰林,马骏.基于优化函数的桥梁挠度监测方法研究[J].低温建筑技术,2022,48(2):34-38.

[9] 张华平,魏良军,汪劲祎.斜拉桥索力测试方法及原理综述[J].公路交通科技(应用技术版),2011,7(3):45-49.

[10] 郝超,裴岷山,强士中.斜拉桥索力测试新方法—磁通量法[J].公路,2000,5:25-28.

[11] 曾灿,樊茂林.斜拉桥索力监测方法分析[J].山西建筑,2007,33(15):89-90.

[12] 尤达.在役斜拉桥拉索索力测试方法应用[J].福建交通科技,2023,1:45-48.

[13] 谢海龙.浅谈桥梁结构应力测试方法及特点[J].山西交通科技,2010,3:30-32.

6 工程实例

6.1 宜昌夷陵长江大桥斜拉索更换工程

6.1.1 桥梁结构

1)总体布置

宜昌夷陵长江大桥主桥长936m,为中央索面混凝土箱梁三塔斜拉桥,跨径布置38m+38.5m+43.5m+2×348m+43.5m+38.5m+38m。大桥主塔塔柱、上横梁及塔座为钢筋混凝土结构,下横梁为预应力结构;南、北边塔高106.5m,中塔高126m。中塔纵向宽7m,塔底宽13.8m,南、北边塔纵向宽均为5.5m,塔底宽15.4m;中塔钻孔柱桩每桩长42.0m,承台尺寸16m×16m,边塔桩长北边塔为44.0m,南边塔为34.0m,承台平面尺寸14m×16m。每个边塔布置18对斜拉索,中塔布置23对斜拉索,全桥共236根斜拉索,单根钢绞线直径为15.2mm,原钢绞线设计强度1770MPa,容许应力系数0.45。

2)斜拉索

(1)斜拉索布置。

斜拉索置于桥面中央,断面上每个编号的斜拉索均由2根组成,间距1.2m,梁上索距主跨8m,边跨5.5m,塔上索距约1.6m。边塔布置18对斜拉索,中塔布置23对斜拉索,全桥共236根斜拉索,拉索长度最短约45m,最长约210m。斜拉索布置如图6-1所示。

(2)斜拉索构造。

斜拉索采用平行钢绞线拉索体系,全封闭新构造,无黏结锚具。单根钢绞线直径为15.2mm,镀锌钢绞线外包PE护层,内注油性蜡。钢绞线极限抗拉强度为1770MPa,斜拉索按钢绞线数目划分共有6种规格:27股、31股、34股、37股、41股、47股。

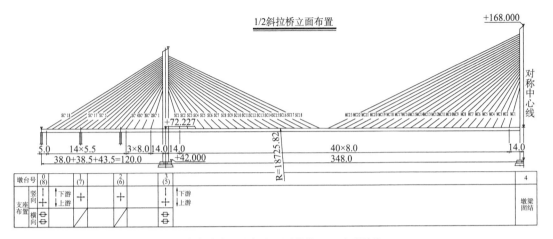

图 6-1　斜拉索布置示意图(尺寸单位:mm;高程单位:m)

3) 主梁

主梁采用单箱三室预应力混凝土结构,倒梯形截面,宽23.0m,梁高3.0m,桥面设1.5%双面坡,索面间距为1.2m。主跨梁体预制块长度分别为4.0m、3.5m(有湿接缝处),预制块采用等截面,顶板厚22cm,底板厚35cm,合龙处8m长梁体因纵向预应力束起弯,底板度增至40cm。直腹板厚28cm,斜腹板厚20cm,悬臂板根部厚45cm,最外部厚16cm,悬臂长350cm,底板宽500cm,直腹板中心距220cm,横隔板厚20cm,有索时中室处横隔板厚度加至30cm。

4) 主塔

斜拉桥共有三个主塔,分别为南、北边塔和中塔。中塔全高126m,南、北边塔全高106.5m,包括索锚固区、上横梁、上塔柱、下横梁、下塔柱和塔座六部分。中、边主塔除下横梁结构、塔底宽度不同外,其余结构形式基本相同。

相同点:索锚固区柱为箱形截面,横向宽4m,锚索部分板厚1.4m,侧板厚0.60m;上横梁为实体厚2m,上塔柱为等截面矩形空心柱,横桥向壁厚0.60m,纵桥向壁厚均为0.7m,横向宽3m,上塔向内倾斜度为3/11,下塔柱为双室箱形截面,倾斜度为4.0402:1,壁厚为0.80m。主塔结构如图6-2所示。

不同点:中塔纵向宽均为7m,塔底宽为13.8m,下塔柱单箱双室截面,外壁厚为1.8m,中腹板厚1.0m,下横梁为实体结构;主梁与下横梁为固结,与0号块一起浇灌。而边塔纵向宽均为5.5m,塔底宽为15.4m,为单箱双室截面,下塔柱外壁厚为1.5m,中腹板厚为0.8m;横梁顶面布置横向支座挡块和竖向支座垫石。主塔塔柱、上横梁及塔座为钢筋混凝土结构。下横梁因受自重弯曲和中斜柱引起的很大拉应力,为改善受力状况,采用预应力结构。为确保施工质量及精度,塔座与塔柱内埋放劲性钢骨架和斜索管道定位架供模板悬挂、定位及斜索管道定位。塔柱外表面设装饰槽口。锚固区示意图如图6-3所示。

5) 桥墩

大桥0号墩为双柱式框架墩,墩柱直径2m,墩柱仅设帽梁,不设横系梁,顶部直径加大至2.7m,墩柱底亦局部加大呈螺丝帽形,以增强美观效果。

大桥1、2、6、7号辅助墩为单柱式墩,墩柱直径为2.0m。8号为桥台,设有竖向和侧向支座,桥台高5.436m,厚3.6m。

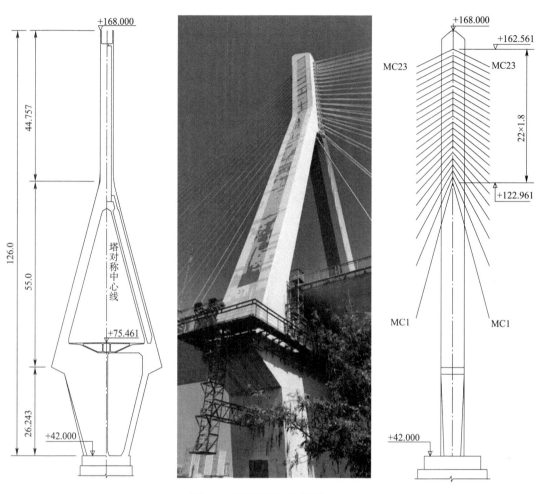

图 6-2　主塔结构图（尺寸单位：m）

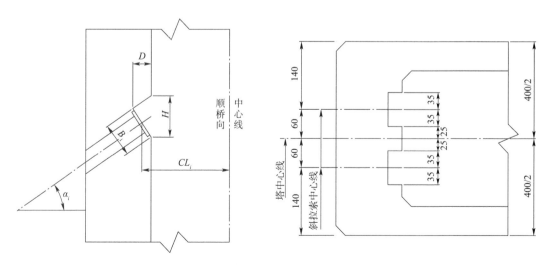

图 6-3　斜拉索锚固区示意图（尺寸单位：cm）

6)支座

大桥在中塔处塔梁固结,其他墩台处均设竖向活动支座,其中0号(8号)、3号(5号)设2个盆式橡胶活动支座,1号(7号)、2号(6号)设1个盆式橡胶活动支座。横向在0号(8号)、3号(5号)设F4板式橡胶支座,起横向抗风、抗震限位的作用。

7)桥面系

(1)桥面铺装。

桥面铺装采用4cm厚SMA13Ⅰ+4cm厚SMA-13Ⅱ。

(2)伸缩装置。

采用模数式伸缩装置,伸缩装置设在0号墩、8号台处,槽口尺寸按XFⅡ-560-A2型伸缩装置设计。

(3)排水。

桥面两侧设置竖向泄水管,直排江面。泄水管外径ϕ170mm,纵向标准间距16m。

6.1.2 主要工程数量表

宜昌夷陵长江大桥为中央索面混凝土箱梁三塔斜拉桥,主桥长936m,全桥共236根斜拉索。本次设计对全桥斜拉索进行全部更换,同时新增18套智能索,主要工程数量表如表6-1所示。

主要工程数量表　　表6-1

序号	分类	项目	单位	数量	备注
1	斜拉索	拆除	t	1225	
2		更换	t	1180.2	
3	智能索	磁通量传感器	台	54	
4		磁弹仪	台	3	
5		数据采集站	套	3	

6.1.3 工程重难点及相应解决措施

项目初期应对整个项目施工主线工程和重难点有清晰认识,找出施工重点和难点,针对重点和难点提出有效的对应措施,避免施工过程中因未提前谋划而导致的工期、质量和安全损失。

1)重难点分析

(1)重点分析。

①宜昌夷陵长江大桥采用单索面预应力三塔混凝土斜拉桥方案,斜拉索为平行钢绞线拉索体系,本次设计更换全部既有236根斜拉索,该部分内容是本工程核心施工内容,其更换质量、安全、进度管控为重中之重。

②本工程改造施工条件有限,大多涉及"密闭"空间作业,如塔内拆索、装索,梁内安装锚具等,施工期间良好的通风照明是重点之一。

③本次大桥维修改造多涵盖高空、临边、起重等安全风险较高的内容,安全管控落实是本项目工作的重点。

④本工程为国内首座大跨径三塔斜拉索整体更换项目,社会关注度高,项目施工过程中绿色、文明施工标准也是考虑的重点。

⑤本着生态环保的理念,在该桥的维修加固时要杜绝对长江水流的污染,通过合理组织施工,采用多种具体措施,解决环保的难题也是施工过程中需要特别重视的工作。

(2)难点分析。

①夷陵长江大桥为大跨径三塔单索面斜拉桥,结构受力体系复杂,换索时索力及线形控制难度大。

②夷陵长江大桥为国内首个三塔斜拉桥斜拉索更换项目,换索施工无成熟经验可借鉴,且斜拉索更换数量大,施工组织难度突出,如何能安全、快速地完成施工任务,是本工程的一大难点。

③本项目斜拉索最长索索长为210m,放张量长达65cm,但其建造时预留张拉端钢绞线外露量仅为20~30cm,无法直接采用常规施工方法对斜拉索进行放张拆除,需创新性提出一种张拉端钢绞线外露量不足情况下的钢绞线斜拉索拆除施工方法以解决该技术难题。

④主塔整体放张的工装重量较大,无法利用电梯作业施工平台,上塔柱的电梯阻碍换索作业,需要在既有平台上搭建新的操作平台,平台更换难度大。

2)相应解决方案

(1)针对索力及线形控制难题,建立测量控制网,协调第三方监控单位按照施工前、施工中、施工后通测桥梁全断面高程和斜拉索索力,通过精细化的建模,对施工中的各种工况进行模拟分析,力求将全桥的受力分析同步在软件上全程显现,用以指导现场施工。

(2)针对全桥整体施工组织难度大问题,按照施工区段划分,形成区间管理,以减少整个工程的组织繁杂性。同时,随着工程施工进度的推进,工程管理采用重难点追踪动态管理的方法,更新划分阶段,下一个阶段根据本阶段的工作重点组织管理重点,以达到各阶段重点突出、施工组织有序的效果。

(3)针对外露量不足情况下钢绞线斜拉索拆除技术难点,提出一种新型"夹片群锚体系钢绞线拉索整体放张拆除换索"技术,即在钢绞线外露部分安装特制锚具,反向锚固锁紧钢绞线,反向锚具(连接头)自带内锚窝用于张拉杆安装,然后利用接长方式依次以反向锚具、大张拉杆、小张拉杆或钢绞线牵引实现整体放张。

(4)针对塔内施工平台问题,拟在电梯顶部增设固定式钢平台和脚手平台作为斜拉索张拉放张施工操作平台,提高工作效率。

(5)针对箱内运输困难及空气不流通和光线不足问题,设置送排风系统和足够的冷光照明装置,箱梁内较重材料主要为固定端锚头,通过桥面索导管由起重机卸落至梁内,其他小型材料运输由人工搬运实现,对易发生火情的施工区域,按要求配置足够灭火设备、器材,并树立防火宣传标牌。

（6）采取一整套完善的防护措施，从源头减少污染源的产生和扩散，对已经形成的污染物及时细致地进行回收处理，避免其落入江中。

6.1.4 施工工艺技术

1）总体施工概述

（1）组织原则。

宜昌夷陵长江大桥斜拉索更换工程为国内首个三塔斜拉桥拉索更换工程，工程涵盖斜拉索、支座、铺装、伸缩缝的更换以及排水系泛光照明平台维修和混凝土病害处治等内容，涉及部位多、内容繁杂，存在诸多交叉作业。根据设计文件，结合以下原则进行总体组织。

①统筹兼顾、突出重点、平行推进、交叉实施。

②斜拉索上下锚头附近出现的混凝土病害主要是斜拉索锚固区主拉应力过大引起的，在斜拉索更换前先进行维修处理。

③主梁受力控制点位于主梁跨中下缘，恒载与温度及风荷载组合后，其压应力储备较小，铺装重量对主梁受力和线形影响较大，在斜拉索更换前铣刨4cm厚沥青以增加跨中主梁下缘的压应力储备。

④经过研究分析，考虑本桥斜拉索为平行钢绞线斜拉索体系，大部分存在外露量严重不足的问题，针对短索、长索不同施工阶段安排不同放张拆除方法。

具体分为两个阶段：第一阶段，试验短索MC1~MC2（外露量足够）采用单根放张的传统方法，在此期间加快制造特制整体放张工装。第二阶段，特制工装进场后，针对短索MC3、MC4、长索M23应用整体放张拆除技术，同时检验临时结构安全状态，为后续其余斜拉索快速更换奠定基础。

（2）试验索更换目的。

①确定斜拉索更换工作流程，确定监控测量与施工之间的顺序，工作时间段分配。

②研究单根张拉测量索力、整索张拉测量索力与频谱法测量索力的差异。

③对换索工况、作业面组织、人员分配等情况进行统计，研究斜拉索更换工效，合理优化工艺流程，提高后续换索效率。

④检验换索工装的安全性、适用性，为边塔塔顶吊架优化设计提供依据。

⑤检验前期定下的施工方案是否切实可行。

⑥检验监控实施方案是否适应。

⑦检验已进场和预备进场的设备、工装能否满足施工需求。

⑧使工人了解施工方案，掌握施工流程，熟悉施工方法。

⑨检验人、机、料、法之间的衔接配合程度，为后期施工优化提供借鉴。

（3）更换原则。

根据设计要求，宜昌夷陵长江大桥斜拉索更换需满足以下原则：

①三个主塔同时独立进行更换。

②斜拉索从短索至长索或从长索至短索依次顺序更换，不跳索更换。

③同一主塔位置斜拉索左右对称拆除和安装,避免非对称施工工况。
④同一编号斜拉索上下游侧一次只拆除一根,待安装完新索后,再拆除剩下另一根。
⑤边塔从短索到长索对称更换、中塔从长索到短索对称更换。
⑥严格按照监控指令施工,待监控指令确认后开展下一阶段施工。

施工期间,加强施工临时荷载管控,做好临时荷载统计,不同工况下的临时荷载大小和位置布置应及时向监控单位反馈;发现拉索风振或主梁风振现象,及时与设计单位沟通,查明原因;加强与设计、监控等单位的沟通协调和桥梁技术状况的监测,以及关键工况的比对。

2)总体工艺流程

宜昌夷陵长江大桥斜拉索为平行钢绞线拉索体系,设计全部拆除更换,采用无黏结钢绞线斜拉索,换索时原则上采取钢绞线逐根挂设、张拉后,再整体张拉调索,换索总体流程如图6-4所示。

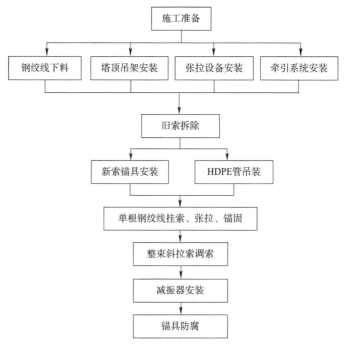

图6-4 斜拉索更换总体工艺流程框图

6.2 某悬索桥吊索更换

6.2.1 工程概况

1)桥梁概况

某悬索桥分为主桥、引桥(南引桥、北引桥),主跨900m,一跨过江,两主缆横向间距

20m,跨中矢高86m。主跨内共设置70根吊索,吊索按等间距12.7m布置。行车道按四车道设计,宽15.0m,两侧各设1.5m宽人行道,路面宽18m。桥型布置图如图6-5所示。

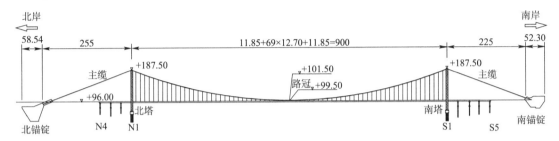

图6-5 某悬索桥桥型布置图(尺寸单位:m)

2)主要技术标准

(1)荷载。

设计荷载为汽—超20,四车道。

(2)桥面布置。

主桥:桥面按四车道布置,每车道宽3.75m,两侧各设1.5m人行道及0.25m分隔带,路面总宽18m。两侧风嘴宽0.3777m,钢箱梁顶面宽20.6m,全桥总宽度21.36m。南、北引桥桥面按四车道布置,每车道宽3.75m,两侧各设0.3m防撞护栏和1.5m人行道及0.25m的栏杆,桥梁总宽19.10m。

3)结构概况

(1)钢箱梁。

钢箱梁为焊接单室箱梁结构,两腹板间距18.68m,顶板全宽为20.60m,箱梁横断面中点处高度为3.0m,顶板做成与桥面横坡一致的1.5%坡度,形成路拱,腹板高1.661m。底板中间10.0m段平置,然后分别向两外侧按1:3.7坡率上翘,与腹板相连。顺桥向每隔12.7m的腹板外侧各设置一个吊索锚箱。

钢箱梁的顶板兼作桥面承重结构,按正交异性板设计,板厚为12mm,顶板的加劲肋采用8mm钢板压制成的梯形闭口肋,闭口肋顶宽32mm、高260mm、宽204mm。闭口肋的间距为640mm。横肋采用整板式的横隔板,板厚10mm,并设置了竖向及水平向加劲肋。横肋间距为2540mm。吊索锚箱处的横隔板厚度,局部加厚至24mm。底板及腹板厚度均为12mm,底板及腹板上的纵向加劲采用150mm×12mm钢板,纵肋间距一般为500mm。

箱梁节段由工厂焊制成20.6m×3m×12.7m的标准段及20.6m×3m×5.48m的端节段,全桥由70个标准节段及2个端节段组成。

(2)主缆系统。

某悬索桥主缆系统由主缆、塔顶鞍座、散索鞍、主缆锚固系统组成。

①主缆。

主缆采用工厂预制平行丝股、现场安装的方法施工,两根主缆总重4805t,每根主缆共有110根预制平行丝股,每根预制平行丝股含有91根φ5.1mm镀锌高强度平行钢丝,一般断面空隙率按20%考虑其直径为570mm。主缆钢丝布置如图6-6所示。

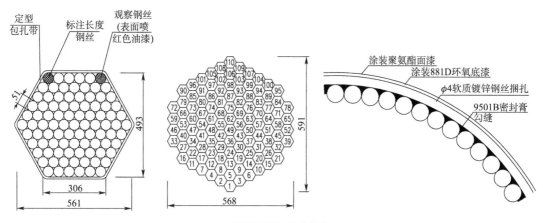

图6-6 主缆钢丝图(尺寸单位:mm)

②塔顶鞍座。

全桥共有塔顶主鞍座4个,散索鞍座4个。主塔顶鞍座纵桥向长4.3m,横桥向宽2.3m,鞍座中心座体高2.315m。散索鞍座体顺桥向长2.48m,横桥向底宽1.426m,高1.3m。在鞍座底板与支承垫石顶钢板之间安装一个GPZ20000DX盆式橡胶支座。

③锚固系统锚杆。

主缆索股锚固锚杆有两种,即单束锚杆和双束锚杆,每束索股两端采用热铸锚头每股钢丝束的设计拉力为1140kN。每副热铸锚由锚杆支承板,调整垫片,钢丝束套筒、套筒内灌铸的合金以及盖板组成。单束锚杆布置如图6-7所示。

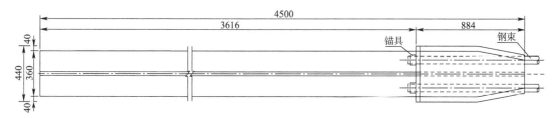

图6-7 单束锚杆图(尺寸单位:mm)

(3)吊索系统。

全桥在两个主塔之间共设置2×70个吊点,吊点间距为12.7m,每个吊点设置2根钢丝绳。钢丝绳骑跨过主缆锚固于加劲梁上。吊索系统由钢丝绳、索夹、减振器等构件组成。吊索布置如图6-8所示。

①吊索、锚具。

既有吊索采用$\phi 45mm$镀锌钢丝绳制作,规格为$7×19$,钢丝单丝直径$\phi 3mm$,单根绳径$\phi 45mm$,单位质量为8.269kg/m。镀锌钢丝绳设计公称抗拉强度1700MPa,钢丝总断面积940.1mm^2,钢丝绳破断力总和1598kN,理论最小破断拉力1226kN(按照现行规范计算),原设计文件计算最小破断拉力要求为1356kN。

吊索长度由锚具长度、骑跨段长度S_2、中间段长度S_1组成,吊索总长度$L=2S_1+S_2+$锚具长度。吊索及锚具如图6-9、图6-10所示,吊索长度统计见表6-2。

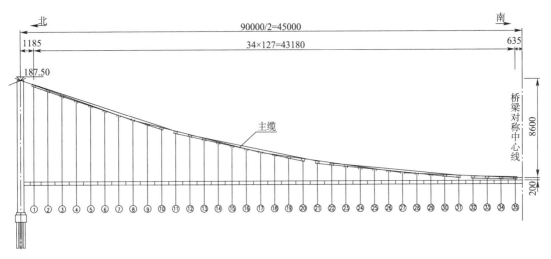

图 6-8 吊索布置图(尺寸单位:mm)

图 6-9 吊索横断面实景照片

吊索长度统计表 表 6-2

发送号	吊索各段长度(mm)			安装节点	发送号	吊索各段长度(mm)			安装节点
	S_1	S_2	$L=2S_1+S_2$			S_1	S_2	$L=2S_1+S_2$	
DS1	85947.2	2648.8	174543.2	1	DS10	67642.9	2845.8	138131.6	5
DS2	85950.1	2865.9	174766.1		DS11	63418.7	2655.3	129492.7	6
DS3	81157.5	2650	164965	2	DS12	63421.2	2840.9	129683.3	
DS4	81160.3	2860.8	165181.4		DS13	59339	2656.7	121334.7	7
DS5	76509.8	2651.2	155670.8	3	DS14	59341.4	2836	121518.8	
DS6	76512.6	2855.7	155880.9		DS15	55400.8	2658.2	113459.8	8
DS7	72004.1	2652.5	146660.7	4	DS16	55403.1	2831.2	113637.4	
DS8	72006.8	2850.7	146864.3		DS17	51603.8	2659.8	105867.4	9
DS9	67640.3	2653.9	137934.5	5	DS18	51606.1	2826.5	106038.7	

续上表

发送号	吊索各段长度(mm)			安装节点	发送号	吊索各段长度(mm)			安装节点
	S_1	S_2	$L=2S_1+S_2$			S_1	S_2	$L=2S_1+S_2$	
DS19	47948.2	2661.4	98557.8	10	DS45	13258.3	2687.2	29203.8	23
DS20	47950.4	2821.8	98722.6		DS46	13259.3	2765.9	29284.5	
DS21	44433.8	2663	91530.6	11	DS47	115474.7	2689.6	233639	24
DS22	44435.9	2817.2	91689		DS48	11575.6	2762	25913.2	
DS23	41060.6	2664.7	84785.9	12	DS49	10031.5	2692.1	22755.1	25
DS24	41062.6	2812.6	84937.8		DS50	10032.4	2758.2	22823	
DS25	37828.7	2666.5	78323.9	13	DS51	8628.9	2694.6	19952.4	26
DS26	37830.6	2808.1	78469.3		DS52	8629.7	2754.4	20013.8	
DS27	34738	2668.3	72144.3	14	DS53	7366.5	2697.2	17430.2	27
DS28	34739.8	2803.6	72283.2		DS54	7367.2	2750.7	17485.1	
DS29	31788.2	2670.2	66246.6	15	DS55	6244.5	2699.8	15188.8	28
DS30	31789.9	2799.2	66379		DS56	6245.1	2747	15237.2	
DS31	28979.2	2672.1	60630.5	16	DS57	5262.7	2702.5	13227.9	29
DS32	28980.9	2794.8	60756.6		DS58	5263.3	2743.4	13270	
DS33	26311.2	2674.1	55296.5	17	DS59	4421.3	2805.3	11647.9	30
DS34	26312.7	2790.5	55415.9		DS60	4421.7	2739.9	11583.3	
DS35	23784	2676.1	50244.1	18	DS61	3720.1	2708.1	10148.3	31
DS36	23785.4	2786.2	50357		DS62	3720.5	2736.5	10177.5	
DS37	21397.6	2678.2	45473.4	19	DS63	3159.2	2711	9029.4	32
DS38	21399	2782.1	45580.1		DS64	3159.5	2733.1	9052.1	
DS39	19152	280.4	38584.4	20	DS65	2738.6	2714	8191.2	33
DS40	19153.3	2777.9	41084.5		DS66	2738.8	2729.7	8207.3	
DS41	17047	2682.6	36776.6	21	DS67	2458.2	2717	7633.4	34
DS42	17048.2	2773.8	36870.2		DS68	2458.3	2726.5	7643.1	
DS43	15082.4	2684.9	32849.7	22	DS69	2318	2720.1	7356.1	35
DS44	15083.5	2769.8	32936.8		DS70	2318.1	2723.2	7359.4	

②夹具、索夹。

每个吊点位置设置1副索夹、2副夹具,2根钢丝绳共用1副索夹,每个钢丝绳设置1副夹具。每副吊索夹具由2个夹环、2片钢板、8个无缝钢管及8个M20mm普通螺栓组合而成。全桥吊索夹具共280套。在夹具下部均设有2个热铸锥体铸块。锥体铸块由4块锥体热铸而成。吊索夹具结构如图6-11、图6-12所示。

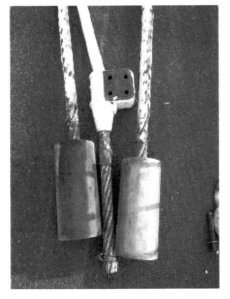

图 6-10 吊索锚具实景照片

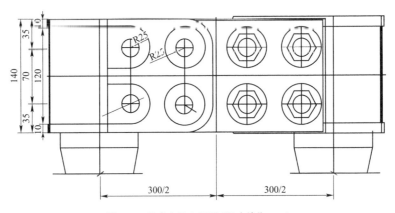

图 6-11 吊索夹具立面图(尺寸单位:mm)

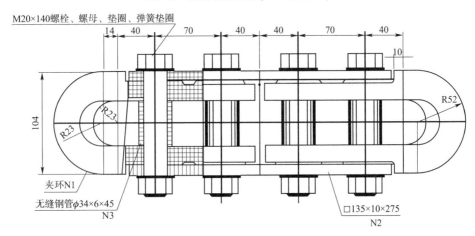

图 6-12 吊索夹具断面图(尺寸单位:mm)

索夹除中跨安装吊索的索夹外,还有夹紧边跨主缆的索夹和安装缆套的索夹。主跨索夹由于主缆倾角不同分为五种类型。索夹均由2个半圆形的铸件组成,采用8~18个M27mm高强度螺栓连接。吊索索夹与缠丝后主缆间空隙及索夹本身的空隙用密封胶密封。主缆吊索及索夹如图6-13所示。

(4) 主塔。

桥塔高187.5m。常水位最大通航净空30m。南侧主塔和北侧主塔的构造基本相同。主塔为多层门框结构,在上、中、下设置三道横梁,塔柱为C50钢筋混凝土空心结构,横梁为预应力钢筋混凝土结构。塔顶高程为+185.10m(不含塔顶鞍座防护罩,防护罩顶高程为+188.50m),中横梁顶高程为+140.00m,下横梁顶高程为+93.00m。塔柱截面外轮廓设2cm×2cm的倒角。塔顶设有航空灯标以及避雷装置。

北塔为分离式承台、钻孔桩基础,承台顶高程+67.50m。每墩由2个分开的承台组成,承台为矩形(倒圆角),长13m、宽8.6m、高5m。每承台桩基为6根2.2m的钻孔灌注桩按支承桩设计。上游侧承台下钻孔桩桩长11m(桩底高程+51.50m),下游侧桩长13m(桩底高程+49.50m)。承台混凝土强度等级为C25,桩身混凝土强度等级为C30。

南塔为分离式承台、双壁钢围堰钻孔桩基础,承台顶高程+67.50m。每墩由2个分开的承台组成,承台为矩形(倒圆角),长13m、宽8.6m、高5m。每承台桩基为6根2.2m的钻孔灌注桩按支承桩设计。上游侧承台下钻孔桩桩长41m(桩底高程+21.50m),下游侧桩长47m(桩底高程+15.50m)。承台混凝土强度等级为C25,桩身混凝土强度等级为C30。

(5) 锚碇。

北锚碇为采用深埋明挖基础结构形式。除锚室外均为混凝土实体结构,底部高程为+44.50m、尺寸为24m×32m,顶部高程为+94.92m,散索鞍中心高程为92.00m。

南锚碇为重力式混凝土锚碇,采用深埋明挖基础结构形式。除锚室外均为混凝土实体结构,底部高程为+74.0m、尺寸25.5m×32m,顶部高程为+105.55m,散索鞍中心高程为102.630m。

4) 吊索现状

依据2008年检测报告,大桥经过多年的运营,其吊索系统的防腐功能已经退化。2009年对吊索进行了防护涂装维修。2017年桥梁定期检查中,发现吊索存在锚垫板锈蚀、油漆剥落、涂层劣化螺栓缺失缺陷。根据2019年的吊索检测,索体及锚具存在较为明显的锈蚀和渗水,为保障桥梁本体及运营安全,拟进行吊索更换工作。吊索及锚具情况如图6-14、图6-15所示。

5) 主要工程量

本项目施工内容主要有2项:①更换2台检查车。②更换除已更换的试验索(上游侧第4号(北侧)、33号(北侧)、56号(南侧))以外的全部吊索,包括索体、夹具、锥形铸块、垫片、防水罩、防护涂装等。主要工程数量见表6-3。

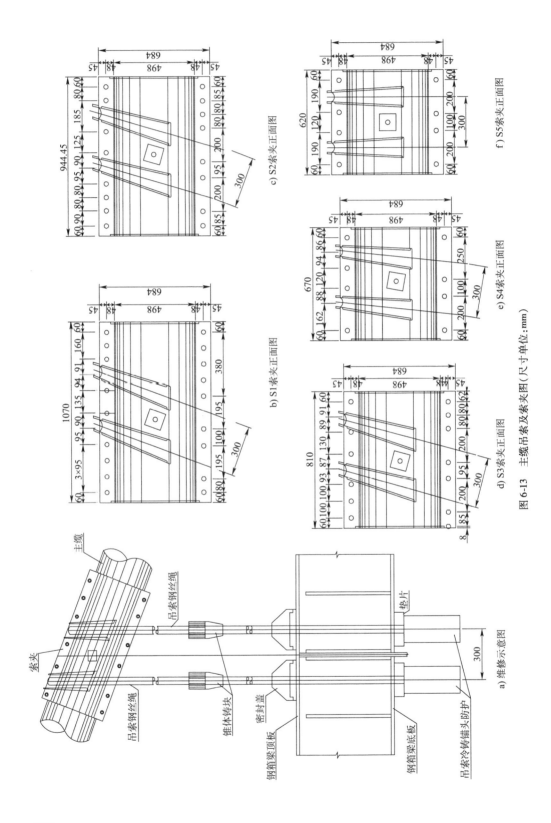

图 6-13 主缆吊索及索夹图（尺寸单位：mm）

图 6-14 吊索实景照片

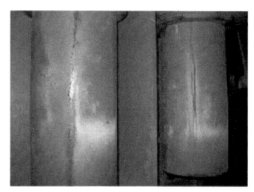

图 6-15 锚具实景照片

主要工程数量表　　　　　　　　　　　　　　　　　表 6-3

序号	部位	项目内容			材质	单位	数量
1	吊索更换	拆除原吊索钢丝绳（含外运）				根	277
2		拆除原吊索锚具				套	554
3		新制	镀锌钢丝绳			根	277
4			椎体铸块			个	554
5			吊索	吊索夹具	ZG20Mn	kg	5706.2
6				钢材	Q235	kg	1606.6
7				螺栓	C 级	套	6648
8				短管	10 号钢	kg	443.2
9				吊索锚具 热铸锚	锌铜合金	个	554
10				吊索锚具垫片	Q235	块	554
11				防水罩	氯丁橡胶	个	554
12		钢丝绳表面防护	表面处理			m²	2519.0
13			涂磷化底漆			m²	2519.0

续上表

序号	部位	项目内容		材质	单位	数量
14	吊索更换	钢丝绳表面防护	密封剂		m²	2519.0
15			玻璃纤维布		m²	5038.1
16			氟碳面漆		m²	2519.0
17		钢丝绳锚头根部防护	锚头结构缝隙密封		m	46.2
18			防水罩密封		m	193.9
19			锚板内部空腔表面处理		处	554
20		结构缝隙	索夹槽缝	凿除原密封剂及表面清洗	m	323.2
21				密封剂密封	m	323.2
22			夹具结构缝隙	密封剂密封	m	655.6
23			椎体铸块缝隙		m	166.2
24		检查小车更换			台	2

6）项目重难点分析

该悬索桥已运营 24 年,超过大桥吊索设计使用寿命,且吊索钢丝绳存在不同程度的病害,钢丝绳的腐蚀速率逐渐增大,吊索的使用寿命大大降低。本次全桥吊索更换是桥梁建成通车后的最大一次维修。本项目重难点有以下几点。

(1)如何在原吊索锚固方式限制的情况下拆除旧索。

在试验索更换的过程中发现,受原吊索锚固方式限制,很难从钢锚箱下方锚固处拆除旧吊索。

原结构每个吊点设置两根吊索钢丝绳,施工时拆除旧吊索并更换新钢丝绳吊索,同时更换索夹、防水罩、减振器、锚具等,最后对钢丝绳进行防护涂装。

原吊索穿过预设于桥面下方的钢锚箱,锚固于钢锚箱下方的锚垫板上。钢锚箱位于横梁与小纵梁交会处。

原桥施工时,吊索钢丝绳锚具穿过吊索锚板预留孔洞后,利用尺寸 276mm × 60mm × 312mm 的方形垫片及 2 片哈弗式夹板进行锚固定位。

方形垫片为插入式,具体尺寸见图 6-16,实物如图 6-17 所示。

因此要拆除旧吊索,必须先拆除锚具上方的方形垫片。考虑到方形垫片四周有 3 个方向均与吊索锚板贴合,无法设支撑架用于顶升,因此很难采用常规的接长螺杆的方式从梁底锚固端进行拆除。

(2)受限空间内旧索卸载、新索张拉。

原吊索穿过预设于桥面下方的钢锚箱,锚固于钢锚箱下方的锚垫板上。锚固位置横向位于钢箱梁风嘴处,从设计图纸和现场照片中可以看出,由于锚固横梁处下方横向加劲板和顺桥向风嘴钢板的存在,造成后续旧吊索拆除及新吊索安装的作业空间均受限。具体情况如图 6-18 所示。

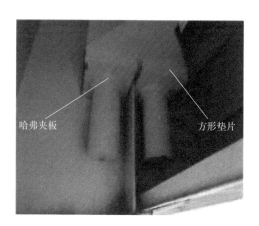
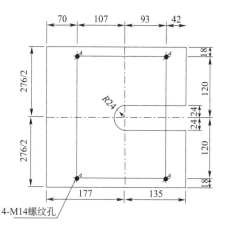

图 6-16 原吊索方形垫片示意图(尺寸单位:mm)

图 6-17 试验索更换时拆除下的垫片照片

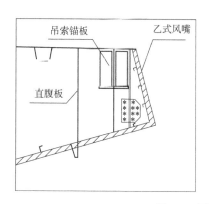
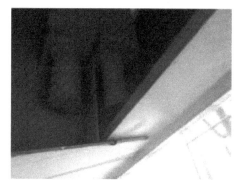

图 6-18 原吊索锚固端受限情况

试验索更换时,选取部分吊点进行了各尺寸的现场测量。根据现场测量的几个吊点数据看,原锚具至下方风嘴挡板的尺寸非常小,只有 16cm 左右。这么小的空间,不能采用常规的千斤顶和接长螺杆进行新吊索的张拉。

另外,旧垫片顶面与钢锚箱底面有 4 个小螺杆连接,现场发现部分螺杆已经锈蚀无法取下,且作业空间非常小,全桥吊索更换时必须予以考虑。

(3)成桥索力调整、线形调整。

悬索桥属于异常复杂的超静定结构,其内力和线形对温度、桥塔偏位、恒载误差、施工误差等相当敏感。施工阶段随桥梁结构体系和荷载工况不断变化,结构内力、线形和变形亦随之不断发生变化,每一阶段的误差如果不能消除,累计后将影响成桥后结构的受力及线形。由于各种因素的直接和间接的影响,实际桥梁在施工过程中的每一状态几乎不可能与设计状态完全一致。与其他桥型相比,悬索桥在施工过程中的线形管理较难,更容易产生施工误差。

7)应对措施

(1)采用临时吊索+夹具组合方式进行旧索卸载。

①在桥面上增设永久性吊耳,施工时在主缆及吊耳之间设置临时吊索,通过张拉临时索作为换索过程中一道安全保障。

②定制专用单根钢丝绳夹具,在将要更换的旧索桥面上方选取约 1500mm 范围钢丝绳,剥除钢丝绳护套。钢丝绳上下端均安装好定制的夹具,并拧紧螺母。在夹具上方和下方各安装一个扁担梁,由 2 块 445mm×40mm×150mm 的钢板,用螺栓连接而成。扁担梁中间设 ϕ40mm 拉杆,材质为 PSB930 精轧螺纹钢。拉杆下端设垫片和下拉杆螺母,拉杆上方设垫片和穿心千斤顶,穿心千斤顶上方为上拉杆螺母。

③通过千斤顶顶升使 2 个扁担梁之间旧索卸载,切断旧索,千斤顶卸载,拆除旧索。这样既解决了原锚固方式限制无法在桥下拆索的问题,又解决了吊索卸载后安全防护的问题。

(2)受限空间内旧索卸载、新索张拉应对措施。

为了解决新索受限空间张拉问题,本次设计将优化吊索锚头长度及吊索锚固方式。

吊索锚固方式不再沿用旧索方形垫板锚固,将优化锚垫板,采用锚垫板和锚固螺母组合方式进行新索梁端锚固。新索锚头长度在满足既有规范对索体锚固要求的前提下可适当减少,进而可扩大锚固段作业空间。

本次全桥吊索更换,在试验索的基础上进一步改进,定制专用的小尺寸撑脚和薄型穿心千斤顶,同时准备不同长度的多段接长螺杆。对最外侧的吊索,通过不断更换较短的接长螺杆来争取空间,解决钢锚箱下方操作空间有限的问题。对于旧垫片顶面与钢锚箱底面的 4 个连接螺杆,定制专用工具,用于克服现场空间小不便操作的困难,提高工效,节省工期。新索锚头、锚垫板、张拉工艺装备如图 6-19~图 6-21 所示。

(3)采用施工监测确保成桥索力、线形。

施工监测可确保设计图纸上的吊索更换方案能够安全而经济的在施工现场得到实现,消除误差的影响。采用合理的施工控制方法,通过对设计图纸和设计意图的深入理解,对全桥进行系统的理论分析,在充分了解其受力性能和施工工艺的基础上,获取全桥的理论设计数据,建立上部结构计算机施工监测仿真系统。通过现场测试和测量,修正设计数据并反馈到计算机施工监测仿真系统,计算机施工监测仿真系统将以成桥线形和内力状态为期望,计算出后续施工阶段的施工参数。

图 6-19　新索锚头设计

图 6-20　新索锚垫板

图 6-21　新索张拉时工艺装备

6.2.2　吊索更换施工方案

1) 主要施工方法

(1) 检查小车更换。

①轨道检查:使用旧检查车,检查轨道固定螺栓,发现松动及时加固,损伤及时更换。

②旧检查车拆除:经现场调查桥北侧 1 号吊索位置,桥下道路空地可满足小车拆除及安装所需场地。

③检查车行驶至 1 号吊点位置,在桥面上下游两侧各站位 1 台 25t 汽车起重机,将旧检查车同步起吊下放至桥下道路上,再进行拆解。

④新检查车在厂家拼装验收合格后,车体解体,汽车运输至现场。在桥面上用汽车起重机将检查车车体及配件吊装至桥下。

⑤在桥下 1 号吊点位置进行拼装,拼装采用叉车人工配合叉车方式。

⑥车体拼装完成后在桥面上下游侧各站位 1 台 25t 汽车起重机将车体缓慢提起至轨道位置,与轨道连接。

⑦新检查车安装完成后,进行单车试运转及试车试验。

(2)吊索更换。

吊索在专业的缆索制作厂匹配制造,通过公路运输至桥址。吊索更换主要施工步骤如下:

①安装临时吊耳,吊耳安装顺序为从桥两端向中间安装。

②封闭半幅交通,采用锥桶作为隔离措施。

③检查车行驶至待更换吊索位置。

④在待更换吊索位置安装临时吊索,临时索仅作为吊索更换过程中的安全储备,对临时索进行张拉预紧施工,施加 10t 预紧力以形成有效支撑。

⑤在将要更换的旧索桥面以上 1.5m 两处打磨旧索防护层,安装卸载夹具,通过张拉螺杆卸载旧索。使用砂轮锯切断旧索。

⑥对梁面到主缆顶高度大于 20m 的吊索(1~19 号、52~70 号)采用卷扬机牵引系统拆除;对梁面到主缆顶高度小于 20m 的吊索(20~51 号)采用汽车起重机拆除。

⑦清理索槽。

⑧新索安装并张拉,新索安装和旧索拆除方法一致。新索张拉采用定制的扁顶在梁端张拉。

(3)吊索防护。

①骑跨段防护:旧索拆除后,将索槽内进行清理,保证表面光滑、无油污、无灰尘。

②索槽内清理、干燥后,新吊索安装前在槽内刮涂 HM106 聚硫型高强防水密封剂,保证新吊索安装后密封剂能够将吊索与槽之间的缝隙填充密实。

③新吊索安装完成后,采用 HM106 聚硫型高强防水密封剂对槽内钢丝绳表面进行整圆密封。

④索槽内吊索上表面进行"三胶两布"施工。

⑤橡胶密封块及防水罩安装时,所有缝隙均采用 HM106 聚硫型高强防水密封剂进行封边处理。

⑥吊索及附件所有结构缝隙均采用 HM106 聚硫型高强防水密封剂进行密封,密封部位主要包括夹具缝隙、锥体铸块缝隙、锚头缝隙等。

(4)现场调查。

施工前,应对现场全面了解调查,现场调查须注意事项如下:

①桥上供配电位置、容量是否能容纳施工用电、用电线路布设。

②测量锚板至风嘴底距离,做好登记并统计,为后续定制千斤顶、张拉螺杆提供数据支持。

③测量锚板开孔直径,做好记录,为新索锚杯直径提供依据。

(5)初始状态监测。

监测活载和温度作用下桥面线形变化,为后期的监控实施方案提供依据。

(6)吊索长度及桥面线形测量。

在吊索更换前,测量恒载状态下各吊索所处位置桥面及钢梁顶高程,作为施工中高程控制的基准值,并对现有的主缆线形进行测量。

(7)索力测量。

项目实施前,在气温相对稳定、活载影响较小的夜间进行更换前吊索索力测量,并记录存档。在每根吊索更换前,采用千斤顶张拉法准确测量吊索实际索力,并作为新吊索张拉索力的基准值。

(8)标定千斤顶、压力表、液压泵站及接头等张拉设备。

(9)检查锚头。

逐个测量锚头:测量吊索钢丝绳锚头、锚固螺母丝口规格尺寸,复核原施工设计图数据,按照实测数据制作长张拉杆、变接头等连接工具。

(10)施工平台制作、安装。

①吊索更换施工平台:平台采用场外加工成半成品,制作高度、单侧平台宽度、两侧平台中间宽度等均根据现场操作空间确定,以方便操作为原则。

②吊索防护施工平台:吊索防护施工平台主要由走行系统和作业平台构成,走行系统与吊索更换施工平台走行系统类似,作业平台根据现场作业空间定制可自行提升的作业吊篮。施工平台具体安装步骤如下:

A. 在跨中主缆最低位置安排作业人员安装走行系统并固定。

B. 通过安全绳将作业平台的钢丝绳拉至走行系统横梁上并与之固定。

C. 钢丝绳下端通过连接杆与人行道护栏连接在一起,并逐步将钢丝绳导向绳收紧。

D. 将防坠器通过作业平台提升至走行系统横梁与之固定,防坠器另一端固定于作业平台上(起到二道保护作用),此时平台安装完成。

E. 一个吊点施工完成后,将作业平台先下放至梁面,解除两个平台之间连接,再将平台提起至吊索顶部,由走行系统牵引整个车体移动至下一个工作点处。

(11)工艺装备加工。

本项目旧索放张用到的工艺装备有夹具、拉杆、扁担梁,新索张拉用到的工艺装备有撑脚、扁形千斤顶、张拉杆、转换接头等。所有工艺装备经厂家定制,出厂检验合格后方可使用。

2)吊索更换

(1)吊索更换顺序。

吊索更换总体顺序按照先首制件工程、后正式更换。具体更换施工采用分幅施工,即先上游侧再下游侧,单幅设置2个工作面从长索向短索更换。具体换索顺序见表6-4。

吊索更换顺序表 表6-4

序号	更换批次	吊点编号	吊索编号	拆除及安装方法	备注
1	第一批(首件制工程)	25号	25号-1、25号-2	汽车起重机、卷扬机、一个作业面	

续上表

序号	更换批次	吊点编号	吊索编号	拆除及安装方法	备注
2	第二批	1~19号 70~52号	1号-1、1号-2、2号-1、2号-2、3号-1、3号-2	卷扬机、 两个作业面	
			4号-2、5号-1、5号-2、6号-1、6号-2		
			7号-1、7号-2、8号-1、8号-2、9号-1、9号-2		
			10号-1、10号-2、11号-1、11号-2		
			12号-1、12号-2、13号-1、13号-2		
			14号-1、14号-2、15号-1、15号-2		
			16号-1、16号-2、17号-1、17号-2		
			18号-1、18号-2、19号-1、19号-2		
			70号-1、70号-2、69号-1、69号-2		
			68号-1、68号-2、67号-1、67号-2		
			66号-1、66号-2、65号-1、65号-2		
			64号-1、64号-2、63号-1、63号-2		
			62号-1、62号-2、61号-1、61号-2		
			60号-1、60号-2、59号-1、59号-2		
			58号-1、58号-2、57号-1、57号-2		
			56号-1、55号-1、55号-2		
			54号-1、54号-2、53号-1、53号-2		
			52号-1、52号-2		
3	第三批	20~33号、 51~39号	20号-1、20号-2、21号-1、21号-2	汽车起重机、 两个作业面	
			22号-1、22号-2、23号-1、23号-2		
			24号-1、24号-2、25号-1、25号-2		
			26号-1、26号-2、27号-1、27号-2		
			28号-1、28号-2、29号-1、29号-2		
			30号-1、30号-2、31号-1、31号-2		
			32号-1、32号-2、33号-2		
			51号-1、51号-2、50号-1、50号-2		
			49号-1、49号-2、48号-1、48号-2		
			47号-1、47号-2、46号-1、46号-2		
			45号-1、45号-2、44号-1、44号-2		
			43号-1、43号-2、42号-1、42号-2		
			41号-1、41号-2、40号-1、40号-2		
			39号-1、39号-2		
4	第四批	34~38号	34号-1、34号-2、35号-1、35号-2	汽车起重机、 一个作业面	
			36号-1、36号-2、37号-1、37号-2		
			38号-1、38号-2		

(2)吊索更换首制件工程。

吊索更换首制件工程选取25号吊点的2根吊索钢丝绳实施,25号-1采用汽车起重机拆除和安装,25号-2采用卷扬机牵引。首制件工程目的核对各工序施工所用时间,让作业人员熟悉工艺方法,对施工工艺及方法进行总结提出改进措施,指导后续施工。首制件工程具体实施方法采用本项目吊索更换施工方法,对于旧索拆除和新索挂设采用汽车起重机和卷扬机牵引两种施工方法分别实施。待首制件工程结束后,进行总结,对实施过程中的不足提出改进措施,对实施过程中优点继续保持,最终优化施工工艺,指导后续施工,确保整个换索施工安全、高效完成。

(3)临时索安装。

临时索主要由临时吊耳、临时索张拉系统、临时索(钢绞线)、连接器、吊装带组成。

①吊点设置:临时吊装带挂设于主缆索夹的槽口位置,防止在预紧时,钢丝绳出现滑移,待一根钢丝绳更换完成后再将临时索放松,将吊装带挪至另一索槽处。

钢梁顶面每个吊索位置,新增一个吊点,吊点位于4根钢丝绳中心位置,吊点布置沿桥长方向与锚固小纵梁腹板对应,横向与钢梁锚板对应。

每个吊点由钢板焊接而成,主板采用32mm厚钢板,开设220mm圆孔用于穿过销轴,加劲板采用16mm厚钢板。

吊点焊接前先打开4个锚固点防水罩,根据现场钢梁实际情况,在钢梁顶面钢板上放样处吊点焊接位置。打磨吊点焊接位置钢梁面板油漆。

对钢梁顶板和对应横肋采用磁力钻开工,吊点通过螺栓和钢梁连接。吊点安装安排4个工作面,上、下游各2个工作面,根据换索顺序分别从两端向中间进行。

②钢丝绳安装:原临时吊索作为换索过程中的安全保障,临时吊索按新制吊索规格配置,选用钢丝绳规格为$6 \times 36WS + IWR$,公称直径44mm,钢丝公称抗拉强度1960MPa,钢丝绳最小破断力总和1783kN,最小破断拉力1350kN,按照现行规范计算最小破断力较原索钢丝绳提高10%。

在桥面吊点位置安装卡环和电动葫芦,临时索钢丝绳一端绳头和吊点处电动葫芦连接,另一端通过桥面卷扬机牵引系统跨过主缆牵引至桥面吊点位置再和电动葫芦连接,此时启动电动葫芦收紧临时索钢丝绳。

③钢丝绳预紧:在旧索临时索钢丝绳上安装索力监控器,用于钢丝绳预紧过程中指导电动葫芦作业。收紧电动葫芦,直至临时索钢丝绳上索力监控器显示索力为10t时,停止电动葫芦作业,临时索钢丝绳预紧结束。

(4)旧索卸载。

钢丝绳夹具如图6-22所示。

施工顺序为:安装专用定制夹具并夹紧→安装扁担梁及拉杆→安装上下螺母及穿心千斤顶→张拉千斤顶(分级张拉)→剪断钢丝绳,使原来钢丝绳中的力改为由拉杆承受→千斤顶缓慢回油,使上下夹具间距离变大,直至未剪断钢丝绳中应力完全释放→解除夹具、扁担梁、拉杆及千斤顶等→拆除下部钢丝绳→拆除上部钢丝绳→安装新索→重复进行下一根吊索更换。

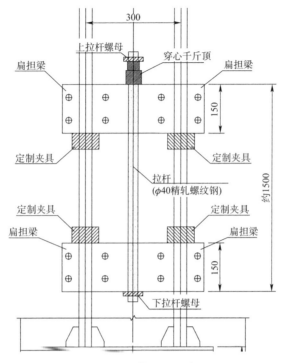

图 6-22　钢丝绳夹具结构图(尺寸单位:mm)

(5)旧索拆除。

旧索分两部分拆除,一部分位于切割处上端,一部分位于切割处下端。

梁底部分拆除(以一支钢丝绳为例)具体方法:夹具间钢丝绳切断后,在切割处上、下钢丝绳上分别安装绳卡,挂设滑轮组,切割处上端钢丝绳上挂设定滑轮,切割处下端钢丝绳上挂设动滑轮,卷扬机钢丝绳穿过两个滑轮绳头固定在定滑轮上。安装完卷扬机和滑轮组后,千斤顶卸载,拆除夹具、拉杆等。起动卷扬机先放松钢丝绳,在梁底检查车上作业人员取出旧索卡口式锚板,再收紧卷扬机钢丝绳将旧索梁底部分提出梁面,人工配合机械将旧索锚头提到人行道上。

根据前期现场测量报告可知,梁面至主缆索夹底面高度为 1.864~85.484m,拟采用汽车起重机对短索进行拆除和挂设。结合市场常用的汽车起重机起重性能,综合考虑梁面至主缆高度,决定加劲梁至主缆底面高度小于 20m 的吊索(20~51 号)拆除和挂设采用 QY25t 汽车起重机进行,其余吊索(1~19 号、52~70 号)采用卷扬机牵引系统拆除和挂设。

(6)新索安装。

旧索拆除后对索槽使用专用工具剔除缝中原有密封剂,除去缝中杂物灰尘等;用清洁布或棉纱蘸溶剂擦拭涂装表面,清理完成后安装新索。

(7)展索。

新索均是成盘包装运输至现场,索体内存在扭转应力,因此在索体安装前必须展索释放应力。展索的目的一是安装需要,二是舒展索体散去扭力,使吊索在安装时处于无应力自然状态,进而使索体安装工程得以安全进行。

(8)挂索。

新索挂设方法同旧索拆除,对于短索(20~51号),采用QY25t汽车起重机将旧索吊起通过大臂伸臂和摆动将新索放置于主缆上。对于长索(1~19号、52~70号),采用卷扬机牵引系统安装。

(9)索体张拉。

张拉时采用张拉力和伸长值2个指标进行控制,张拉力值进行控制,伸长值校核。

3)施工监测

(1)监测目的。

某悬索桥吊索更换项目施工监控的目的是确保在吊索更换全过程各工况结构均处于符合规范和设计要求的受力状态下,即施工过程安全可控,万无一失;并对施工过程进行必要的优化论证分析,方便施工,高效、快捷地完成施工任务;吊索更换完成后结构受力合理,线形平顺,并对改造前后的状态进行对比、全面评估改造的效果,顺利实现吊索更换的目标。

(2)监测方案。

①变形:加劲梁变形、主缆关键点位移。

A.加劲梁变形:吊索更换前、全桥调索完成后对主桥桥面线形通测。桥面线形测点纵桥向布置在每个吊点的下方,采用常规监测方法进行监测。

B.主缆变形:在主缆中跨四分点及边跨跨中布设监测测点用于初始状态及全桥调索完成后的主缆线形测试;吊索更换过程中,在更换索邻近2根索处主缆索夹部位布设变形测点,3个主缆变形测点。在更换索所在位置的主缆上布设监测棱镜,用于主缆变形的监测。在吊索卸载前后、新吊索张拉前后对主缆变形测点进行监测。主缆位移测点如图6-23所示。

②应力:加劲梁应力。本桥跨径较大,应力测试断面较多,结构受力较为复杂,主要采用人工测试。应力测量主要为加劲梁应力测量。每个吊索更换部位的加劲梁布置应变测点,顶、底板各布置2个表贴式应力传感器(可重复使用),方向为纵向,每个吊索更换部位共布置4个应变片。测点布置如图6-24所示。

③索力:吊索索力。为保证吊索索力的精度及在施工过程中变化规律,采用频谱法测量其索力,同时与张拉法电动葫芦张拉力进行校核分析,提高测试精度。索力测试主要为吊索索力。对更换索及邻近2处吊索进行索力监测,共计3处吊索(6根钢丝绳)。本项目索力测试具体测试内容如下:

A.吊索拆除前:采用频谱法对索、相邻吊索初始索力进行测试。

B.吊索拆除:旧索卸载的过程中,采用张拉法、频谱法对吊索力进行测试并相互校核。卸载过程需要分级,当最后一级张拉法测试旧索吊索力与"吊索拆除前"索力相等时(吊索完全卸载),并辅以加劲梁线形测试数值进行双控,据此判断吊索力是否完全卸载。采用频谱法同步测量相邻吊索力。

C.新吊索张拉:分级对新吊索进行张拉,并通过频谱法、张拉法对新吊索索力进行相互校核。判断新吊索索力偏差是否满足设计要求,并且要测试加劲梁线形,判断其是否满足设计要求。

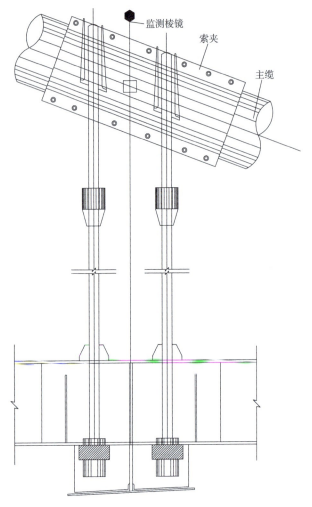

图6-23 主缆位移测点示意图

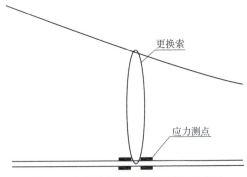

图6-24 加劲梁应力、温度测试断面示意图

④索长:吊索索长。在吊索更换前对全桥吊索,精确测量吊索的实际长度,作为吊索更换时的基础数据。在吊索更换后对新吊索的索长进行精确测量,并与更换前及设计索长进行比较,结合变形及索力监测数据判断吊索安装质量。

⑤温度:加劲梁温度、主缆温度、大气温度。本项目温度测试将始终伴随施工监测的全过程,温度测试分为环境温度测试、构件表面温度监测。环境温度测试选取吊索更换区域环境温度,主梁与吊索温度使用点温计对构件表面温度进行测量。

4)吊索防护

(1)防护体系。

①钢丝绳防护。钢丝绳防护体系采用"三胶两布"形式。密封剂采用HM106聚硫型高

强防水密封剂,该材料具有较高的拉伸强度和黏结稳定性能以及优异的耐水、耐油和耐老化性能,使用温度为 $-40℃ \sim +120℃$。该体系已有近十年的应用历史,如虎门大桥、海沧大桥、宜昌长江公路大桥等缆索防护中均有应用。

②吊索骑跨区防腐。在新吊索安装前,应先对骑跨区槽缝进行除锈处理和表面清洗,干燥后刮涂 HM106 聚硫型高强防水密封剂,吊索安装后再用 HM106 聚硫型高强防水密封剂进行裹圆密封,使密封剂基本填满吊索与槽之间的缝隙,待密封剂硫化后再对该部位采用"三胶两布"的方案进行密封。

③结构缝隙密封。吊索及附件安装完成后,所有结构缝隙均采用 HM106 聚硫型高强防水密封剂进行封边处理,主要包括夹具缝隙、锥体铸块缝隙以及锚头缝隙等。夹具内部空腔采用聚氨酯发泡剂进行填充。

④吊索附件表面防护。对于夹具、锥体铸块等吊索附件,采用如下涂装体系进行表面防护,除最后一道面漆外均在工厂完成,现场安装完成后施工最后一道面漆。防护体系如表 6-5 所示。

夹具及椎体铸块防护体系　　　　　　　　　　表 6-5

表面处理及涂层	名称	道数	干膜厚度(μm)
表面处理	喷砂除锈 Sa2.5 级	—	—
底漆层	环氧富锌底漆	1	60
中间漆层	环氧云铁中间漆	2	2×70
面漆层	丙烯酸脂肪族聚氨酯面漆	2	2×40
总计		5	280

(2)材料要求。

①防护涂装材料。防护涂装材料主要包括:HM106 聚硫型高强防水密封剂、磷化底漆、环氧富锌底漆、环氧云铁中间漆、丙烯酸脂肪族聚氨酯面漆、氟碳面漆等。以上材料应满足《乙烯磷化底漆(双组分)》(HG/T 3347—2013)、《富锌底漆》(HG/T 3668—2020)、《公路桥梁用氟碳面漆》(JT/T 1168—2017)、《公路桥梁钢结构防腐涂装技术条件》(JT/T 722—2023)的相关要求。

②高强玻璃纤维布。高强玻璃纤维布基本性能指标见表 6-6。

高强玻璃纤维布基本性能指标表　　　　　　　　　　表 6-6

性能项目	性能要求
抗拉强度标准值(MPa)	≥2200
受拉弹性模量(MPa)	$\geq 1.0 \times 10^5$
伸长率(%)	≥2.5
弯曲强度(MPa)	≥600
层间剪切强度(MPa)	≥40

(3)防护要求。

吊索钢丝绳防护体系采用"三胶两布"方案,根据吊索不同部位,部分索段在张拉前实施防护,部分索段在吊索安装张拉完成后进行防护处理,两部分搭接长度不小于20cm。针对不同索体段,"三胶两布"防护施工工艺要求如下。

①裸索段防护。

A.表面处理:用丙酮或其他有机溶剂清洗钢丝绳表面,保证无油污、灰尘。

B.涂磷化底漆:钢丝绳表面清洁并干燥后,涂刷1道磷化底漆,厚度$10\mu m$。

C.涂刷第1道密封剂:用HM106聚硫型高强防水密封剂封闭表面缝隙,将钢丝绳凹面填平,将钢丝绳表面修整圆滑。

D.缠绕第1层高强玻璃纤维布:在密封剂表面用15cm宽、$300\mu m$厚的中性增强型玻璃纤维布自下而上对索体进行缠绕,缠绕搭接宽度5cm。缠绕过程中在搭接部位再涂刷1遍密封剂,保证搭接部位充分浸润。

E.涂刷第2道密封剂:玻璃纤维布表面涂刷HM106聚硫型高强防水密封剂,厚度为1mm。

F.缠绕第2层高强玻璃纤维布:按上述流程缠绕第2层高强玻璃纤维布。

G.涂刷第3道密封剂:玻纤布表面涂刷HM106聚硫型高强防水密封剂,厚度为1mm。

H.涂刷氟碳面漆:待HM106聚硫型高强防水密封剂达到硫化期后,表面刷涂3道氟碳面漆,每道干膜厚度为$40\mu m$。

②骑跨段防护。

A.表面清理:骑跨区索槽内应在新吊索安装前进行清理,保证表面基本光滑、无油污、无灰尘。

B.涂刷密封剂:索槽内清理并干燥后,新吊索安装前在槽内刮涂HM106聚硫型高强防水密封剂,保证新吊索安装后密封剂能够将吊索与槽之间的缝隙填充密实。

C.新吊索安装完成后,采用HM106聚硫型高强防水密封剂对槽内钢丝绳表面进行整圆密封。

D.覆盖1层高强玻璃纤维布:采用高强玻璃纤维布条将槽内吊索的上表面覆盖,同时在高强玻璃纤维布表面刷涂1层稀释的密封剂,将玻纤布浸润。

E.涂刷密封剂:玻纤布表面涂刷HM106聚硫型高强防水密封剂,厚度为1mm。

F.覆盖第2层高强玻璃纤维布:按上述流程覆盖第2层高强玻璃纤维布条。

G.涂刷密封剂:第2层玻璃纤维布表面涂刷HM106聚硫型高强防水密封剂,厚度为1mm。

H.涂刷氟碳面漆:待HM106聚硫型高强防水密封剂达到硫化期后,表面刷涂3道氟碳面漆,每道干膜厚度$40\mu m$。

③锚头段防护。

在吊索锚固处箱梁顶面安装氯丁橡胶密封块,密封块由两部分组成,现场进行拼装。安装完成后,两个密封盖切合面采用采用MH-105密封剂粘严。密封盖与箱梁顶板间采用MH-105密封剂粘严,并进行封边处理。密封盖与索体之间接触面用9501B密封膏嵌缝。

④其他缝隙密封。

吊索及附件所有结构缝隙均采用HM106聚硫型高强防水密封剂进行密封,密封部位主要包括夹具缝隙、锥体铸块缝隙、锚头缝隙等。

6.3 某拱桥吊杆更换

6.3.1 工程概况

某拱桥全桥长312m。全桥孔跨布置为20m+256m+20m+16m,其中主跨为256m中承式钢管混凝土、无铰拱,边跨为2孔20m和1孔16m钢筋混凝土简支T梁,全桥桥面连续,在梁端与桥台接缝处设置伸缩缝。该桥于2002年建成通车,具体技术参数见本书"3.2.5 拱桥吊杆更换设计"。

6.3.2 施工工艺技术

1)总体施工方案

本项目吊杆更换总体思路为:先安装操作平台,再设置临时吊杆系统,通过张拉临时吊杆同时逐步割断旧吊杆来达到第一次受力体系转换的目的。旧吊杆拆除后,及时安装新吊杆,在张拉新吊杆的同时放松临时吊杆,实现第二次受力体系转换,新索安装完成后安装配套减振、防护设施等。

本方案参考类似项目经验,并经充分论证,但全面施工要以进场后的首件工程验证的具体方案及操作工艺为基准执行。

首件施工工作流程如图6-25所示。

2)主要设备选型

本专项施工使用的主要设备包括吊杆更换中使用的临时吊杆系统、新旧吊杆安装与拆除所需的机械,以及受力体系转换中需要的顶升设备、起重设备。

(1)临时吊杆系统。

临时吊杆系统是吊杆更换时代替原吊杆临时受力的一套张拉锚固体系,对全桥维修加固起关键性的作用,整套系统必须安全可靠。为顺利完成某拱桥吊杆更换,考虑施工简便、快捷、高效,结合已有的工程实例,采取拱肋下缀板钻孔设临时工具吊杆方案。

方案为在下层拱圈缀板中间钻孔,作为临时吊杆钢束的通道;在孔上安装调平块,作为临时吊杆的张拉锚座;在横梁下方设置下托架,钢绞线固定端设在下托架上,用P锚固定;在下拱肋上张拉,通过穿心千斤顶张拉钢绞线,提升横梁,达到索力转换的目的。

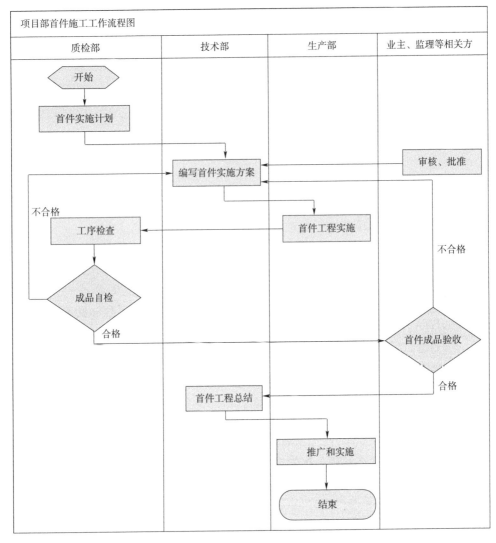

图 6-25 首件制工作流程图

临时吊杆系统由上拱肋调平块、横梁底部下托架、钢绞线(两束,每束有6根 $\phi15.2mm$)三部分组成,辅助设备为2套150t穿心千斤顶、张拉锚具夹片等。

①临时吊杆调平块。临时吊杆锚固需在下缀板处设置调平块,本此设计采用 Q235B 钢板为材料焊接设置调平支撑块。调平块顶面尺寸为 $400mm \times 400mm \times 4cm$,后立面板高度为 200mm,前立面板及侧面板的高度根据每根吊杆处的拱圈角度决定,顶板与侧面板之间需设置4块加肋板。设计焊缝高度 $\geqslant 6mm$,顶板预留开孔 $\phi100mm$。

②临时吊杆。考虑2个吊点,施工中每个吊点采用6根 $\phi15.2mm$ 的钢绞线作为临时吊杆,安全系数为2.5。临时吊杆采用 QSM.15G-6 型号工具锚,其分度圆直径为 $\phi70mm$。采用防火涂料对临时吊杆进行防护,钢绞线的下料长度依据最长吊杆的长度为25m,钢绞线质量验收根据《单丝涂覆环氧涂层预应力钢绞线》(GB/T 25823—2010)中的相关要求。临时吊杆工具锚如图6-26所示。

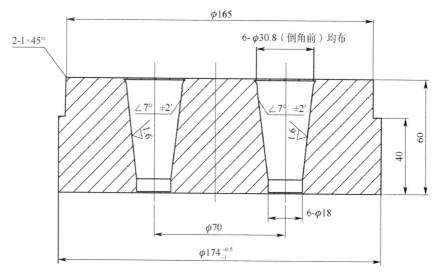

图 6-26 临时吊杆工具锚(尺寸单位:mm)

③临时撑脚。临时撑脚采用 Q235 钢板加工而成,顶板、底板均为 3cm 厚钢板,通过 ϕ4cm、长 30cm 的圆钢立柱焊接。设计图如图 6-27 所示。

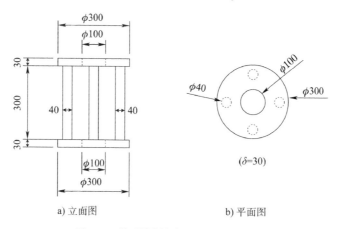

a) 立面图　　　b) 平面图

图 6-27 临时撑脚设计图(尺寸单位:mm)

④下托架。下托架主要由 2 根下反力梁和 2 根下反力梁连接梁焊接而成。其中下反力梁为(H250mm×250mm)×1800mm 型钢,纵桥向布置安装于吊杆横梁的下方;下反力梁连接梁截面为双拼[25a 槽钢,横桥向布置安装在下反力梁的下方;临时吊杆穿过下缀板、桥面、下反力梁连接梁 P 锚及垫板锚固在连接梁的底部中心位置。设计图如图 6-28 所示。

(2)张拉设备。

根据设计吊杆力及现场复核吊杆力,原桥吊杆张拉设备为 200t 穿心顶。本桥拉索是集成锚索,采用穿心千斤顶配合撑脚、张拉杆等附件进行张拉,根据拉索的张拉力选取合适的穿心千斤顶,再配合相应的撑脚、张拉杆、张拉螺母进行张拉施工。

张拉设备布置如图 6-29 所示。

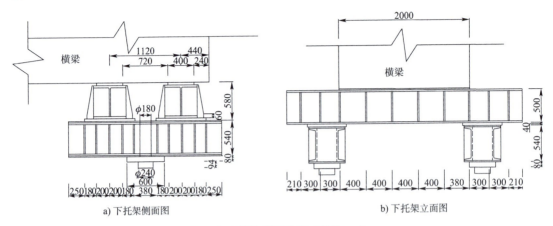

a) 下托架侧面图　　　　　　　　　b) 下托架立面图

图 6-28　下托架设计图(尺寸单位:mm)

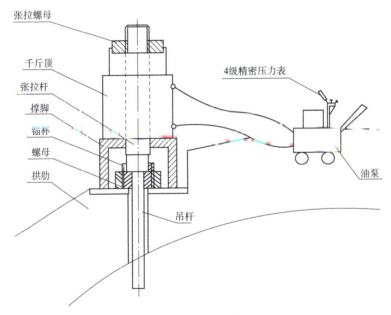

图 6-29　张拉设备布置

原吊杆拉索最大张力 1249kN,采用双吊点,则临时吊杆单点荷载值为 $T=624.5$kN。根据张拉需求,本此吊杆更换中主吊杆张拉选用 YCW2000C 型号的穿心千斤顶,公称张拉力为 1998kN > 1249kN;临时吊杆张拉选用 YCW1500C 型号的穿心千斤顶,公称张拉力为 1491kN > 624.5kN。性能参数和配套长拉杆见表 6-7。

千斤顶的技术性能参数和配套张拉杆　　表 6-7

千斤顶型号	公称张拉力 (kN)	外形尺寸 (mm)	穿心孔径 (mm)	张拉行程 (mm)	张拉杆 或临时吊杆(mm)	用途
YCW 1500C	1491	$\phi 264 \times 341$	$\phi 100$	200	$6 \times \phi 15.2$ 钢绞线	临时吊杆
YCW 2000C	1998	$\phi 312 \times 341$	$\phi 120$	200	$(M90 \times 10) \times 1500$	主吊杆

主撑脚采用顶板采用厚4cm、400mm×400mm的顶板,其余钢板采用3cm厚的Q235钢板加工而成。设计图如图6-30所示。

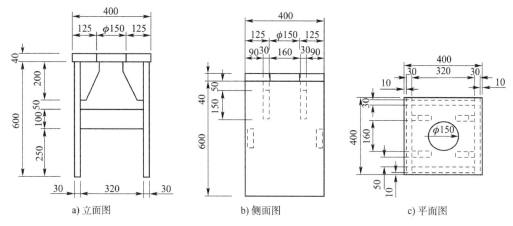

图6-30 主撑脚设计图(尺寸单位:mm)

(3)吊装钢丝绳的选用。

《建筑施工起重吊装工程安全技术规范》(JGJ 276—2012)第4.3.1条规定,钢丝绳吊索应符合下列规定:

①吊装钢丝绳采用6×37型钢丝绳制作成环式或8股头式,其长度和直径应根据吊物的几何尺寸、重量和所用的吊装工具、吊装方法予以确定,使用时可采用单根、双根、四根或多根悬吊形式。

②吊索安全系数:当利用吊索上的吊钩、卡环钩挂重物上的起重吊环时,不应小于6;当用吊索直接捆绑重物,且吊索与重物棱角间采取了妥善的保护措施时,应取6~8;当吊重、大或精密重物时,除应采取妥善保护措施外,安全系数应取10。

③吊索与所吊构件间的水平夹角应为45°~60°,梁体吊装按不小于60°考虑。

根据规范规定,吊装吊杆时,利用吊索上的吊钩、卡环钩挂吊杆上缠绕的软吊带进行起吊,钢丝绳安全系数取6;25t汽车起重机选取最不利吊重节段3.1t考虑。单根钢丝绳拉力$S = 3.1t = 30.38kN$。取安全系数$k=6$,钢丝绳的最小破断拉力$P = k \times S = 6 \times 30.38kN = 182.28kN$。

查表选用ϕ20mm钢芯(6×37S+IWR),抗拉强度为1670MPa钢丝绳,其最小破断拉力$P = 238kN > 182.28kN$,满足吊装要求。

钢丝绳在使用前,应由专业吊装人员检查钢丝绳的磨损状况,并检查是否有磨损、断丝情况,一经发现应及时更换。

3)施工准备

(1)技术准备。

①对设计图纸进行审核,对现场进行实地踏勘,发现图纸有误或现场与设计不符的及时上报监理、业主单位进行复查;编制实施性施工方案。

②为使吊杆更换施工安全、顺利,换索前需对拱肋、纵横梁部分裂缝进行必要的加固处

理;同时建立导线点控制网,测量原吊杆上下锚垫板间距以确定新索长度;采用索力测试仪检测桥索力复测,作为临时吊杆设计依据;制作、安装工作平台及吊车牵引系统;对有关专用设备、仪器进行试验标定。

新索长度确定方法:首先在该桥梁岸侧附近建立起导线点(网),利用高精度全站仪测量吊杆上下锚固钢板中心点的空间坐标,计算其实际索长(L_0)。本项测量误差要求为±5mm。根据设计单位及生产厂家的综合计算,为保证施工时调索安全,实际新索设计(下料)长度L取值为L_0+2cm。

③为使吊杆更换施工安全、顺利:吊杆制作前需对吊杆索导管直径进行测量复核,保证新吊杆锚具的安装和结构安全。

④按设计图的要求,验算临时吊杆的可靠性。临时吊杆在换索过程中承担着吊索的任务,施工中采用2束由6根$\phi15.2$mm钢绞线组成的钢绞线束作为临时吊杆。

(2)现场准备。

①对上下层拱肋上现有的钢筋梯及钢筋扶手栏杆检修,补强。

②换索施工的工作平台包括拱肋工作平台及桥下梁底更换钢吊杆的施工挂篮。拱肋工作平台利用原有拱肋检修通道加强的方式。梁底施工平台采用桁架式挂篮作为施工平台。

③换索施工的专用机具主要有临时吊杆兆吊系统、下托架、张拉杆、变径头、锚固螺母、手拉葫芦等。变径头采用40Cr号钢加工;反力架用3cm厚钢板及型钢焊接而成。使用前,临时张拉杆、锚固螺母及变径头均要进行探伤检测。张拉千斤顶及油表需进行标定后才能使用。

④破除吊杆上端锚头封锚的混凝土。因拱肋是主要受力位置,不能扰动太大,剥除混凝土时一般采用錾子、手锤等工具。在特别困难的位置,可人工配合水钻、风镐等小型工具凿除,分别从锚固端顶面和拱底沿预埋钢管凿挖,清理干净方可采用小型工具逐步清除,施工时须注意扰动不要太大。

拱顶锚头封锚混凝土凿除时需在施工区域周围做好防护措施,避免凿除的混凝土碎块掉落至地面,伤及行人及车辆。凿除的混凝土碎块用铁桶转运至指定位置。

清理锚头外螺纹内的杂物,以便锚头螺母的拆除。

⑤拆除下锚箱保护盖,并检查清理锚头外螺纹。

⑥拆除桥面外侧顺桥向影响吊杆拆除及新吊杆安装的线槽等设施。

⑦凿除桥面人行道吊杆位置混凝土,以确保新旧吊杆拆装。新索安装完成后对混凝土断面进行修复。

⑧凿除桥面人行道与临时吊杆索体接触部分混凝土。若人行道混凝土边缘与吊杆中心在纵向一条直线上,边沿混凝土将影响临时吊杆的安装。施工前利用水钻或者小型工具凿除影响临时吊杆安装部位的混凝土。

⑨凿除左右吊杆与桥面人行道接触部位的局部混凝土。

⑩在拱圈下缀板设计位置钻出临时吊杆穿索孔,钻孔孔径100mm,钻孔中心距离吊杆中心60cm,顺桥向布置在吊杆两侧。钻孔贯穿缀板,并保持竖直。

⑪楔形区域混凝土浇筑。在楔形块区域按照图纸要求焊接安装抗剪钢筋,楔形块顶面尺寸为500mm×500mm。混凝土浇筑前,在临时吊杆穿索孔上方设置预埋管,混凝土浇筑完成后植入4根M20mm化学锚栓。位置如图6-31所示。

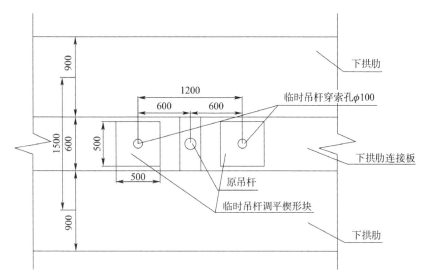

图6-31 临时吊杆钻孔位置及其调平楔形块位置示意图(尺寸单位:mm)

⑫凿除部分旧吊杆横梁顶部限位块、混凝土防水罩,梳理电线水管。现场照片如图6-32、图6-33所示。

图6-32 吊杆上捆绑有电线、管道

图6-33 吊杆横梁混凝土防水罩需凿除

4)工艺流程

(1)总体工艺流程图。

根据本专项施工的主要施工内容,并结合现场实际施工情况。拟定本专项施工总体施工工艺流程如图6-34所示。

(2)施工步骤。

根据本专项施工的施工内容,拟定了专项施工的总体施工方案。总体施工方案步骤详见表6-8。

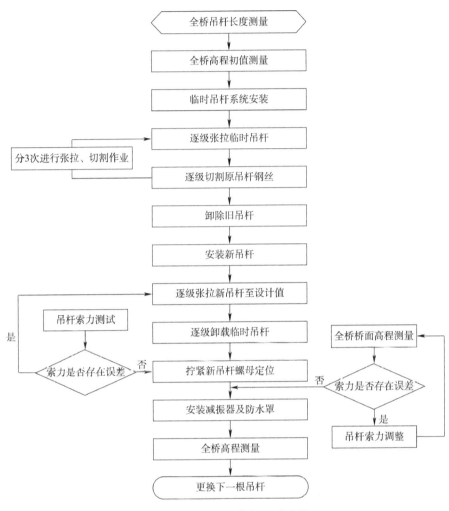

图 6-34 吊杆更换总体施工工艺流程

总体施工步骤表　　　　　　　　　　　　　　表 6-8

步骤	现场施工示意
步骤一:横梁操作平台安装	

续上表

步骤	现场施工示意
步骤二:临时吊杆体系安装	
步骤三:逐级张拉临时吊杆	
步骤四:临时吊杆索力测试	
步骤五:逐级切割解除原吊杆钢丝	

续上表

步骤	现场施工示意
步骤六:卸除旧吊杆	
步骤七:安装新吊杆	
步骤八:新吊杆张拉	
步骤九:吊杆索力测试	

续上表

步骤	现场施工示意
步骤十:安装减振器及防水罩	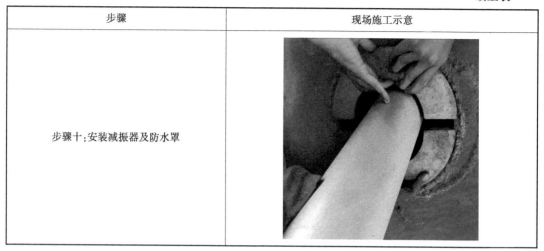

5)施工方法

(1)施工操作平台。

拱圈施工平台设计思路如下:据现场调查,该桥主拱圈的上、下拱肋沿着拱顶均有完整的检修通道,可作为拱顶张拉平台。该检修通道主要有 φ16mm 精轧螺纹钢筋焊接而成,施工前首先对检修平台钢筋进行加焊、补焊,同时利用钢筋立杆作为支撑点安装水平钢管;再以水平横杆为基础搭设钢管护栏,护栏高度为 1.2m,并在四周围护安全密目网,水平横杆也可作为防滑梯步。同时需要在拱顶设置牢固的生命绳。平台照片如图 6-35 所示。

图 6-35 拱肋检修平台

(2)施工步骤。

横梁操作平台先在外场按照图纸尺寸进行下料并焊接,然后运到现场用吊车进行安装,安装完成后再挂防护网及保险绳。

施工操作平台铺设钢篱片并用钢丝绑扎牢固,平台周围挂安全网并用钢丝绳兜住底部作为安全保险绳。具体如图 6-36~图 6-38 所示。

横梁底(有后浇段)1 号、2 号吊杆操作平台:在主拱肋与桥面交接处,桥面加宽存在后浇段,此处 C 形挂架不再适合,采用梁底可升降吊架平台。其主要是采用梯形桁架作为主横梁,纵桥向每隔 2.625m 设置一道横梁,横梁上铺设纵向钢管及钢跳板形成操作平台;通过电动葫芦控制平台的升降;在桥面设置吊挂梁,通过桥面开孔穿过挂绳作为电动葫芦的挂点。平台布置如图 6-39 所示。

(3)吊杆长度测量。

拱肋及桥下施工吊架搭设完成后,凿除上锚头封锚混凝土,使锚头螺母、锚垫板裸露。

在主桥岸侧建立导线点控制网,利用全站仪测量恒载状态下各吊杆上、下锚固板之间的空间坐标以确定新吊杆的生产长度。具体布设如图 6-40 所示。

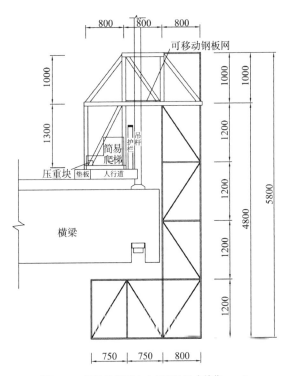

图 6-36 横梁操作平台立面图(尺寸单位:mm)

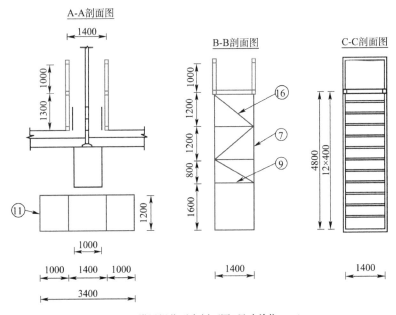

图 6-37 横梁操作平台剖面图(尺寸单位:mm)

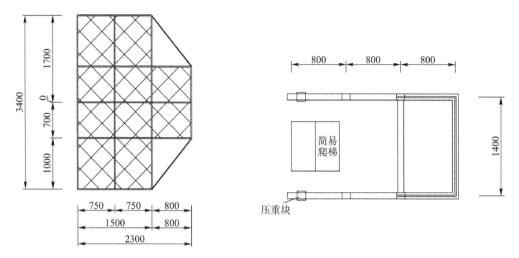

图 6-38 横梁操作平台底、顶面图（尺寸单位：mm）

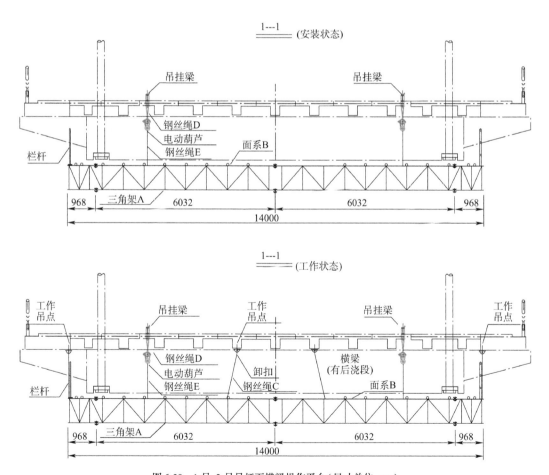

图 6-39 1号、2号吊杆下横梁操作平台（尺寸单位：mm）

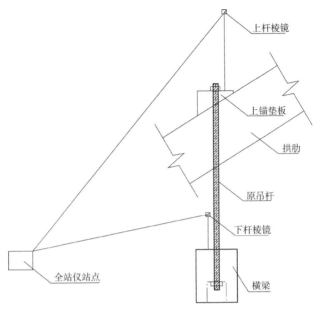

图 6-40　全站仪控制点布设示意图

(4) 临时吊杆系统安装。

套临时吊杆系统包含 2 个楔形调平块、1 套下托架、2 束由 6ϕ15.2mm 组成的钢绞线束、6 孔钢绞线锚具、锚板及防松板。具体布置如图 6-41 所示。

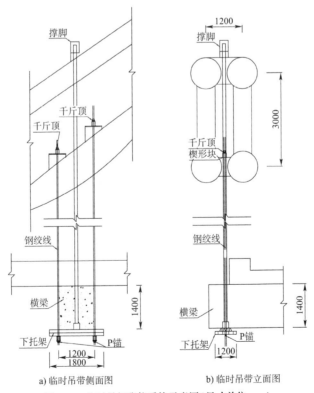

a) 临时吊带侧面图　　b) 临时吊带立面图

图 6-41　临时吊杆张拉系统示意图(尺寸单位:mm)

下拱圈钢管之间缀板上设置钢楔形块进行支撑。楔形块的顶板尺寸为500mm×500mm,厚度4cm;侧板的长度根据拱曲线的曲度而定。楔块安装时需保证顶面水平,水平度不够时可采用其他薄形钢板塞垫。楔形块的下端需要焊接钢抵板,防止楔形块下滑。

下托架由双拼槽钢组成,长边双拼槽钢构件顺桥向布置且与横梁垂直,横梁下部垫2cm厚钢板,短边双拼槽钢置于长边双拼槽钢下面,用高强度螺栓进行连接,加强部位用加劲板进行加强。

先安装横桥向双拼槽钢构件,再安装上部顺桥向双拼槽钢构件。

在临时吊杆钢绞线一端穿过下层拱圈缀板临时吊杆孔至横梁处,再穿过下托架短边槽钢预留孔,钢绞线固定端设在下托架上,用夹片和防松锚固定。通过在拱圈上安装的手拉葫芦收紧钢绞线。

安装临时吊杆张拉系统时,在楔形块上设置30cm×30cm×30cm的钢板作为钢垫板,在钢垫板上放置临时撑脚,将锚具放置临时撑脚内部,再放置穿心千斤顶。张拉到位后,用夹片锁死。临时吊带穿心顶布置如图6-42所示。

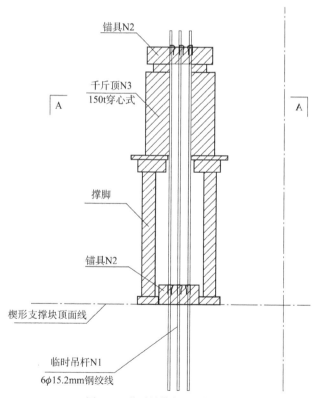

图6-42 临时吊带穿心顶布置图

临时撑脚:临时撑脚采用Q235钢加工而成,下部为2cm厚钢板,上部为3cm厚钢板,上下钢板通过4cm圆钢焊接。

临时吊杆体系拆除与安装工序相反。

(5)第一次体系转换,拆除旧吊杆。

逐级卸去吊杆内力后拆除吊杆。第一次体系转换即将旧吊杆的拉力转换为临时工具吊杆系统受力。在转换过程中严格实行交通封闭,严禁任何车辆通行。如遇特殊任务必须通行的情况下,必须停止张拉,施工车辆应停在主桥以外。

①分级张拉临时吊杆及旧吊杆钢丝分级割断。为确保旧吊杆拆除时桥梁各部分的变形尽可能保持稳定,以免变形过大造成桥面开裂,应分级张拉旧吊杆,同时按照分级割断。分级张拉及旧吊杆钢丝分级割断见表6-9,临时吊杆张拉照片如图6-43所示。

临时吊杆分级张拉及旧吊杆钢丝分级割断列表 表6-9

临时吊杆张拉分级	吊杆分级割除钢丝数量(127丝)
10%设计索力	0
30%设计索力	38
70%设计索力	51
100%设计索力	38

旧吊杆钢丝割除时,在桥面以上1.2m处截取20cm长的原吊杆HDFE护套,利用2个长度为100cm的索夹分别夹持两端吊杆外侧,2个索夹用2根φ16mm的钢筋相连接。为防止切割旧索时钢丝向外射出伤人,要求上下游吊杆索切割转换受力过程同步进行。用小型切割机逐根切断旧吊杆钢丝,被切割的吊杆与相邻跨监测点的高程变动差不超过±1mm。切割旧吊杆钢丝如图6-44所示。

图6-43 临时吊杆张拉　　　　　　　　图6-44 切割旧吊杆钢丝

在切断旧吊杆的过程中,应注意记录每次张拉与卸载后的桥面高程变化、千斤顶顶升行程与顶升力、下反力梁的挠度,以便为下一根吊杆的拆除提供参考。

②旧吊杆拆除。拆除旧吊杆梁端防水罩(将军帽),在旧吊杆上锚头端部安装提吊头及提吊钢丝绳,逐步旋松锚头螺母,直至锚头从螺母中退出。吊车配合从拱下拆除旧吊杆上半部分。

在横梁施工平台上,逐步旋松下端锚头螺母,直至螺母完全退出。利用吊车及索夹,将旧索下半部分提出横梁,完成旧吊杆拆除。

(6)第二次体系转换,安装新吊杆。

①新吊杆安装。旧吊杆拆除完成后应尽快进行新吊杆安装,安装方法如下:

A. 检查并清理上下锚垫板钢板。

B. 利用吊车提吊新吊杆张拉端索体,提吊点距离张拉端锚具4.5m。利用拱底安装的手拉葫芦将新吊杆穿入索导管,从拱顶依次装入球型支座、球面螺母、变径头、张拉杆、撑脚、千斤顶、张拉杆螺母。

C. 利用吊车提吊,安装新吊杆梁端,在锚头端依次安装球型支座、球面螺母,并调整螺母至设计位置。

D. 新吊杆安装完成后,及时进行吊杆拉力的转换。

穿新吊杆时应注意以下几点:

A. 吊点绑扎牢固,防止脱落损伤吊杆或轧伤人。

B. 穿吊杆时锚孔入口用麻布围垫,防止吊杆进入锚孔时刮伤PE护套。

C. 吊杆锚头穿进锚孔时要垂直慢穿,防止锚头螺纹磨伤。

D. 新吊杆采用成品索,在生产、运输过程中可能发生碰撞,进场及安装后应对吊杆进行检查,对破损PE护套进行修复;在吊装及调索过程中,为避免钢丝绳或其他机具在PE护套上留下划痕,吊杆表面需用麻布或棉筋保护;运输到现场后,应将其展开以便吊装;在现场应注意保护,远离焊接或其他产生火种的地方,防止火星飞溅到PE护套上,避免发生火灾。

②新吊杆张拉。新吊杆安装完成后,应尽快进行张拉,替换临时吊杆并承载桥面重量,以解除临时吊杆系统。新吊杆采用200t千斤顶配精密油表在拱肋上端进行张拉,千斤顶与吊杆上锚头通过张拉杆连接,在千斤顶提升张紧吊杆过程中,同步放松桥面横梁下临时吊杆的千斤顶,使临时吊杆的承载力逐步转移到新吊杆上。针对本桥吊杆,新吊杆张拉与旧吊杆放松分5次逐步完成,新索每次张拉20%的设计索力。

在承载力转移过程中,将桥面高程作为控制依据,尽量保持桥面高程在最小范围内变动的情况下完成力的传递。张拉调整速度一般应小于10MPa/min,直至张拉达到要求时停止,然后拧紧螺母(可一边张拉一边拧紧螺母),如图6-45所示。

在保持桥梁整体性的情况下,用新的吊杆置换原吊杆上的承载力,力求新吊杆的承载力达到吊杆的原设计拉力,并使桥面高程能够达到设计值。吊杆更换过程中要注意保持桥梁的整体稳定性,避免桥面和横梁因变形过大而开裂,因此在更换过程中除了要控制张拉力不超出设计允许范围外,还要进行高程监测。

由于吊杆肩担纵梁的作用及受桥面系连续的影响,割除旧吊杆、张拉新吊杆、拆除兜吊系统时,吊杆的更换张拉施工都影响到相邻2根吊杆处桥面高程的变化,致使新吊杆的张拉力和桥面高程控制与预定值产生一定

图6-45 新吊杆安装

变化。因此,需根据桥面结构和吊杆材料特性,通过数据分析,找到张拉调索过程中相邻吊索之间的影响关系,使张拉值和桥面高程达到预期目标。

(7)索力测试及高程检查。

单根吊杆更换完成后,监控单位对吊杆索力及梁体高程、拱肋线形进行检查。根据监控检测结果确定是否需要进行调索。如果需要,则根据监控指令进行调索。

新吊杆调索(如需要)张拉完成后进行下一根吊杆更换施工。全桥吊杆更换完成后,监控单位对全桥吊杆索力、梁体高程、拱肋线形检查。根据检查结果确定是否需要调整索力。如果需要则根据监控指令调整索力。另对全桥临时吊杆的孔进行修复。

每对索更换完成后、全桥吊杆索更换完成后均须进行索力测试。测试方法为采用频率法和千斤顶油压表读数共同控制。

吊杆索力测试测点布置如下:除了对更换索的索力进行测试外,还需对其相邻的前后各1对吊杆的索力进行测试,测试及分析器具如图6-46所示。

图6-46　索力测试及分析器具

①主梁变形测试。

桥面线形的控制包括两个方面的内容:一是监测吊杆更换后桥面高程的变化,保证吊杆张拉和卸载过程主横梁不因过大的变形而破裂;二是在吊杆更换施工前后对整个桥面线形进行测试,并通过索力调整获得理想的桥面线形。

本次加固施工吊杆更换是通过分级张拉和卸载实现的,每一级的张拉或卸载都应对该吊杆处的桥面高程进行量测,使高程变化值控制在合理的范围之内。在进行吊杆更换的横梁及前后相邻两根横梁端部各布置2个变形测点,采用精密水准仪测量施工过程中该处桥面高程的变化,对施工全过程进行实时监测,一旦发生异常立即停止作业,待查明问题的原因之后方可继续施工。

每对索的更换,均需进行主梁关键位置的变形进行监测,即主梁竖向变形的测试。

测试工况和步骤如下:

A.采用索佳电子水准仪进行测试,测试数据精确到1mm。

B.换索前,对全桥结构初始状态进行测试,并记录环境温度状态。

C.测试工况有卸索前、转换过程中和新索安装后三个工况。

D.换索完成后,对全桥结构最终状态进行测试,并记录环境温度状态。

由于结构受温度的影响很大,为避免温度不同造成的误差,测量时应尽量在同一温度进行,测量时应记录所测试的环境温度。

②拱肋变形测量。

每对索的更换,均需进行拱肋关键位置的变形进行监测。拱肋的关键位置变形测试断面分布如下:

在拱肋上下游 $L/4$、$L/2$、$3L/4$ 截面处共设立6个高程观测点(L 为截面长度),横向放置在上弦管顶面,具体测点布置如图6-47所示。

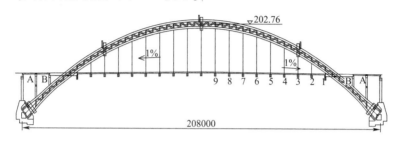

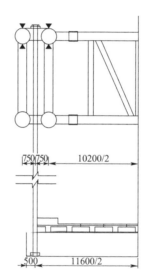

图6-47 换索过程中拱肋变形测点布置(尺寸单位:mm;高程单位:m)

测试工况和步骤如下:

A. 采用莱卡全站仪进行测试,测试数据精确到1mm。

B. 换索前,对全桥结构初始状态进行测试,并记录环境温度状态。

C. 测试工况有卸索前、转换过程中和新索安装后三个工况。

D. 换索完成后,对全桥结构最终状态进行测试,并记录环境温度状态。

由于结构受温度的影响很大,为避免温度不同造成的误差,测量时应尽量在同一温度进行,测量时应记录所测试的环境温度。

③拱肋和主梁结构应力测试。

每对吊杆的更换,均须进行拱肋和主梁关键位置监测,避免出现过大应力变化,为换索过程中的主梁安全评价提供依据,同时可以作为吊杆等索力替代的判断依据。

拱肋和主梁关键位置应力测试布置为主梁拱脚附近、1/4跨和跨中各布置4个。

测试工况和步骤如下：

A. 采用埋置式振弦式应力计，粘贴在测试位置结构表面，换算的应力数据精确到0.1MPa。

B. 换索前，对全桥结构初始状态进行测试，并记录环境温度状态。

C. 考虑到换索过程中，当出现特殊情况时，应加大应力测试的监测频率。

D. 换索完成后，对全桥结构最终状态进行测试，并记录环境温度状态，所用仪器如图6-48所示。

图 6-48 换索过程中拱肋应力测量仪器

注意事项：由于应力测试受环境温度影响大，因而在测试的过程中均需避开这种不利因素的影响。

④索力及高程监控基准。

根据原桥高程及设计要求，索力及桥面高程控制按表6-10进行，如有变动，须经设计、监理同意后方可实施。

监控基准 表6-10

吊杆编号	吊杆力(kN)	高程(m)
1	861.8	179.51
2	738.5	170.59
3	544.5	179.67
4	549.9	179.75
5	552.9	179.83
6	553.4	179.91
7	553.9	179.99
8	555.3	180.07
9	557.1	180.15
10	548.6	180.18

(8) 吊杆附属构件安装。

吊杆安装到位后，应及时安装上、下减振体、防水罩、不锈钢护套、锚头保护罩，对吊杆拉索进行保护。附属设施安装如图6-49所示。

①施工单位进场前,应在限制交通的条件下对吊杆索力和全桥控制高程进行测定。

②施工材料进场前,应对所需材料与施工机具进行仔细的检查,对新吊杆及配套锚具更应做好防锈与除锈工作。

③临时吊杆钻孔大小不宜过大,尽量减小因更换吊杆对构件产生的削弱。

④临时吊杆安装上、下吊点的孔位必须对齐,以使临时吊杆竖直受力。

⑤切割原有吊杆时,因为吊杆处于拉应力状态,故钢丝极容易崩断导致事故。因此可用软质材料绑紧吊杆起到阻尼作用。

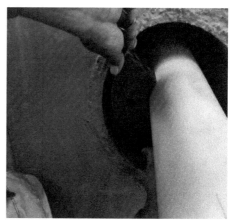

图6-49 附属设施安装

⑥旧吊杆钢丝分批切断后,应尽快对新吊杆进行加载。

⑦施工过程中,临时吊杆与吊杆之间的荷载转移要平稳,卸载与加载均应逐步进行,步长控制在设计吊杆力的20%左右。应注意卸载的临时吊杆力的总和应等于加载的新吊杆力,千斤顶应同步工作,保持每根临时吊杆均匀受力。同时,在原有吊杆完全卸除和新吊杆安装完毕期间,应始终跟踪监测桥面高程以及横梁下吊点挠度的变化情况,并以此作为索力是否需要调整的依据,如果发现超出控制范围应尽快采取措施。

⑧施工前应对实测索力和挠度进行温度修正,以尽可能减弱温差对索力和挠度测量的不利影响。